황용선생의 ‾‾‾
NYET
주식투자로
손해 본
개미 구하기

황용선생(NYET)의 주식 투자로 손해 본 개미 구하기

발행일	2019년 10월 14일		
지은이	황용		
펴낸이	손형국		
펴낸곳	(주)북랩		
편집인	선일영	편집	오경진, 강대건, 최예은, 최승헌, 김경무
디자인	이현수, 김민하, 한수희, 김윤주, 허지혜	제작	박기성, 황동현, 구성우, 장홍석
마케팅	김회란, 박진관, 조하라, 장은별		
출판등록	2004. 12. 1(제2012-000051호)		
주소	서울시 금천구 가산디지털 1로 168, 우림라이온스밸리 B동 B113, 114호		
홈페이지	www.book.co.kr		
전화번호	(02)2026-5777	팩스	(02)2026-5747

ISBN	979-11-6299-914-1 03320 (종이책)	979-11-6299-915-8 05320 (전자책)	

이 도서의 국립중앙도서관 출판예정도서목록(CIP)은 서지정보유통지원시스템 홈페이지(http://seoji.nl.go.kr)와
국가자료공동목록시스템(http://www.nl.go.kr/kolisnet)에서 이용하실 수 있습니다.
(CIP제어번호: CIP2019040217)

2019 폭락장에도 9개월간 이익금 2억 4천만 원을 돌파한

황용선생의 NYET
주식투자로
손해 본
개미 구하기

황용 지음

주식 초보자와 손해 보는 개인 투자자들을 위한 투자 지침서
반드시 알아야 할 이론들을 명쾌히 정리한 투자 지혜서

북랩 book Lab

이 책을 발간하면서

주식투자는 자본금을 제외하고 창업비용이 들지 않는 유일한 사업이다. 주식을 사면 초일류 기업과 동업할 수 있고 나이에 상관없이 사업을 계속 할 수 있다. 모든 사업은 은퇴 시기가 있지만 주식투자 사업은 연구할 수 있는 한 그리고 주문을 할 수 있는 한 중단하지 않고 계속 할 수 있다. 하지만 준비한 자와 준비하지 않은 자의 '투자 이익 차이'가 극명하게 드러나는 사업이기도 하다. 따라서 철저히 준비하지 않는다면 주식투자는 차라리 안 하는 것이 낫다.

경제 TV 방송을 시청하다 보면 '공부하지 않고' 주식에 투자하는 사람들이 너무 많다. 시장에 가서 반찬 하나 물건 하나를 고를 때도 꼼꼼히 보고 고르면서 "방송에서 전문가가 추천"한다 해서 혹은 "다른 사람이 오를 것이다"라고 해서 덜컥 매수하고 큰 손해를 보면 어느 누구도 알 수 없는 주가의 미래를 다른 사람에게 물어보기도 한다. 앞으로 주식투자를 계속할 것이라면 한마디만 명심하자. There's no free lunch(공짜는 없다). 이런 사람들은 노력 없이 대가를 바라는 사람들이다. 주식투자 소득은 절대 불로 소득이 아니다. 열심히 공부하고 풍부한 매매 경험을 가진 자만이, 탐욕을 줄이고 공포에 무덤덤한 자만이 그리고 바른 투자 원칙을 철저히 지키는 사람만이 얻을 수 있는 이익이다.

주식투자는 한국에서 너무도 위험한 재테크 방식으로 인식되고 있고 "주식해서 돈 번 사람 못 봤다" "주식은 너무 위험하며 주식하면 패가망신한다"는 이야기는 시중에서 쉽게 들을 수 있는 이야기이다. 그런 인식에 대해 필자는 이렇게 이야기하고 싶다. "주식투자는 굉장히 안전한 것이며, 위험하다면 그것은 투자 방식이 잘못되어서 그렇다"고.

필자는 교육전문가로서 개인 투자자들이 주식에 입문할 때부터 제도권의 주식 교육이 잘못되었다고 생각한다. 필자도 증권사에서 실시하는 교육에 참여도 해보고 동영상과 책으로 열심히 공부했었는데 기술적 분석에 대해 배운 것이 거의 전부이다. 경제 TV 방송에서는 불과 1~2개월을 단위로 하는 단타 수익률 대회를 개최하고 각종 주식 카페의 '주식투자 일기'란에는 개인 투자자들이 단기 수익을 과시하고 있다. 특히 소위 '주식전문가'라 하는 사람들의 급등주 매수를 부추기는 행위는 상당히 위험한 행태이며 급등주를 추격매수하다 물린 개인 투자자들의 손해에 큰 역할을 담당하고 있다고 생각한다.

주식투자는 투자 기간에 따라 여러 투자 방식이 있지만 특히 '단기 투자'로 수익을 내기는 상당히 어렵다. 좋은 기업, 안정적으로 수익을 내는 우량 기업을 신중히 골라 현재 주가의 위치를 기술적 분석을 통해 점검하고 해당 종목 투자자들의 비이성적인 행태를 심리적으로 잘 이용하여 중장기 투자를 한다면 훨씬 좋은 결과를 낼 수 있을 텐데 상당수 투자자들이 너무 단기간에 큰 결과를 기대하는 것 같다. 증권사나 경제 TV 방송 입장에서는 거래를 많이 해야 하고 투자자들이 단기로 주식을 샀다 팔아야 수수료 수입이 생기기 때문에 단타를 부추길 수밖에 없는 것이다. 그렇다고 단기에 수익을 내는 것이 꼭 잘못되었다는 것은 아니다. 단기에 수익을 내려면 그만큼 자신만의 특별한 매매 원칙이 정립되어 있어야 하고 리스크에 대해 철저한 대비가 있어야 한다. 단기 투자로 크게 이익을 내는 사람들도 소수이긴 하지만 분명히 있을 것이다.

사실 주식투자로 수익을 내는 방법은 의외로 간단하다. 좋은 종목, 오를 가망성이 충분한 종목의 '때를 잘 사는 것'이 수익을 내는 방법이다. 아무리 좋은 회사라 할지라도 '시간'을 잘못 산다면 손해가 기다리고 있을 뿐이다.

주식투자는 도박이 아니며 자본주의의 가장 기본적이고 건전한 투자 수단이다. 주식투자로 큰돈을 버는 것이 도박을 잘해서 번 것이라면 존경하는 '워런버핏'은 세계적인 도박꾼일 것이고 각 금융 회사들은 도박을 부추기는 세력들이 될 것이다. 그리고 국민연금은 국민들의 피땀 어린 돈을 모아 도박을 하고 있는 것이 될 것이다. 주식투자를 도박이라고 생각하는 사람들은 주식투자를 하지 않는 것이 좋다. 본인이 그렇게 생각하면 주식투자를 하더라도 도박을 할 가능성이 높기 때문이다.

주식투자로 이익을 얻으려면 기본을 제대로 배워야 한다. 그리고 잘못된 투자 방식을 바꿔야 한다. 이 책은 주식투자로 수익을 얻기 위해 가장 기본적으로 알아야 할 '경제 지식'이나 '회계 지식'에 대해, 경제학을 심리학 관점으로 다룬 '행동경제학'에 대해, '시장이나 종목을 보는 기본적인 눈'에 대해, 이득을 내기 위해 기본적으로 갖추어야 할 '투자 마인드'에 대해, '위대한 투자자들의 투자 철학'에 대해 그리고 '안정적으로 수익을 내는 방법'에 대해 필자의 21년 간 매매 경험을 잘 정리해 놓았다.

시중에는 주식투자에 관련된 책들이 넘쳐난다. 하지만 투자하면서 알지 않아도 되는 너무 복잡한 경제학, 회계학 이론과 조금만 실수해도 치명타를 입는 검증 안 된 저자만의 기술적 이론과 매매 경험을 늘어놓은 책들이 많다. 따라서 주식투자에 관해 '바르게 가르치는 좋은 책'을 선별할 수 있는 능력을 길러야 한다. 단언컨대 이 책에서 정리한 내용 이상의 지식은 주식투자 하는 데 필요가 없다. 독자들께서는 이 책을 열 번 반복해서 정독해 보시기 바란다. 그것에 더하여 이 책의 내용을 잘 이해하신 독자들은 앞으로 실전 매매 경험을 통해 반드시 실제로 매매해야만 알 수 있는 '해당 종목 주가의 형성 과정'이나 '작전 세력들의 매수 매도 방법', 또 이익을 내는 데 가장 중요한 '인내심'을 배워야 한다. 아울러 '투자 심리'나 '투자 철학'에 관한 책들을 많이 읽어 보시기 바란다. 최근 보도에 따르면 '워런버핏'의 투자 성공은 그의 독서 습관 때문이라는 분석이 있다.

필자는 22년 전 우연한 계기로 선배를 통해 직접 투자에 입문하게 되었다. 종목을 보는 혜안과 적정가치까지 끈질기게 기다리는 놀라운 인내력 때문에 선배가 1년 만에 투자 금액 대비 네 배의 수익을 올리는 것을 필자가 직접 목격하고 신선한 충격을 받게 되었다. 필자도 투자를 결심하고 난 후 매년 150권 이상의 주식 관련, 회계 관련, 경제 관련, 심리학 및 철학 관련한 다양한 책을 읽으며 바른 투자 방법, 손해 보지 않고 이익을 내는 방법에 대해 깊이 연구하고 있다. 초기에 잘못된 투자 방식으로 여러 번 어려움을 겪기도 했지만 잘못된 투자 방식을 깨닫고 투자 방식을 바꾸어 21년간 단 한 번도 손해 보지 않고 꾸준히 수익을 내고 있다.

주식에 투자하면서 내가 깨달은 것은 방송이나 매체를 통해 그동안 내가 배운 투자 방식이 잘못되었다는 것이다. 독자 여러분도 이 책을 통하여 주식투자의 기본을 제대로 공부하며 잘못된 투자 방식을 과감히 바꾸고 좀 더 마음의 여유를 가진다면 그리고 무엇보다 심리 게임에서 지지 않는다면 은행 이자를 훨씬 초과한 이익을 꾸준히 낼 수 있을 것이다.

주식투자로 돈을 벌고 싶다면 늘 긍정적인 마인드를 가지고 투자해야 한다. 매매 경험이 많아지면 주식투자의 수익률이 결국 내 심리에 달려 있다는 것을 깨닫게 될 것이다. 성질이 급하면 주식에 투자하면 안 된다. 주식투자는 '성질 급한 놈 골라내기' '겁쟁이 골라내기' 게임이기 때문이다. 이 책을 통해 주식투자로 큰 이익을 내시는 독자들이 많아진다면 더 큰 보람이 없을 것이다. 독자 여러분들의 성공 투자를 기원한다.

2019년 가을에

지식에 대한 투자야말로 언제나 가장 높은 수익을 가져다 준다.

– 벤자민 프랭클린 –

CHAPTER 3.
지혜로운 주식투자를 위한 Mindset

CHAPTER 4.
위대한 투자자들의 투자 철학

CHAPTER 1

주식투자 지식
이 정도만 알면 된다

시중에는 많은 주식투자 관련 책이 나와 있다. "공부를 어느 정도 해야 주식투자를 잘 할 수 있을까?" 하는 고민을 해 본 적이 있을 것이다. 필자도 주식투자에 도움이 될 만한 서적을 수도 없이 읽어보았지만 그 많은 지식들을 다 알고 있어야 주식투자를 잘 하는 것은 아니다. 시중에는 기술적 분석, 즉 차트만을 지나치게 강조한 책들도 많고 자기만의 기술적 투자 공식을 투자 비법인 것처럼 쓰고 있는 책들도 많다. 올바른 주식투자를 하기 위해서는 투자 관련한 책을 잘 선별해서 읽어야 한다.

　　필자는 주식투자할 때 필요한 이론은 이 책을 여러 번 정독한다면 한 권으로 정리할 수 있다고 믿는다. 오히려 소액으로 실전 매매 경험을 많이 쌓으면서 되도록 주식투자 심리나 위대한 투자자들의 투자 철학에 관한 책을 많이 읽어보시기를 권한다. 주식투자로 손실이 났다면 투자 지식도 지식이지만 바른 투자 원칙이나 철학이 부족하기 때문이다. 바른 투자 원칙은 단기간에 습득되지 않으므로 되도록 시행착오를 줄이고자 하는 부단한 노력이 필요하다.

지금부터 손해 보지 않는 주식투자를 위해, 그리고 지혜롭게 투자하기 위해 필수적으로 공부해야 할 내용들을 아래에 정리하고자 한다. 단언컨대 이 책에 나와 있는 내용만 공부해도 주식투자하는 데 아무 지장이 없다. 지금까지 투자에 도움이 되는 책을 수십 권 읽고도 손해가 크다면 그것은 주식투자의 기본을 무시하고 있기 때문이다.

주식투자도 기본으로 돌아가야 한다. (주식투자 BTS!! BTS-Back To basicS)

1. 주식에 대한 이해

'주식'은 어떤 회사의 소유권을 나타낸 증서다. 한마디로 특정 회사의 주인임을 나타내는 증서인데 요즘은 종이 증권에서 전자 증권으로 바뀌고 있다. 주식을 사면 주주가 되고 주주들이 '주주총회'에서 권리를 행사할 수 있다. 그리고 주주총회에서 주식 1주당 1표씩 주주 총회에 올라온 해당 안건에 대해 투표할 수 있다. 주식을 가장 많이 보유한 주주가 해당 회사를 실질적으로 지배하는데 이를 '최대주주'라고 한다. 물론 최대주주 말고 전문 경영인이 경영하는 회사도 있다. 현재 주가에 회사에서 발행한 총 주식수를 곱한 것이 회사의 전체 가치이고 이를 '시가총액'이라고 한다.

주주들은 해당 회사의 주식을 보유하여 두 가지 방식으로 이익을 내게 되는데, 첫째는 회사가 영업활동을 하고 얻은 이익을 주주들에게 나누어 주는 배당을 통해 얻는 이익과 주식을 매입, 매도할 때 시세 차익에서 얻는 이익이 있다.

회사에서 사업을 영위하면서 이득을 내면 그 이득금으로 매년 배당을 얼마나 할 것인지 아니면 유보할 것인지 이사회에서 의결을 한다. 배당이 결정되면 대개 12월 결산 법인의 경우 12월 말까지 주식을 보유한 주주들에게 3월 주주 총회 후 한 달 이내에 해당 증권회사의 주주들 계좌로 배당금을 입금해 준다. 보통 4월 중순 즈음에 세금을 원천 징수하고 거래한 증권사 계좌로 입금된다.

　해당 주식에 대한 수요와 공급 법칙에 따라 주가는 기업의 본질 가치보다 하락할 때도 있고 상승하기도 한다. 이러한 차이를 이용해 이익을 보는 것이 시세 차익이다. 본질적으로 주가는 해당 기업의 본질 가치에 수렴하지만 해당 주식에 대한 수요와 공급에 따라 기업 가치보다 높게 평가되기도 하고 낮게 평가되기도 한다. 예를 들어 단기적인 수요가 몰려 주가가 급등하기도 하고 물린 자들이 손절매하면서 주가가 크게 내리기도 한다. 한국 주식 시장은 단기에 차익을 노리는 단기 투자자들이 훨씬 많지만 해당 기업의 재무 분석을 통해 안정성, 수익성, 성장성을 고려하여 저평가된 종목을 선정하고 분할 매수한 후 기업 가치가 반영되기를 기다려 수익을 얻는 '가치 투자 방식'이 위대한 투자자들의 일반적인 투자 방식이다.

2. 주식 시장(Mr. Market)에 대한 이해

주식 시장은 주식을 유통하고 발행하는 곳인데 '유가증권시장 (KOSPI)'과 '코스닥(KOSDAQ)시장'으로 나뉜다. 유가증권시장에는 시가총액이 큰 대형 우량주를 주로 거래하고, 코스닥시장은 중소 기업이나 벤처기업 등 중소형주를 거래하는 곳이다. 또한 코스닥 시장에 상장할 요건을 갖추지 못한 중소기업이 상장할 수 있도록 상장 문턱을 낮춘 코넥스(KONEX)시장도 있다(시가총액 상위 100위까지를 '대형주'라 하고 101위부터 300위까지를 '중형주' 나머지 종목을 '소형주' 라 한다.)

주식 시장에서는 상장된 기업의 주식이 거래된다. '상장'이란 기업 이 한국거래소에 주식을 등록하는 절차인데 한국거래소에 상장 심 사를 요청해 허락을 받아야 한다. 어떤 기업이 상장하려면 기업공 개(IPO)를 통해 일반 투자자들에게 유통할 주식을 분산하고, 회계 법인의 감사를 받고 '적정의견'을 받아야 한다.

주식 시장의 개장 시간은 월요일에서 금요일 오전 9시부터 오후 3시 30분까지이고 3시 30분부터 4시까지는 '장마감후 거래(시간외 종가 거래)'가 이루어지며 오후 4시부터 6시까지는 '시간외 단일가 거래'를 할 수 있다. 공휴일에는 휴장한다. 오전 9시부터 오후 3시

30분까지는 많은 물량이 거래되지만 3시 30분부터 4시까지 장 마감 후 거래에서는 그날 종가로 비교적 일부만 거래된다.

4시부터는 '시간외 단일가' 거래가 시작되는데 역시 거래량은 많지 않다. 다음 날 호재가 있는 종목은 '시간외 단일가' 거래에서 거래량이 많아지면서 급등하기도 한다. 만일 '시간외 단일가' 거래에서 급등한다면 그 다음날 정규시장에서 급등할 가망성이 아주 높다. 반대로 악재가 있다면 '시간외 단일가'에서 주가가 크게 하락할 것이고 그 다음 날 정규 시장에서는 급락할 가능성이 높다.

주식 시장이 약세장일 때는 종가에 거래하는 것이 좋고, 주식 시장이 강세장이거나 해당 종목이 오를 가능성이 크다면 장중에 분할 매수하는 것이 좋은 전략이다. 개장 시간 동안 가장 중요한 시간은 개장 초인 9시부터 10시까지와 장 마감 직전인 2시 30분에서 3시 30분까지이다. 이 시간에 거래가 가장 많고 주가 선도세력의 의지를 읽을 수 있기 때문에 당일 혹은 그 다음날 주가의 상승 하락 여부를 대략적으로 알 수 있다.

3. 주식 계좌 개설에 대한 이해

주식 계좌는 여러분이 가지고 계신 은행 계좌와 똑같다고 생각하면 된다. 증권회사 영업점과 은행에서 개설할 수 있다. 최근에는 영업점을 방문하지 않고 '비대면'으로 해당 증권사의 주식 앱을 휴대폰에 다운받아 약 5분 정도면 작성이 가능하고 작성 후 해당 증권사로 보내면 승인 여부에 따라서 주식 계좌를 개설할 수 있다. 비대면으로 계좌를 개설하면 주식 수수료가 무료이고 유관기관 제비용만 부담하게 하는 증권사가 많다. 유관기관 비용은 증권사가 해당 관련 기관에 제공하는 수수료인데 이 비용도 증권사마다 약간씩 다르므로 본인이 개설하려는 증권사 고객센터에 전화해서 정확한 유관기관 수수료를 물어봐야 한다. 거래 금액이 크다면 아무래도 유관기관 제비용도 싼 증권사를 선택하는 것이 유리할 것이다.

필자가 주식투자를 처음 할 때만 해도 주식 계좌를 개설하려면 증권사에 직접 방문해야 했고 수수료가 상당히 비쌌으며 주식 주문을 하려면 증권사에 직접 전화를 하거나 ARS를 이용해야 했었다. 하지만 지금은 비대면으로 계좌를 개설하면 굉장히 쉽고 편리하다. 증권사끼리 경쟁이 붙어서 고객들을 확보하기 위해 치열한 마케팅 전쟁을 벌인다. 그 결과 수수료가 굉장히 싸졌다. 인터넷 포털 사이트를 보면 무료 수수료 마케팅을 하는 증권사가 상당히 많이 있으니 그 중에서 마음에 드는 증권사에서 계좌를 개설해 보기 바란다. 계좌를 개설하면 다른 은행 계좌에 인터넷 뱅킹도 마음대로 할 수 있고 일반적인 은행 계좌와 똑같다고 생각하면 된다.

4. 주식 거래 수단에 대한 이해

주식 거래 수단으로는 해당 증권사 홈페이지에 접속한 다음 내 컴퓨터에 다운로드하여 쓸 수 있는 HTS(Home Trading System)와 휴대폰에서 주식 거래를 할 수 있는 MTS(Mobile Trading System)가 있다. MTS는 휴대폰에 주식 거래 프로그램을 저장할 수 있어서 언제 어디서나 주식 시세를 보고 매수 매도가 가능하고 빠르게 대응할 수 있는 장점이 있다. 그 전에는 컴퓨터를 들고 다녀야 했기 때문에 상당히 불편했었는데 MTS가 나온 이후로는 무척 편리해졌다. 프랑스 파리의 근사한 카페에서 커피를 마시면서 휴대폰만 있으면 매수 매도가 가능한 시대가 온 것이다.

전업 투자자가 아니라면 실시간으로 변하는 주식 시세에 빠르게 대응하기 위해 일반적으로 MTS를 많이 사용한다. 필자의 경우에는 투자에 필요한 여러 다양한 기능을 큰 화면으로 탑재하고 있는 HTS 사용을 선호한다. 개인용 PC를 가지고 다닐 수 없는 투자자라면 MTS를 이용하는 것이 좋고 스윙 매매나 중장기 투자를 선호한다면 집에서 천천히 확인해도 되기 때문에 HTS를 이용하는 것이 좋다. HTS는 여러 정보에 취약한 개인 투자자들에게 유용한 정보를 아주 다양하게, 그리고 쉽게 접근할 수 있는 획기적인 역할을 수행하고 있다.

HTS의 기능이 얼마나 많은지 필자도 무려 20년 가까이 HTS를 사용해 오면서도 알지 못하는 기능이 많다. 실제로 주식투자에 필요한 아주 단순한 기능만 자주 사용하게 되는데 꼼꼼히 뒤져 보면 별의별 기능이 다 있다. 자기가 필요한 기능을 잘 찾아 투자에 활용하면 크게 도움이 된다.

필자의 경우 HTS를 사용하면서 불편한 경우가 많아 여러 번 사용하는 증권사를 옮긴 적이 있는데 현재 사용하고 있는 증권사의 HTS와 MTS에 무척 만족하고 있다. 필자도 평생 무료 행사하는 증권사에서 비대면으로 계좌를 개설했고 집에서는 HTS를 깔아 이용하고 직장에 가거나 다른 곳에 갈 때는 매매하기에 편리한 MTS를 사용한다.

MTS는 주식 거래의 신기원을 열었다. 어느 곳에서도 몇 분만 시간을 내면 주식을 사고 팔 수가 있다. 포털 사이트에서 주식계좌 개설에 대해 검색해 보고 평생 무료 행사를 하는지 유관기관 제비용은 얼마인지, 그리고 본인이 사용하기에 편리한지 알아보고 계좌를 개설하면 된다. 필자의 경험으로는 처음에 계좌 개설한 곳에서 사용하다가 불편하면 빨리 다른 곳으로 거래하는 증권사를 옮기는 것이 좋다. 여러 증권사의 HTS나 MTS를 사용하다 보면 거래하기에 편리하고 다양한 기능을 가진 증권사의 주식 거래 프로그램을 더 선호하게 된다.

필자가 사용하는 증권사의 MTS 차트 모습

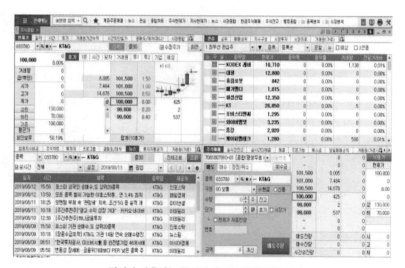

필자가 사용하는 증권사의 HTS 주식종합 화면

5. 주식투자를 하기 위해 알아야 할 사항

▶ 투자 정보 얻기

주식투자를 하려면 해당 종목에 관한 정보를 얻어야 한다. 빠르고 바른 정보는 주식투자를 통해 이익을 내는 데 가장 중요한 수단이다. 관심 종목의 정보를 얻는 여러 가지 방법을 아래에 정리하고자 한다. 가장 간편한 방법은 네이버 증권 섹션을 보고 여러 정보를 얻는 것이지만 정확한 정보 확인을 위해서 아래에 등장하는 방법들을 종합적으로 이용하여 정보에 접근해 보기 바란다.

1) 공시를 통한 정보 얻기

공시제도는 기업이 주주나 채권자 혹은 여러 투자자 등을 위해 해당 기업의 재무 내용 등 권리행사나 투자 판단에 필요한 정보를 알리도록 의무적으로 정한 제도이다.

쉽게 말해 회사에서 일어나는 중요한 일들을 투자자에게 전자문서를 통해 알려주는 제도이다. 기업의 분기별 실적이나 감사보고서, 반기보고서, 사업보고서, 사업 설명회와 주주총회 시기, 특허권 취득, 합병 공시, 소송 관련 소식, 배당 결정 소식, 주식 대량 소유 여부 등등 열거한 것 이외에도 기업에 관련된 중요한 정보 전부를 공시를 통해 확인할 수 있다. 전자공시시스템(dart.fss.or.kr)에 접속하여 해당 종목의 공시를 확인하면 된다.

2) 뉴스나 신문 기사를 통한 정보 얻기

해당 기업에 대한 정보를 얻는 가장 일반적인 방법은 뉴스나 기사를 통한 방법이다. 요즘 종이로 된 신문 기사를 직접 찾아보는 사람은 없을 것이다. 포털 사이트에서 해당 기업의 이름을 검색하면 해당 기업에 관한 기사가 쫙 나온다. 그 기사를 통해 해당 기업의 최근 동향에 대해 파악할 수 있다.

3) 증권사 보고서를 통한 정보 얻기

증권사 애널리스트들이 내놓는 보고서를 찾아보고 해당 기업에 관한 정보를 얻을 수 있다. 증권사 애널리스트들이 내놓는 보고서는 해당 증권사 홈페이지나 네이버 증권 섹션의 국내 증시 아래 부분을 보면 기관이나 외국계 증권사 애널리스트들이 작성한 보고서를 볼 수 있다. 그동안에는 무료로 볼 수 있었는데 최근에는 리포트를 유료화 한다는 뉴스가 있었다. 분석 보고서는 증권사들이 coverage(보도)하는 기업만 나온다. 코스피 혹은 코스닥에 상장한 회사 전부에 대해 보고서가 나오는 것이 아니다. 따라서 애널리스트 보고서는 비교적 큰 기업에 투자하려는 투자자들이 유용하게 참고할 수 있는 자료다. 아쉽게도 국내 상장 기업 2200여개

중 증권사가 Covering 하고 보고서를 내는 회사는 400여 종목이 안 된다. 따라서 중소형 기업의 경우 업종 전망이나 기업의 실적 전망에 대해 일반 투자자들은 알기가 어렵다. 이 말은 안정적이고 어느 정도 정보를 가지고 투자하기 위해서는 되도록 애널리스트들이 Covering 하는 기업을 선정해야 한다는 것이다.

필자는 주식투자에 대해 두려움을 갖는 개인 투자자라면 되도록 안전한 코스피 100위 이내의 종목에서 투자하기를 권한다. 코스닥 중소형주의 상승 탄력이 크기 때문에 개인 투자자들이 코스닥을 선호하는 경향이 있지만 상승 탄력이 크다는 것은 하락 탄력도 크다는 것을 의미한다('변동성이 크다'라고 해도 같은 의미이다). 주식투자를 위험하다고 말하는 이유는 안정성이 담보되지 못하고 가격의 변동성이 크다는 점 때문이다. 안정적인 수익을 원한다면 그리고 주식투자에 대해 두려움을 가지고 있다면 코스피 100위 이내의 종목 중에서 투자하는 것이 좋다. 물론, 그런 두려움이 없고 주식투자가 어떤 메커니즘을 가지고 움직인다는 것을 잘 알고 있다면, 재무 구조가 안전한 기업 중에서 저평가된 코스닥 종목을 찾아 적정 가치가 왔을 때 매도하여 이익을 내는 것도 좋은 방법이다. 필자가 강조하는 것은 주식투자가 위험하다고 생각하는 사람은 망할 염려 없고 사업 기반이 탄탄한 코스피 100위 안에 있는 종목에 투자하라는 것이다.

4) 해당 기업 직접 방문하기

해당 기업의 경영지원실이나 재경팀, 홍보팀 혹은 IR(Investor Relations)담당 부서에 직접 전화를 걸어 방문 일시를 정하고 담당 직원을 만나 회사에 대해 궁금한 점을 직접 물어보는 것이다. 해당 기업의 정보를 보고서나 신문기사로 보는 것보다는 훨씬 해당 회사에 대한 정보를 잘 파악할 수 있는 장점이 있지만 실제로 기업을 방문하여 정보를 얻는 개인 투자자는 많지 않다. 이 책을 읽는 독자들은 관심이 있어서 투자를 고려중이거나 이미 투자한 회사를 직접 방문하여 기업의 제반 사항에 대해 궁금한 점을 물어볼 것을 권한다. 특히, 애널리스트들이 covering 하지 않는 회사에 투자했다면 혹은 앞으로 투자하려 한다면 해당 기업을 직접 방문하여 회사의 제반 사정에 대하여 직접 정보를 얻는 것이 좋다.

필자의 경험으로는 대개 개인 투자자가 방문하는 것을 귀찮아하지만 아예 거부할 수 없으며 직접 방문한다면 좀 더 세부적인 정보를 얻을 수 있다. 물론, 주식 담당자(줄여서 '주담'이라고 한다)와 전화로 정보를 얻을 수도 있다. 한 가지 주의할 점은 어떤 기업을 방문하거나 IR 담당자와 통화하면 그 기업에 대해 나쁘게 말하는 경우는 없다. 따라서 막연하게 질문하지 말고 미리 질문할 내용들을 잘 정리하여 구체적이고 날카롭게 질문하는 것이 좋다. 주주들이 방문해서 회사의 사정에 대해 물으면 그 주주의 수준에 따라 대답을 하는 경우가 대부분이다. 별로 아는 것이 없이 막연하게 질문하면 딱 그 수준으로 대답해준다. 그러므로 질문할 내용을 잘 정리해서 가야한다. 담당 직원의 답변이 객관적 사실에 근거하지 않고 막연히 좋아질 것이라고 말한다면 신뢰하지 않는 것이 좋다. 실제 실적은 안 좋으면서 투자자들이 질문할 경우 막연히 "좋아질 것이다"라고 말하는 경우도 많기 때문이다. 그 누구도 앞으로의 실적을 정확히 알 수는 없지만 회사 담당자는 누구보다 해당 기업의 움직임을 잘 알고 있기 때문에 유용한 정보를 얻을 수 있다. 해당 기업에 자주 전화하고 담당자에게 이름을 가르쳐 주면서 잘 사귀어 두면 친절하게 답변해 주고 남들보다 빠르게 정보를 얻을 수 있다.

5) 네이버 종목게시판을 통한 정보 얻기

HTS나 MTS를 사용하면 종목 뉴스란이 있다. 그 곳을 클릭하면 위에서 언급했던 해당 종목의 기사나 해당 기업의 재무 정보와 기업의 동향에 관한 정보를 쉽게 얻을 수 있다.

만일 모든 정보를 한 곳에서 검색하기를 원한다면 대표적 포털 사이트인 NAVER에 들어가 증권 메뉴를 클릭한 후 종목 이름을 입력하고 종목 게시판에 들어가면 종합 정보란에서 기업의 재무 정보나 관련 기사, 해당 종목 주주들의 심리상태 등을 한 번에 파악할 수 있다. 한마디로 NAVER 증권 정보란을 보면 모든 정보를 간략하게 요약해서 볼 수 있다. 필자의 경우 DART를 통해 공시를 확인하기도 하지만 NAVER 종목 게시판만 봐도 전체 정보를 쉽게 얻을 수 있어서 많이 활용하는 편이다.

　　많은 정보를 간편하게 얻기 원하시는 분들은 NAVER 종목 게시판에서 전체 재무 정보나 기업 뉴스, 투자 주체별 매매동향(외국인, 기관의 매매) 그리고 현재 그 주식을 가지고 있는 주주들의 심리 상태를 확인할 수 있다. 공시나 해당 종목의 공매도 정보까지도 확인할 수 있다.

NAVER 금융, 국내증시, 삼성전자 종합정보란

▶ 투자 종목 선정하기

　　주식투자를 통해 이익을 얻으려면 가장 중요한 것은 투자 종목을 선정하는 일이다. 투자 종목은 어떻게 선정해야 할까? 우선 관심 기업의 대략적인 '적정 가치'를 알아야 한다. 적정 가치를 분석하는 방법은 앞으로 우리 책에서 배우게 될 것이다.

투자 종목을 선정할 때 특별히 유의해야 할 점은

- 저평가되어 있고 재무 구조가 우량하지만 다른 매매 주체들이 별 관심을 갖지 않는 기업

- 월봉상 주가가 상당히 하락해 있는 기업

- 주가 상승 모멘텀(재료=상승의 계기가 되는 힘)을 보유하고 있거나 언제든 이슈화될 가망성이 있는 기업

- 유통 주식수가 충분해 적절한 가격에 팔 수 있는 기업

- 은행 이자 이상 배당을 주는 기업 등이다

그렇다면 먼저 해당 기업의 적정 가치가 얼마나 되는지 분석할 수 있어야 할 것이다.

▶ 기업 가치 분석을 위해 반드시 확인해야 할 사항들

관심 기업의 적정 가치를 분석하기 위해 우선적으로 참고해야

할 것이 PBR(주가순자산비율)이다. PER(주가수익비율)도 많이 참고하지만 해당 기업이 적자가 발생했을 경우에는 PER로 기업의 적정가치를 대략적으로 계산할 수가 없다. 따라서 가장 최근 분기 실적의 PBR을 먼저 봐야 한다. 성장성이 얼마나 높은가에 따라 주식 시장에서 형성되는 PER과 PBR이 다르기는 하지만 일반적으로 어떤 기업의 PBR이 1이라면 해당 기업의 청산가치(회사가 망해서 재산을 발행한 주식 수만큼 주주들에게 돌려줄 때의 가치) 정도에 해당하는 주가 수준으로 파악하면 된다.

일반적으로 'PBR 1' 이하면 순자산(자본) 가치 아래에서 주가가 거래되고 있기 때문에 저평가된 기업으로 보지만 한국 주식 시장을 보면 철강, 조선, 가스, 통신, 전력, 자동차, 은행, 보험, 유통, 증권 업종의 경우 PBR이 1 이하인 종목이 널려 있다. 대개 이런 종목들은 한국 주식 시장에서 PBR 0.2에서 PBR 1이하에서 움직여 왔다. 물론 앞으로 어떻게 될지는 모르지만 저평가 되었다고 생각하여 매수하고 아무리 기다려도 그 이상 오르지 않았다. 그러므로 PBR이 낮다고 매수해서 기다려도 주가가 오르지 않은 경우가 많다. 저PBR 주는 대개 저성장 업종이거나 나름대로 문제가 있는 회사일 수도 있다. 회사의 현금성 자산에 문제가 있지는 않은지 혹시 ROE(자기자본 이익률)가 많이 떨어지지는 않았는지도 확인해 보아야 한다.

정리해보면 저PBR 주는 장부가치 상으로는 저평가되어 있지만 저PBR 종목이라고 무조건 주가가 오르는 것이 아니므로 다음과 같은 기업이 아닌지 확인해봐야 한다.

- 기업의 자산이 현금화되지 못하고 묶여 있는 경우
- 자기자본 이익률(ROE)의 하락으로 요구 수익률보다 기업의 이익이 낮아진 경우

이런 기업들은 자산가치는 그대로이지만 자산이 만들어내는 가치가 떨어졌기 때문에 그런 점이 반영되어 PBR이 낮은 것으로 이해해야 한다.

반면 제약 바이오 업종, 게임, 컴퓨터, 엔터테인, 수소차 관련 종목의 경우 PBR이 무려 20배에 달하는 종목도 있고, 5G 관련주의 경우 30배에 달하는 종목도 있다. PBR이 20배라는 것은 회사의 청산 가치보다 20배가 더 높게 거래되고 있으니 굉장히 비싸게 거래되고 있다는 뜻이다. 물론 성장성이 뛰어나서 프리미엄을 받을만한 종목이 있을 수 있지만 개인적으로 생각해보면 주가에 버블이 심하게 끼어있는 것이 아닌가 생각한다.

위에서 언급한 것처럼 PBR이 절대적인 저평가 판별 기준은 아니지만 PBR은 그 기업을 당장 팔았을 때의 청산 가치이므로 해당 종목의 주가가 저평가인지 고평가인지 판단할 수 있는 가장 객관적인 기준인 것은 분명하다.

다음에는 이 회사의 수익성이 어떤지 PER(주가 수익비율)도 따져 보고 ROE(자기자본이익률)와 EPS(주당순이익)로 얼마나 이익을 내고 있는지도 확인하고 부채 비율을 통해 빚이 얼마나 있는지 당좌 비율을 통해 당장 빚을 갚을 능력이 있는지 유보율을 통해 자본금 대비 이익을 얼마나 쌓아놓고 있는지 등등을 따져보고 매수해야 할지 종합적으로 판단을 해야 한다.

앞에서 언급한 종합적인 지표들을 보고 회사의 수익성, 안정성, 성장성을 평가하여 현재 주가가 얼마나 고평가 혹은 저평가되어 있는지를 판단하는 것이 가장 우선이다. 이러한 정보는 포털 사이트의 해당 종목 게시판에 가면 잘 정리되어 있으므로 NAVER 해당 종목 게시판을 참고하기 바란다.

위에서 언급한 어려운 용어들은 뒤에 다시 등장할 텐데 그 때 잘 익혀두면 된다. 미리 말씀드리지만 이 책에 등장하는 용어들은 앞으로 주식 거래를 하려면 반드시 알아두어야 한다.

기업실적분석											[닫기]
	최근 연간 실적				최근 분기 실적						
주요재무정보	2015.12	2016.12	2017.12	2018.12(E)	2017.09	2017.12	2018.03	2018.06	2018.09	2018.12	
	IFRS연결	IFRS연결	IFRS연결	IFRS연결	IFRS연결	IFRS연결	IFRS연결	IFRS연결	IFRS연결	IFRS연결	
매출액(억원)	2,006,535	2,018,667	2,395,754	2,477,615	620,489	659,784	605,637	584,827	654,600	632,5	
영업이익(억원)	264,134	292,407	536,450	615,255	145,332	151,470	156,422	148,690	175,749	134,3	
당기순이익(억원)	190,601	227,261	421,867	464,854	111,934	122,551	116,885	110,434	131,507	105,4	
영업이익률(%)	13.16	14.49	22.39	24.83	23.42	22.96	25.83	25.42	26.85	21.	
순이익률(%)	9.50	11.26	17.61	18.76	18.04	18.57	19.30	18.88	20.09	17.	
ROE(%)	11.16	12.48	21.01	20.30	19.24	21.01	22.79	21.77	21.73		
부채비율(%)	35.25	35.87	40.68		40.76	40.68	39.96	36.70	39.28		
당좌비율(%)	209.74	223.46	181.61		177.37	181.61	188.10	197.58	198.16		
유보율(%)	21,117.88	22,004.14	24,536.12		23,529.09	24,536.12	25,279.75	26,235.70	27,412.63		
EPS(원)	2,198	2,735	5,421	6,288	1,487	1,629	1,583	1,500	1,771	1,4	
BPS(원)	23,715	26,636	30,427	35,930	29,716	30,427	31,782	33,223	34,519	35,8	
주당배당금(원)	420	570	850	1,413							
시가배당률(%)	1.67	1.58	1.67								

NAVER 삼성전자 종목게시판 capture

▶ 기본적 분석, 기술적 분석, 심리적 분석에 대해

투자할 종목을 고를 때에는 해당 종목에 대해 기본적 분석(Fundamental Analysis)과 기술적 분석(Technical Analysis)을 해야 한다. 투자할 종목의 가치를 따져보고 기술적 분석을 통해 매수 매도 시점을 파악하기 위해서이다.

기본적 분석이란 해당 기업의 '내재 가치'를 분석하는 것이다. 재무제표를 통해 기업의 수익성, 성장성, 안정성을 따져 보는 주식투자의 가장 본질에 해당하는 행위인데 궁극적으로는 기본적 분석을 통해 내재 가치와 현재 주가의 괴리를 이용해 이익을 추구하기 위해 기업의 가치를 따져 보는 것이다. 재무 상태를 분석하기 위해서는 재무제표를 읽을 줄 알아야 하며 재무제표에 사용되는 용어들에 대해 알고 있어야 한다. 아래에 재무제표 보는 법과 일부 경제학 지식 및 알아야 할 용어에 대해 기술할 것이다. 독자들께서는 꼼꼼히 공부하여 기업의 대략적인 가치를 계산할 수 있어야 하고 좋은 기업을 알아 볼 수 있어야 한다.

한편 기술적 분석은 과거 주가가 형성된 이력을 바탕으로 미래의 주가를 예측하고 매매 시기를 포착하기 위해 해당 종목의 주가가 어떻게 움직여 왔는지, 이동평균선은 어디에 위치하는지, 그리고 얼마나 거래가 되었는지를 연구하는 것이다. 간단히 말해 일본식 차트인 봉차트의 모양을 보고 투자 주체들의 심리와 매매 행태를 파악하여 주가의 흐름을 예측하는 것이다.

주식 고수라고 자칭하는 사람들은 대개의 경우 기술적 분석을 지나치게 강조하는 사람들이 대부분이다. 필자는 자칭 차트 고수라 하는 사람들은 사기 냄새가 많이 나는 사람들이라고 생각한다. 차트가 정말 모든 것을 해결해 줄 수 있고 큰돈을 벌게 해 준다면 차트만 배우면 되는 것 아닌가? 자칭 차트 고수들은 많은데 왜 큰 부자는 없는 것일까? 그렇다면 차트만 공부하고 기술적 분석만 잘하면 주식투자는 성공할 수 있다는 것인가?

필자의 경험으로는 기술적 분석이 중요하기는 하지만 차트 이론이 맞지 않은 경우가 허다했다. 물론 신뢰할 만한 기술적 분석 이론도 많다. 따라서 기본적 분석과 기술적 분석 둘 다 무시할 수는 없다. 그렇다고 어느 하나가 절대적인 것은 아니다. 기본적 분석을 통해 해당 기업의 본질 가치를 따져보고 기술적 분석을 통해 주가의 흐름이나 거래량, 현재 주가의 위치 그리고 투자 주체들의 심리와 행태를 파악하여 주식 매매에 도움을 받는 것이다. 따라서 매수 결정은 기본적 분석. 기술적 분석. 심리적 분석 세 가지를 통하여 종합적으로 판단하는 것이 좋다.

심리적 분석이란 투자하기 전에 해당 종목의 주주들이 어떤 심리를 가지고 있는지 파악하여 매매 시기 조정에 도움을 받는 것을 말한다. 필자는 기본적 분석과 기술적 분석 후에 반드시 해당 종목의 토론 게시판에 방문하여 기존 주주들이 올린 글을 읽어 보고 투자 주체들의 심리를 분석한다. 물론 투자하기 전, 그리고 투자한 후에 투자자 본인의 심리가 더 중요한 것은 말할 필요가 없다. 해당 회사에 대한 온갖 원망과 욕설이 난무하면 해당 주주들이 주가 하락으로 인해 심리적 공황 상태인 것으로 보고 매매 시점을 결정하는 데 참고하고 있다.

종목 토론방의 글을 읽을 때 주의할 점은 토론방의 글을 쓰면서 심리적 작전을 펼치기 때문에 정반대로 이야기하는 경우가 대부분이라는 점이다. 작전 세력들이 '똘마니'들을 동원하여 자기들 작전이 유리한 대로 시세를 조종하기 위해 그럴싸하게 글을 쓰는 경우도 종종 있다. 종목 게시판의 글은 해당 기업을 찬양하면 '매도 대기자'로 그 기업에 대해 안 좋은 이야기를 하면서 매도하라고 부추기면 싸게 매수하려는 '매수 대기자' 혹은 '공매도 세력'으로 보면 된다. 게시판에 올라온 글은 객관적으로 정보를 주는 글이 아니라면 올린 글과는 반대로 이해하면 된다.

1) 기본적 분석(기업가치 분석)

아래에 등장하는 용어들은 해당 기업의 재무 상태와 영업실적, 그리고 부채를 파악하여 성장성, 수익성, 안정성을 인식하는 데 사용하는 중요한 용어들이다. 회사의 펀더멘털(기본 가치)을 판단하는 기본적 분석을 위해 반드시 알아 두어야할 내용들이므로 확실히 공부해야 한다.

(1) PER(Price Earning Ratio=주가수익배수) = $\dfrac{\text{시가총액}}{\text{당기순이익}}$

간단히 말해 들어간 투자 원금이 얼마나 지나야 회수되는가를 알아보는 지표로 PER이 낮을수록 저평가된 기업이다. 강세장에서는 PER이라는 수익 가치를 중요하게 보는 경향이 있다. 대개 PER 7배 이하면 저평가되어 있는 것이고 한국 주식 시장이 평균 PER가 10배 정도 되므로 10배 정도면 양호한 편이라고 보면 된다. 절대적인 기준은 없고 성장성에 따라 형성되는 PER이 다르지만 일반적인 업종의 경우 필자는 KOSPI는 7배 이하면 저평가 KOSDAQ은 6배 이하면 저평가로 판단하고 있다.

(2) PBR(Price Book-value Ratio=주가순자산비율) = $\dfrac{\text{시가총액}}{\text{자본총액}}$

간단히 말해 PBR 1을 기준으로 그 기업의 순자산(자본) 대비 몇 배에 주가가 거래되고 있느냐를 나타내는 지표이다. PBR도 낮을수록 저평가된 것이다. PBR 1배수 이하면 주가가 청산가치에도 미치지 못하는 것이므로 저평가된 것으로 볼 수 있다.

예를 들어 어떤 회사의 BPS(주당순자산가치)가 3000원인데 현재 주가가 3000원이면 PBR은 1이고 정확히 청산가치에 거래되고 있는 것이다. 가장 객관적으로 기업의 저평가 여부를 확인할 수 있는 지표이다.

(3) PSR(Price-Sales Ratio=주가매출비율) $= \dfrac{\text{주가}}{\text{주당 매출액}}$

PSR은 주가매출비율로 말 그대로 매출액에 비해 주가가 어떻게 형성되고 있는지를 나타내는 지표이다. 예를 들어 현재 주가가 만 원이고 주당 순매출액이 2만 원이면 PSR은 0.5가 된다. 혹은 시가 총액에서 해당 연도의 매출액을 나누어도 된다. 대개 PSR이 0.8배 이하면 저평가된 것으로 보며 PSR이 낮을수록 저평가된 것이다.

주식투자의 3대 전설 중 한 명인 성장주 투자의 대가 필립 피셔 의 아들이면서 수십 년 간 뛰어난 시장 예측 전문가, 그리고 미국 포브스가 선정한 억만장자 순위에 랭크된 케네스 피셔(=켄피셔)가 이용하는 지표로도 알려져 있다. 케네스에 따르면 이익은 회계적 으로 부풀릴 수 있기 때문에 PER보다는 PSR이 더 신뢰할 수 있는 지표라는 주장이다. 그의 주장은 CFA(공인 재무 분석사) 교육 과정 에 포함될 정도로 널리 인정받고 있다.

(4) PCR(Price Cash flow Ratio=주가현금흐름비율) $= \dfrac{\text{주가}}{\text{주당 현금흐름}(CPS)} = \dfrac{\text{시가총액}}{\text{현금흐름}}$

PCR은 현재의 주가가 해당 기업의 영업성과나 자금 조달능력에 비해 얼마나 저평가 혹은 고평가되어 있는지를 알려주는 지표이다. 간단히 말해 회사에 현금이 얼마나 있는지 보여주는 지표이다. 여기서 현금 흐름이란 회계 장부에 나타나 있는 순이익이 아니라 실제 기업이 현금으로 사용할 수 있는 돈의 흐름을 말한다. 회계상으로는 흑자 도산이 일어날 수도 있다. 즉 장부상에는 흑자가 났지만 아직 회수되지 않은 매출채권(외상) 등으로 인해 기업이 부도가 날 수도 있는 것이기 때문에 '워런버핏'을 비롯한 투자의 대가들 중에는 현금 흐름을 매우 중시하는 투자자들이 있다.

주가를 주당 현금흐름으로 나누면 PCR이 구해지는데 PCR도 낮을수록 저평가된 것이다. 현금흐름은 영업활동으로 인한 현금 유출입을 나타내는 영업현금흐름과 사업으로 벌어들인 영업이익에서 세금과 영업비용, 자본적 지출(CAPEX=설비투자액)을 제외하고 남은 돈을 말하는 잉여현금흐름이 있다.

주당현금흐름(CPS=Cash flow Per Share)은 $\dfrac{\text{당기순이익 + 감가상각비}}{\text{발행주식수}}$ 로 구하는데 감가상각비를 더하는 이유는 감가상각비가 실제로 지출되는 돈이 아니기 때문이다. 주가가 만 원이고 주당 현금흐름이 천 원이라면 PCR은 10이 된다. 시가 총액을 예로 들면 시가 총액이 1000억이고 현금흐름이 100억이라면 PCR은 10이 된다. PCR이 낮으면 저평가 된 것이다.

(5) EV(Enterprise Value)/EBITDA(Earnings Before Interest, Tax, Depreciation and Amortization=세전 영업이익) = $\dfrac{\text{시가총액 + 순부채}}{\text{영업이익 + 감가상각비}}$

① EV: 기업의 전체 가격

② EBITDA(세전영업이익): 영업이익에 감가상각비를 더하여 사업을 통해 벌어들이는 현금을 의미한다. 기업을 인수할 경우 실제 투자 원금(EV)을 가지고 사업을 통해서 벌어들이는 현금(EBITDA)이 얼마인지 보여주는 것으로 투자금을 회수하는 데 얼마나 기간이 필요한지 알아보는 지표이다. 이 지표도 낮을수록 저평가된 것을 의미한다. 상당히 중요한 지표이므로 잘 알아 두어야 한다.

예를 들어 어떤 기업의 EV/EBITDA가 2배라면 그 기업을 시장가격으로 매수했을 때 그 기업이 벌어들인 2년 간 이익을 합한 금액이 투자원금과 같게 된다는 것을 뜻한다. 다시 말해 EV/EBITDA의 수치는 투자 원금을 회수하는 데 걸리는 기간을 나타내고 이 수치가 낮다는 것은 기업의 주가가 저평가 되어 있고 영업현금흐름이 양호하다는 것을 뜻한다.

(6) ROE(Return On Equity=자기자본 이익률)　　* Equity=자기자본

ROE는 기업이 자기 자본을 이용하여 얼마만큼의 이익을 냈는지 나타내는 지표이다. 투자 종목을 선정할 때 잘 살펴봐야 할 굉장히 중요한 지표이다. 예를 들어 자본총액이 1억 원인 회사가 천만 원의 이익을 냈다면, ROE는 10%가 된다. '워런버핏'은 ROE 12% 이상인 종목에 투자했다고 한다. ROE(자기자본이익률)는 당연히 높

을수록 좋다.

(7) EPS(Earning Per Share=주당순이익)

EPS(주당순이익)는 기업이 벌어들인 순이익(당기순이익)을 그 기업이 발행한 총 주식수로 나눈 지표이다. EPS도 해당 기업이 한 주당 얼마씩 이득을 내고 있는지 알아보는 지표이므로 굉장히 중요하다. EPS도 당연히 높아야 좋다. 어떤 기업의 현재 주가는 주당순이익(EPS)×주가수익배수(PER)로도 계산할 수 있다.

예를 들어 주당순이익(EPS) 1000원×주가수익배수(PER) 10배 일 때 해당 회사의 현재 주가는 10000원이 된다. 기업의 이익이 지속적으로 늘어나는 지 알아 보려면 EPS가 얼마나 증가하고 있는지 확인해봐야 한다.

(8) BPS(Bookvalue Per Share=주당순자산가치)

BPS는 기업의 순자산(자본)을 발행 주식수로 나눈 지표이다. 간단히 말해 기업이 망했을 때 1주당 주주가 받아 갈 수 있는 돈(기업이 파산하여 청산했을 때의 가치)을 말한다. 어떤 기업의 주식 1주당 가치가 얼마나 되는지를 나타내는 지표이다. 위에서도 언급했지만 BPS는 PBR과도 밀접한 관련이 있다.

[BPS×PBR=주가]라는 공식이 성립하며 BPS는 높을수록 좋은 것이다.

주요지표	2018/12(A)	2019/12(E)
PER	7.73	11.25
PBR	1.32	1.22
PCR	5.06	5.73
EV/EBITDA	2.59	3.27
EPS	6,024원	4,138원
BPS	35,342원	38,049원
EBITDA	860,194.7억원	624,508.5억원
현금DPS	1,416원	1,447원
현금배당수익률	3.04%	3.11%
회계기준	연결	연결

삼성전자 펀더멘털 지표

* **펀더멘털(fundamental):** 앞으로 펀더멘털이라는 용어를 상당히 많이 듣게 될 것이다. 어떤 나라나 기업의 경제 상태를 나타내는 가장 기본적인 지표들을 말한다.

(9) PEG(Price Earnings Growth Factor=주가 이익 증가율)

PEG는 어떤 기업의 PER(주가수익비율)과 그 기업의 예상 주당 순이익(EPS) 증가율 간의 관계를 나타낸다. 어떤 기업의 PER을 주당 순이익(EPS) 증가율로 나누어 계산한다.

예를 들어 어떤 기업의 PER이 10이고 주당 순이익(EPS) 증가율이 연 10%이면 PEG는 1이 된다. 반면에 어떤 기업의 PER이 10이고 EPS 증가율이 20%이면 PEG는 10÷20=0.5가 된다.

다른 예를 들어보면 A라는 기업이 PER이 5배이고 EPS 증가율이 5%인데 B라는 기업은 PER이 10배이고 EPS 증가율이 20%라면 겉으로 보기에는 A기업이 PER이 낮기 때문에 저평가되어 있는 것 같이 보이지만, A기업은 PEG가 5÷5이므로 1이지만 B기업은 PEG가 10÷20으로 0.5가 된다. 따라서 PEG로 계산하면 B기업이 더 저평가된 것이다. PEG는 낮을수록 저평가된 것이다.

일반적으로 PEG가 1이 넘는 기업은 매력적이지 않은 기업, PEG가 1 정도면 보통,
1보다 상당히 낮은 주식이면 아주 매력적인 성장주로 평가한다. 성장주란 매년 평균 비율 이상으로 주당 순이익(EPS)이 증가하는 기업을 말한다. 대개는 제약, 헬스케어, 미디어, 전자 전기 업종 및 외식업, 주류업, 종합 소매 유통업 등이 성장주일 가망성이 높다. 경기에 덜 민감하고 꾸준히 실적을 낼 가망성이 높은 분야이기 때문이다.

참고

위에 언급한 기업가치 평가법이 상대가치 평가법(다른 기업과 비교하여 저평가 여부를 따지는 것)이라면 자주 사용하는 절대가치 평가법인 DCF(Discounted Cash Flow, 현금흐름할인법)와 RIM(Residual Income Model, 잔여이익모델)도 있다.

① DCF(현금흐름할인법)

DCF란 기업의 미래 현금흐름을 가중평균자본비용(=이자율=수익률=할인율, WACC-Weighted Average Capital Cost)으로 할인해서 현재 가치로 계산한 것을 말한다.

간단히 예를 들면, 10억의 1년 뒤 가치는 10억이 아니라 은행 이자가 2%라면 1년 뒤에는 10억 2천만 원이 된다.

공식으로 써보면 기업의 현재 가치(PV) = $\dfrac{\text{FV(미래가치)}}{(1+r)^n}$ 이 된다.

이를 바꾸어 말하면 FV=PV×$(1+r)^n$이 되므로 미래가치(FV)인 10억 2천만 원은 10억×(1+0.02)가 계산되어 나온 것이다. (r=이자율=할인율=요구수익률)

다른 예로 어떤 기업이 3년 동안 해마다 10억 원의 돈을 번다고 가정했을 때 3년 후 말 즈음에 이 회사를 120억 원에 팔 수 있다고 기대하고 있다. 이 기업의 가치는 얼마일까?

계산식은 아래와 같다.

$$\text{기업가치} = \frac{10억}{(1+r)^1} + \frac{10억}{(1+r)^2} + \frac{(10억+120억)}{(1+r)^3} \quad (r=15.7이라고 \ 하자)$$

$$\text{기업가치} = \frac{10억}{(1+0.157)^1} + \frac{10억}{(1+0.157)^2} + \frac{(10억+120억)}{(1+0.157)^3} = 10,004,829,538원$$

이다.

따라서 이 기업의 가치는 100억이 약간 넘는다.

하지만 현금흐름할인법(DCF)의 결정적인 단점은 매출액, 비용, 영구성장률, WACC(가중평균자본비용) 등을 전부 추정해야 하는데 추정한 것이 어떻게 실제와 맞을 수 있겠냐는 것이다. 아울러 할인율(r)이 적용하는 사람마다 다르면 계산 결과 차이가 많이 난다. 할인율을 높이면 적정주가가 낮게 산정되고 낮추면 적정주가는 높아진다. 따라서 주관적인 부분이 반영되므로 적정 주가 계산의 결과가 실제와 많이 차이 날 수 있다.

일반적으로 할인율은 BBB- 등급의 5년 만기 회사채 수익률을 많이 적용한다.(한국신용평가 사이트의 금리 스프레드 참조)

② RIM(잔여이익모델)

RIM은 순이익 추정, 자기자본 추정(배당금을 고려), 주주의 요구수익률을 추정한 추정치에서 초과이익(주주의 요구수익률을 초과하는 이익)을 통해 기업 가치를 계산하는 방법이다.

예를 들면 어떤 아파트가 5억 짜리인데 로열층에는 일반층보다 400만 원의 프리미엄이 붙는다. 연 400만 원의 초과이익이 지속적으로 난다면 이 아파트의 현재 가치는 얼마일까?(단 일반층의 임대수익률은 5%로 가정한다)

400만 원÷0.05=8천만 원이므로 답은 5억 $+ \dfrac{\text{사백만 원}}{0.05}$ = 5억 8천만 원이 된다.

이런 식으로 계산하는 것이 잔여이익모델(RIM)이다.

RIM을 계산하는 공식은 다음과 같다.

RIM에 의한 기업가치 = 자산가치(장부가치)+초과이익의 현재가치
= 자기 자본 + $\dfrac{초과이익}{할인율}$
= 자기자본(장부가치)+자기자본(장부가치)×(ROE-할인율) / 할인율

필자는 맨 마지막 공식을 사용하는 것이 편해서 맨 마지막에 언급한 공식을 사용하고 있다.

예) 자기 자본이 1000억인 기업의 주주 요구 수익률(할인율)이 5%인데 ROE가 10%로 예상된다. 이 기업을 RIM에 의해 계산하면 기업 가치는 얼마인가?

1000억+ $\dfrac{1000억 \times (10\%-5\%)}{5\%}$ = 1000억+1000억=2000억

따라서 기업가치는 2000억이 되고 발행 주식수가 1000만 주라면 이 기업의 적정주가는 주당 2만 원이 된다.

RIM도 단점이 있다.
현금흐름할인법보다 추정이 줄어들기는 하지만 기업의 미래를 추정해야 하는 단점이 여전히 존재한다.

지금까지 여러 가지로 기업 가치를 계산하는 방법을 공부했는데, 한 가지 방식만 사용하여 계산하지 말고 위에서 언급한 방식들

을 종합적으로 고려하여 대략적인 기업 가치를 산정해야 한다. 정확한 기업가치 산정은 당연히 불가능하다. 필자의 경우에는 DCF나 RIM은 상당한 추정이 들어가야 하고 기업이 일시 적자가 났을 때는 PER로 계산하는 것이 불가하므로 최근 발표된 BPS지표로 대충의 올해 이익을 가늠해보고 적정 주가를 산정하는 것이 가장 객관적이라고 판단하고 있다. 예를 들어 올해 예상 BPS가 5000원일 경우 적자가 아닌 일반 업종의 코스닥 종목은 1.2를 곱하여 6천 원, 코스피 종목이라면 1.5를 곱하여 대략 7500원 정도로 생각하고 있다.

(10) 재무제표 보는 법

재무제표는 투자자들에게 경영 상태를 보여주는 기업의 언어이다. 주식투자를 위해 재무제표는 어느 정도 볼 줄 알아야 하는 것일까? 개인 투자자들이 회계사들처럼 재무제표를 아주 자세히 공부할 필요는 없겠지만 최소한 재무제표를 통해 이 기업의 경영 상태가 어떤지, 투자해도 되는 기업인지 아니면 피해야 할 기업인지를 판단할 수는 있어야 한다. 사실 회계 지식은 남들보다 더 잘 알면 알수록 좋다.

놀랍게도 개인 투자자들 중 재무제표를 볼 줄 아는 사람은 많지 않다. 코스닥의 경우 영업손실 4년 연속, 매출액 30억 미만이면 관리종목 편입 대상이 되고, 5년 연속 영업 손실이면 그리고 2년 연속 매출액 30억 미만이면 상장 폐지 심사대상이 된다(기술 성장기업은 예외, 별도재무제표상 영업이익이 낮을 때도 예외)는 것도 모르는 개인투자자들이 부지기수이다.

물건을 사거나 아파트를 살 때는 꼼꼼하게 보고 따지면서 주식투자할 때는 남들이 사라고 하니까 혹은 증권방송에서 소위 전문가라고 하는 사람들이 추천하니까 '묻지마 매수' 하고 큰 손실을 입는 사람이 너무도 많다. 지금부터 기술하는 재무제표에 관한 사항은 꼼꼼히 공부해야 재무구조가 안 좋은 기업을 잘 파악할 수 있다. 여러 번 읽고 숙지하여 투자할 때 활용하시기 바란다.

회계지식은 많이 공부하면 할수록 좋지만 회계지식이 많다고 주식투자를 잘하는 것은 아니다. 따라서 주식투자자 관점에서 재무제표를 공부한다면 재무제표를 해석할 수 있는 필수적인 내용을 알고 있으면 된다. 재무제표를 읽을 줄 모른다면 주식투자의 기본이 안 되어 있는 것이다.

재무제표는 기업의 경영상태를 정리한 장부로 재무상태표(IFRS 도입 이전 GAAP에서는 대차대조표였다), 포괄손익계산서, 현금흐름표, 자본변동표, 주석 등 5가지로 구성되어 있다.

[재무제표의 구성]
① 재무상태표 ② 포괄손익계산서 ③ 현금흐름표 ④ 자본변동표 ⑤ 주석

① 재무상태표

일정한 시점에 해당 기업이 보유하고 있는 자본, 부채, 자산에 대해 정리한 보고서로 한마디로 회사의 재정 상태를 적어 놓은 표이다. 자산은 자본과 부채를 합한 금액이며 부채는 빌린 돈, 자본은 부채를 제외한 순수한 자기 돈이라고 생각하면 된다.

2. 연결재무제표

연결 재무상태표
제 50 기 3분기말 2018.09.30 현재
제 49 기말   2017.12.31 현재

(단위 : 백만원)

	제 50 기 3분기말	제 49 기말
자산		
유동자산	176,282,049	146,982,464
현금및현금성자산	33,088,093	30,545,130
단기금융상품	58,681,418	49,447,696
단기매도가능금융자산		3,191,375
단기상각후원가금융자산	3,446,114	
매출채권	41,940,008	27,695,995
미수금	3,155,484	4,108,961
선급금	1,473,652	1,753,673
선급비용	4,201,481	3,835,219
재고자산	28,242,807	24,983,355
기타유동자산	2,052,992	1,421,060
비유동자산	160,913,737	154,769,626
장기매도가능금융자산		7,752,180
만기보유금융자산		106,751
상각후원가금융자산	242,423	

삼성전자 재무상태표 중 일부

A. 재무상태표에 등장하는 용어 이해

아래에 나열한 것들은 재무상태표에 등장하는 용어들이다. 용어를 알아야 재무상태표를 이해할 수 있다. 꼼꼼히 공부하시기 바란다.

a. 자본(순자산)과 자본금

자본은 자산(자본+부채)에서 부채(빌린 돈)를 뺀 금액을 말하며 종 자돈과 벌어들인 돈으로 구성된다. 자본금은 기업의 소유자 또는 주주들이 사업의 밑천으로 기업에 제공한 금액을 말한다. 즉 주식을 발행한 액면 금액의 합계이다.

b. 유동자산

1년 이내에 현금화할 수 있는 자산을 말한다.

c. 현금 및 현금성 자산

현금이나 수표, 통화대용증권, 당좌. 보통예금과 '단기금융상품'을 종합한 자산을 말한다.

d. 단기 금융상품

만기 1년 이하의 금융상품을 말한다.

e. 금융자산

주식이나 채권, 예금, 신탁 등을 말한다.

f. 매출채권

기업이 상품을 판매하는 과정에서 발생한 외상 매출금을 말한다.

g. 재고 자산

유동자산 중에서 판매과정을 통하여 현금화할 수 있는 자산을 말한다.

h. 비유동자산
1년 이내에는 현금화하기 힘든 자산들을 말한다.

i. 유형자산
재화의 생산, 용역의 제공, 타인에 대한 임대 또는 자체적으로 사용할 목적으로 보유하는 물리적 형체가 있는 자산을 말하며 토지, 건물(냉난방, 전기, 통신시설) 등을 말한다.

j. 무형자산
물리적인 실체는 없지만 식별이 가능한 비화폐성 자산을 말한다. 영업권이나 특허권 등이 있다.

k. 유동부채
1년 이내에 갚아야 하는 부채를 말한다.

l. 비유동부채
만기가 1년 이후에 도래하는 부채를 말한다.

m. 주식 발행 초과금
주식 발행금액이 액면금액을 초과하는 경우 발생하는 차액으로 자본잉여금에 속한다. 주식 발행 액면가가 5천 원이라 하더라도 발행금이 만 원이라면 차액이 생긴다.

n. 이익 잉여금

기업의 경상적인 영업활동, 고정자산의 처분, 그 밖의 자산 처분 및 기타 임시적인 손익거래에서 생긴 결과로 주주에게 배당금으로 지급하거나 자본으로 대체되지 않고 남아있는 돈을 말한다.

o. 연결재무제표/별도재무제표/개별재무제표

가. 연결재무제표

연결할 회사가 있다는 것은 자회사(종속기업)가 있다는 것이다. 즉 자회사와 모회사의 재무상태를 함께 반영한 재무보고서이다.

나. 별도재무제표

자회사는 기재하지 않고 모회사의 재무상태만 기재한 재무보고서를 말한다.

다. 개별재무제표

자회사가 없고 오로지 하나의 기업만이 존재할 경우의 재무 상태를 기재한 보고서를 그 전에는 개별재무제표라 했다. 지금은 연결재무제표와 별도재무제표라는 용어만 있다.

p. 대손충당금

회사가 외상으로 판매한 매출채권이나 빌려준 돈을 받지 못할 경우 손해에 대비하여 쌓아놓는 충당금을 말한다. 대손충당금 액수는 얼마나 오래된 채권인지를 구분하여 '연령분석법'이라는 방법을 쓴다. '연령 분석법'이란 기간에 따른 대손 추정율을 적용하여 기간이 오래 지난 채권의 경우는 회수할 가망성이 더 낮으므로 거의 전액을 대손으로 인식하게 한다.

q. 상장폐지

증시에 상장된 주식이 유가증권으로서 적격성을 상실하여 상장이 취소되는 것을 말하는데

· **지속적으로 영업 손실이 난 경우**
· **일정액의 매출액에 미달할 경우**
· **자본잠식이 상당히 있을 경우**
· **자기 자본의 50%가 넘는 법인세비용 차감전 계속사업손실이 3년 간 2회 이상 발생한 경우**

위의 경우에 관리종목에 편입되고 재무상태가 개선되지 않을 경우 상장폐지 심사대상이 된다. 상장폐지가 되면 정리매매 기간을 준다. 정리 매매 기간 동안에는 주가가 아주 낮게 형성되므로 원금을 거의 날렸다고 생각하면 된다. 따라서 재무 구조를 반드시 확인하고 상태가 안 좋은 회사는 절대로 매수하지 않는 것이 좋다.

② 포괄손익계산서

해당 영업 시점에 발생한 수익과 비용 등을 계산한 보고서이다.

연결 포괄손익계산서
제 19 기 3분기 2018.01.01 부터 2018.09.30 까지
제 18 기 3분기 2017.01.01 부터 2017.09.30 까지

| | 제 19 기 3분기 | | 제 18 기 |
	3개월	누적	3개월
수익(매출액)	16,419,342,933	47,191,573,463	15,667,447,600
매출원가	9,259,365,351	26,853,813,219	9,381,450,331
매출총이익	7,159,977,582	20,337,760,244	6,285,997,269
판매비와관리비	6,503,908,103	19,585,866,753	5,800,662,052
영업이익(손실)	656,069,479	751,893,491	485,335,217
기타이익	34,585,232	86,661,000	14,190,425
기타손실	16,014,120	25,957,023	3,622,000
관계기업투자이익(손실)	(106,490,190)	(174,620,147)	(92,922,471)
금융수익	55,484,152	327,913,380	46,019,189
금융원가	172,630,123	485,188,285	157,714,288
법인세비용차감전순이익(손실)	451,004,430	480,702,416	291,286,072
법인세비용	42,987,546	132,445,808	47,890,461
계속영업이익(손실)	408,016,884	348,256,608	243,395,611
중단영업이익(손실)	0	0	(691,790,750)
당기순이익(손실)	408,016,884	348,256,608	(448,395,139)

포괄손익계산서 중 일부

A. 포괄손익계산서에 등장하는 용어 이해[*]

아래에 나열한 것들은 포괄손익계산서에 등장하는 용어들이다. 용어를 알아야 포괄손익계산서를 이해할 수 있다. 꼼꼼히 공부하시기 바란다.

---

[*] 다음 내용 중 일부는 NAVER 지식백과를 참조하였음.

a. 수익(매출액)

제품이나 상품을 판매한 액수를 말한다.

> **참고** 수익과 이익은 다른 말이다. 이익은 매출액에서 들어간 비용을 뺀 액수를 말한다.
>
> **참고** 제품은 내가 만들어 파는 것(제조업)을 말하고 상품은 다른 사람에게 사서 파는 것(유통업)을 말한다.

b. 매출원가

제품이나 상품을 파는 데 소요되는 원가를 말한다.

c. 매출총이익

매출액에서 매출 원가를 제외하고 이익이 난 금액을 말한다.

d. 판매비와 관리비

판매에 들어가는 비용 및 기업을 관리하고 유지하는 데 발생하는 비용을 말한다. 줄여서 '판관비'라고도 한다.

e. 영업이익(손실)

영업 활동을 통해 발생한 이익(수익-비용)

f. 기타수익

영업 활동 이외의 수익

g. 기타비용

기업의 영업 활동 이외에 들어가는 비용으로 이자 비용 등이 대표적이다.

h. 지분법

A기업이 관계회사인 B기업의 주식을 갖고 있을 경우 B기업의 이익이나 손실을 가지고 있는 지분의 비율만큼 A기업의 손익에도 반영하는 것이다.

i. 금융수익

금융 활동을 통해 발생한 수익을 말한다.

j. 금융비용

금융원가 혹은 이자비용과 같은 말이다.

k. 법인세 비용 차감전 순이익(손실)

법인세 비용 내기 전의 순이익이나 손실을 말한다.

l. 법인세 비용

기업이 내야 할 법인세를 말한다.

m. 계속영업이익(손실)

계속적인 영업활동과 그와 관련된 부수적인 활동에서 발생하는 손익을 말한다.

c.f) 중단사업이익

어떤 기업이 일부 사업부문을 매각하거나 분할하는 방식으로 해당 사업의 자산과 부채를 처분해 사업을 포기하는 경우 발생하는 이익을 말한다.

n. 당기순이익(손실)

일정 회계기간 동안 해당 기업의 전체 수익에서 비용 및 세금을 차감한 순수 이익금이다.

o. 지배기업 소유 당기순이익

지배기업(모회사) 순이익과 자회사(종속기업, 관계기업)의 순이익 중 지배기업의 지분율만큼 해당하는 순이익을 말하는 것으로 '지분법 이익'과 같은 말로 이해할 수 있다.

p. 비지배지분 소유 당기순이익(손실)

종속기업(자회사)의 순이익 중 지배기업의 소유분을 제외한 순이익을 뜻한다.

q. 자본잠식

어떤 기업의 자본 총계가 자본금보다 작아지는 상태를 말한다.

③ 현금흐름표

일정 시점에서 해당 기업의 현금 흐름을 나타낸 보고서로 해당 기간에 현금이 얼마나 들어왔는지 나갔는지를 정리한 표이다. 현금흐름표는 아래와 같이 영업활동 현금흐름, 투자활동 현금흐름, 재무활동 현금흐름 등 세 가지로 나뉜다.

		(단위 : 원)
	제 19 기 3분기	제 18 기 3분기
영업활동현금흐름	3,013,282,978	5,422,883,606
당기순이익(손실)	542,591,794	1,354,075,953
당기순이익조정을 위한 가감	2,674,745,558	4,132,537,002
비현금흐름항목의 조정	2,410,488,563	2,621,983,078
영업활동으로인한자산 · 부채의변동	264,256,995	1,510,553,924
이자수취(영업)	144,599,762	115,663,550
이자지급(영업)	(452,638,337)	(351,516,080)
법인세납부(환급)	103,984,201	172,123,181
투자활동현금흐름	(4,986,202,348)	(6,544,825,984)
기타금융자산의 취득	(15,484,449,397)	(6,426,888,517)
단기대여금의 취득	(550,000,000)	(704,311,129)
유형자산의 취득	(248,914,069)	(498,997,716)
무형자산의 취득	(1,121,678,602)	(818,190,300)
보증금의 증가	(216,400,000)	(93,040,000)
종속기업및관계기업투자주식의 취득	(112,963,000)	(765,534,754)
기타금융자산의 처분	11,620,420,901	2,372,152,331
재무활동현금흐름	(1,585,829,300)	6,380,256,050
차입금	10,746,000,000	21,124,000,000
차입금의 상환	(11,624,000,000)	(13,752,000,000)
임대보증금의 증가	(24,000,000)	34,000,000
배당금지급	(683,829,300)	(1,025,743,950)
현금및현금성자산에 대한 환율변동효과	(3,158,190)	(2,199,591)
현금및현금성자산의순증가(감소)	(3,561,906,860)	5,256,114,081
기초현금및현금성자산	13,271,610,525	10,604,645,546
기말현금및현금성자산	9,709,703,665	15,860,759,627

현금흐름표 중 일부

A. 영업활동 현금흐름

상품대금이나 수수료 등 영업활동에서 얻는 현금흐름을 적어 놓은 것이다. 어떠한 경우에도 영업활동 현금흐름은 플러스이어야 한다. 영업활동으로 현금이 들어와야 회사를 운영할 수 있기 때문이다. 현금흐름은 당연히 많아야 좋다.

B. 투자활동 현금흐름

새로운 공장 신축, 인수, 매각 등 미래를 준비하며 발생하는 현금흐름이다. 마이너스면 투자를 많이 하고 있다는 뜻으로 해석할 수 있다.

C. 재무활동 현금흐름

배당금 지급, 금융기관으로부터의 차입금, 증자, 사채 발행으로 인한 유입과 유출 흐름을 말한다. 재무활동 현금흐름이 증가했다는 것은 차입금이나 유상증자 등을 통해서 자본을 조달했다는 의미이며, 마이너스라면 해당 기업이 차입금이나 회사채를 상환했다는 의미이다. 따라서 재무활동 현금흐름은 마이너스가 좋다.

구분	현금 유입	현금 유출
영업활동 현금흐름	제품의 판매 및 용역의 제공 수수료 수입, 배당수익, 이자 수익. 법인세 환급 등	제품의 제조, 재료 구입, 종업원 급여, 사무실 임대료 지급, 이자 비용, 법인세 납부 등
투자활동 현금흐름	토지 혹은 유가증권의 매각, 대여금 회수, 고정자산 처분 등	유가증권·토지의 매입, 예금, 고정자산 취득 등

재무활동 현금흐름	단기차입금, 사채, 증자 등	단기차입금·사채의 상환, 유상 감자 자기 주식 취득, 배당금 지급 등

현금흐름표에 기록된 내용

기업	영업활동 현금흐름	투자활동현금흐름	재무활동 현금흐름
우량기업	플러스 (영업활동으로 돈이 유입됨)	마이너스(투자하여 마이너스 났음)	마이너스 혹은 플러스 (번 돈으로 빚을 갚거나 혹은 투자하려고 돈을 빌림)
위험한 기업	마이너스 (적자 발생)	마이너스 혹은 플러스 (투자할 여력이 없고 빚이 늘어남 혹은 투자하려고 돈을 빌림)	마이너스(지나친 마이너스면 배당금 지급도 못하고 이자가 늘어남)

현금흐름표 이해하는 법

위의 현금흐름표에서 어떠한 경우라도 영업활동 현금흐름이 마이너스 나는 경우는 기업의 재무 상태가 좋지 않은 것이므로 투자하지 않는 것이 좋을 것이다.

④ 자본변동표

일정기간 동안의 자본변동에 관한 정보를 제공하는 표로 자본금, 자본잉여금, 이익잉여금, 자본조정, 기타포괄손익누계액, 총계 등 항목별 크기의 변동액으로 되어 있으며 증자. 감자, 배당금 지급이나 신주발행 등의 내용을 확인할 수 있다.

	자본금	자본잉여금	기타자본구성요소	이익잉여금	지ㅂ
			지배기업의 소유주에게 귀속되는 자본		자ㅂ
2017.01.01 (기초자본)	8,156,348,500	21,270,690,207	(6,337,663,393)	24,164,775,549	
회계정책변경에 따른 증가(감소)					
당기순이익(손실)				(1,786,208,293)	
기타포괄손익			(12,475,832)	4,236,157	
배당금지급				(1,025,743,950)	
2017.09.30 (기말자본)	8,156,348,500	21,270,690,207	(6,350,139,225)	21,357,059,463	
2018.01.01 (기초자본)	8,156,348,500	21,270,690,207	(6,695,318,684)	20,354,381,480	
회계정책변경에 따른 증가(감소)				(358,312,156)	
당기순이익(손실)				348,256,608	
기타포괄손익			4,580,231	(18,376,349)	
배당금지급				(683,829,300)	
2018.09.30 (기말자본)	8,156,348,500	21,270,690,207	(6,690,738,453)	19,642,120,283	

자본변동표 중 일부

⑤ 주석

주석은 재무제표의 어느 부분에 기호를 붙이고 해당 내용에 대해 자세히 기재한 것을 말한다. 한마디로 어떤 사항에 대해 자세히 설명하는 글이다. 사업보고서의 맨 마지막에 등장하며 재무제표만 가지고 회사의 재정 상태에 대한 정보를 전부 제공할 수 없기 때문에 투자에 관련한 회사의 정보를 주석에 기록하는 경우가 많다. 특히 투자자들이 주석을 잘 확인하지 않는 점을 악용해 회사의 악재나 불리한 정보를 주석에 기록하는 경우도 있다. 따라서 반드시 읽어 보아야 한다.

(11) 주식투자에서 꼭 알아두어야 할 그 밖의 용어들

아래에 나오는 용어들도 주식투자를 하다 보면 언젠가는 반드시 보게 되는 용어들이다. 각 용어가 무슨 의미인지 잘 숙지하도록 하자.

① CAPEX(capital expenditure)

고정자산에 대해 투자하거나 가용연수를 증가시키는 지출을 말한다. 투자 활동을 위한 현금흐름에서 토지의 증가, 건설 중인 자산의 증가, 영업권 증가, 개발비의 증가, 기타 무형자산의 증가 등이 CAPEX다. 간단히 말해 기업이 매출 증대를 위해 투자하는 지출액을 말하며 건물, 토지나 기계 등에 대한 투자가 이에 해당된다. CAPEX는 지나치게 높지 않은 것이 좋다. 지나치게 높으면 배당여력, 자사주 매입 능력이 감소되고 재무 리스크가 커진다.

② FCF(잉여현금흐름=미래 현금흐름)

기업이 영업 활동을 유지 또는 확대하면서도 자유롭게 사용이 가능한 현금을 의미한다. 쉽게 말해 기업이 영업활동을 통해 벌어들이는 현금의 순유입을 나타내는 지표이다. 잉여현금흐름이란 자산으로부터 기대되는 장래의 현금 사정을 추정하고 그 추정 금액에 일정한 할인율을 적용해 현재의 가치로 환산하는 것을 말하는데, 기업 가치는 '기업의 미래 현금흐름 창출력'에서 비롯된다고 할 수 있고 주가는 미래 현금흐름에서 구해지는 것이다. 그러나 재무제표는 기간 손익의 측정을 중시해 일반적으로 대다수의 기업에서 기업 가치를 분석하는 데 있어 손익 지표에 비중을 두어 왔다. 이러한 형태는 궁극적으로 회계 상의 숫자, 즉 계정이 가치가 될 수는 없으며 결국 현금이 가치의 기본이 된다고 말할 수 있는 것이다. 한 기업의 목표가 기업 가치의 극대화라면 기업을 분석하는 목표는 기업의 미래현금흐름 창출력을 현재 상태에서 파악하는 것이라 할 수 있다. 따라서 잉여현금흐름은 기업에 대한 투자를 결정할 때 확인해야 할 아주 중요한 지표이다.

③ 유상증자

기업이 필요에 따라 주식을 추가로 발행하여 자본금을 늘리는 것을 증자라 하는데 주식을 발행할 때 돈을 받고 발행하는 것을 유상증자라 한다. 기업이 대규모 사업 프로젝트를 진행할 경우 돈이 필요한 경우가 있는데 투자를 받아야 프로젝트 진행이 가능하므로 주식을 유상으로 발행하여 자본금을 늘리는 것이 유상증자이다. 혹은 기업 경영이 어려워져 회사 운영자금이 필요할 때 유상증자를 시행하기도 한다. 기업은 자금이 필요할 경우 은행에서 차입하거나 유상증자 혹은 회사채를 발행하여 자금을 조달한다. 유상증자 방식은 세 가지가 있는데 현재의 주주에게 새로 발행하는 주식을 넘기는 방식은 주주 배정 방식, 불특정한 여러 사람에게 공모하는 일반 공모 방식, 그리고 회사 관련자나 거래 관계에 있는 특정한 사람에게 발행하는 제3자 배정 방식이 있다.

④ 무상증자

기업이 주식을 추가로 발행하여 자본금을 늘리는 것을 증자라 하는데 공짜로 주식을 주는 것을 무상증자라 한다. 기업이 여윳돈으로 주식을 더 발행하고(잉여금에 있던 돈으로 주식을 발행하고 자본금으로 편입하게 되므로 자기 자본의 총액에는 변화가 없다) 주주들에게 무상으로 나누어 주는 것을 말한다.

c.f) 유상증자는 발행 주식수도 늘고 기업의 자산도 늘어나지만 무상증자는 주식수 만 늘고 기업의 자산에는 변화가 없다. 상황에 따라 다르지만 일반적으로 유상증자는 악재로 무상증자는 호재로 받아들인다. 다만 3자 배정 방식의 유상증자 일 때 우량 기업에서 3자 배정 방식으로 투자한 경우나 유망한 사업에 대한 자금 확보의 경우에는 호재로 받아들이는 경우가 있다.

⑤ 감자

감자는 증자와는 반대로 기업이 자본금을 줄이는 것을 말한다. 유상감자와 무상감자가 있는데 유상감자는 주주들에게 돈을 주고 감자(주식 수를 줄이는 것)하는 것을 말하고, 무상감자는 돈을 주지 않고 주식수를 줄여 버리는 것을 말한다. 예를 들어 10대 1의 무상감자라면 1000주를 보유하고 있던 주주는 100주로 주식 수가 줄게 되어 큰 피해를 보게 된다. 감자를 실시하는 이유는 자본이 잠식되어 상장폐지 되는 것을 막기 위함이다.

⑥ 전환사채(CB = Convertible Bond)

말 그대로 일정한 조건에 따라 채권을 발행한 회사의 주식으로 전환할 수 있는 권리가 부여된 채권이다. 전환하지 않을 경우 사채

로 이자를 받을 수 있으며 주식으로 전환한다면 시세 차익을 노릴
수 있다.

⑦ 신주인수권부사채(BW=Bond with Warrant)

발행 기업의 주식을 매입할 수 있는 권리가 부여된 사채를 말한
다. 약속된 가격으로 새로 발행하는 주식의 교부를 청구할 수 있
는 권리가 부여된다.

⑧ 보통주와 우선주

A. 보통주 - 우선주와 같은 특별한 권리내용이 정해지지 않은 일
반주식을 말한다.

B. 우선주 - 이익배당, 잔여재산의 분배에서 예외적인 우대조치
를 받는 주식을 말한다.

⑨ 자사주 매입과 소각

A. 자사주 매입

어떤 기업의 주가가 저평가되었을 때 주가를 안정시키기 위해 해
당 기업이 회사 자금으로 자기 주식을 사들이는 것을 말한다.

B. 자사주 소각

어떤 기업이 자사의 주식을 취득하여 소각하는 것으로, 발행주식수를 줄여 주당가치를 높여서 주주가치를 제고하는 방법이다.

⑩ 베타 계수

주식 시장 전체의 변동에 대한 개별 자산의 수익률 민감도를 나타낸다. 예를 들어, 증권시장 전체의 움직임을 나타내는 주가지수의 수익률이 1% 증가하거나 감소할 때에 어떤 주식 A의 수익률은 0.5% 증가하거나 감소한다면, 주식 A의 베타계수는 0.5가 된다. 이에 반해, 주식 B의 수익률은 2% 증가하거나 감소한다면 주식 B의 베타계수는 2가 된다.

⑪ 액면분할

주식의 액면가액을 일정한 분할비율로 나눔으로써 주식수를 증가시키는 것을 말한다. 예를 들어 액면가액 5,000원짜리 1주를 둘로 나누어 2,500원짜리 2주로 만드는 경우이다. 반대로 2주를 1주로 만드는 **액면병합**이라는 것도 있다.

⑫ 프로그램 매매

일정 조건을 설정하고 그 조건이 충족되었을 때 자동으로 매수혹은 매도 주문을 설정한 전산 프로그램으로 매매하는 방식이다. 차익거래와 비차익거래가 있는데 현물과 선물의 가격 차이를 이용해 차익을 챙기는 거래가 차익거래이다.

프로그램 매매에는 선물이 고평가되면(선물의 고평가를 contango
라 한다) 선물을 팔고 현물을 사는 방식과 그 반대로 현물이 고평
가되고 선물이 저평가되면(선물의 저평가를 backwardation이라 한
다) 현물을 팔고 선물을 사는 방식이 있다. 한편 비차익거래는
Bascket trade라고도 하는데 선물은 거래하지 않고 현물만 거래
한다. KOSPI 종목 중 우량한 종목 15개 이상을 묶어 정한 조건에
전부 매수하거나 매도하여 이익을 챙기는 방식을 말한다.

⑬ 감사보고서

외부 감사인이 회사를 감사하고 제출한 문서를 말하는데 감사
의견이 적혀 있다. 감사 의견은 적정, 한정, 부적정, 의견거절 등 네
종류가 있다. '적정'은 말 그대로 회계 장부와 감사의 의견이 일치
하는 경우이고 '한정'은 일부가 불일치하지만 전체적으로는 크게
잘못된 경우가 없는 경우이다. '부적정'이나 '의견거절'은 회계장부
가 제대로 작성되어 있지 않은 경우이고 특히 '의견거절'은 감사인
이 충분한 감사 증거를 확보하지 못했을 때 표시하는 의견으로 감
사 대상이 맞는 것인지 틀린 것인지 알 수 없는 경우에 내는 의견
이다.

주의!

주식에 투자할 때는 반드시 감사 보고서의 감사인 의견이 적정
인지 확인하고 계속기업불확실성에 '미해당'으로 기재되어 있는
지 확인해야 한다. 다만 감사의견이 적정을 받았다고 하더라도

재무제표를 바르게 작성했다는 의미이지 투자할 만한 회사인지를 의미하는 것은 아니다. 망할 회사를 망할 회사라고 재무제표에 작성했다면 감사의견은 적정이다. 결론적으로 투자할 만한 회사인지는 본인이 판단해야 한다.

⑭ 기업분할

DC라는 회사가 떡볶이와 치킨 사업을 하는 회사라 가정하면, 두 사업 부분 중 치킨 회사나 떡볶이 회사를 독립적으로 분리하는 것을 말한다. 기업분할을 하는 목적은 주로 각 사업 부문의 전문성을 제고하고 핵심 경쟁력을 강화하며 인수 합병을 쉽게 하기 위함인데 인적분할과 물적분할이 있다.

A. 인적분할(人的分割, spin-off)

기존회사(존속회사) 주주들이 자기가 소유한 주식의 비율대로 새로 생긴 회사의 주식을 나누어 갖는 방식이다. 기업의 특정사업 부분을 독립적으로 완전히 떼어내는 방식인데 우회상장(상장심사나 공모주 청약의 절차를 밟지 않고 상장하는 방식)을 하기 위한 수단으로 활용되기도 하고 지주회사로 전환하는 기업들이 선호하는 분할방식이기도하다.

B. 물적분할(物的分割, split-off)

분리하여 새로 만든 회사(신설법인)의 주식을 **모회사**가 전부 소유하는 기업분할 방식이다. 보통 경영의 효율성을 제고하기 위해 물적분할을 하는데 특정 사업부문을 완전히 떼어내기보다는 기존의 회사 사무실에 파티션을 친 것으로 많이 비유된다. 기존에 있던 회사가 분리된 사업부를 자회사 형태로 보유하여 지배권을 유지하는 방식이다. 일부 세금 면제의 혜택도 있다. 위의 A와 B에서 보듯이 인적분할과 물적분할의 차이점은 모회사(존속법인)의 주주들이 신설회사의 주식을 지분율대로 나눠 갖느냐 모회사(존속법인)가 전부 갖느냐의 차이이다.

⑮ 선물에 대한 이해

선물이란 미래의 일정 시점에 물품이나 금융상품(기초자산)을 팔거나 사기로 약속한 계약을 말한다. 예를 들어 배추를 필요로 하는 사람은 배추 값의 변동 때문에 안정적으로 배추를 확보하기 어렵다면 미래의 어느 시점에 배추를 인도해주는 거래를 공급자와 체결할 수 있을 것이다. 물론 그 때의 가격에 따라 매수 매도자가 손해를 보거나 이익을 볼 수 있다. 선물 계약을 하기 위해서는 계약 금액이 전부 필요한 것이 아니라 계약 금액의 일부인 증거금만 있으면 가능하다. 따라서 선물 투자자들은 선물가격 변동의 몇 배에 해당하는 이익이나 손실이 발생하게 된다. 원래는 위험 회피를 목적으로 선물거래가 시작됐지만 적은 금액으로 큰돈을 벌 수 있다는 레버리지 효과 때문에 선물은 투기 목적 거래가 많아졌다.

선물거래는 투자 목적에 따라 헤지거래(hedging), 투기거래, 차익거래 세 종류로 나뉘는데 선물거래의 원래 목적에 해당하는 헤지거래(hedging)는 지금 보유하고 있거나 앞으로 보유할 예정인 현물의 변동성에 대해서 선물거래를 통해 매도 포지션을 취함으로써 위험을 회피하고자 하는 수단으로 하는 거래이다.

다음으로 투기거래(speculation)란 미래의 가격 변동을 예측하여 선물을 매수하거나 매도함으로써 시세 차익을 보려는 거래이다. 쉽게 말해 미래의 어느 시점에 주가가 내려 갈 것 같으면 선물을 매도하고 미래에 주가가 오를 것 같으면 선물을 매수하는 거래를 말한다. 하지만 개인의 경우 투기 거래를 통해 선물로 큰돈을 벌겠다는 생각은 상당히 위험하다. 필자 주변에도 선물로 엄청난 돈을 날린 사람들이 많다. 에누리 없는 제로 썸(Zero-Sum) 게임이므로 선물로 돈 벌 생각하지 말고 우리 같은 개미들은 아예 파생 상품인 선물과 옵션에는 투자하지 않는 것이 좋다. 그 실력으로 선물거래에서 기관이나 외국인을 이길 수 있을 것 같은가?

차익거래란 선물시장과 현물시장 간의 가격 불균형을 이용하여 현물과 선물을 동시에 매매함으로써 위험 부담 없이 이익을 보려는 거래이다. 차익거래는 주로 컴퓨터 프로그램에 의해 대량 주문이 이루어지는 프로그램 매매(program trading)를 이용한다. 선물이 존재하는 원래의 목적은 위험을 회피하고자 하는 헤징(hedging)이 목적이지만 차익거래가 현물과 선물 가격의 불균형 상태를 균형 상태로 만들기 때문에 선물 본연의 목적인 헤징(hedging)을 돕는 역할을 한다. 결과적으로 선물의 본래 목적인 위험 회피가 제대로 이루어지기 위해서는 헤징과 차익거래, 그리고 투기거래가 서로 보완적 관계를 맺으면서 이루어져야 한다.

⑯ 옵션에 대한 이해

옵션거래란 일정한 유효 기간 내에 정한 가격으로 상품이나 유가증권 등 지정한 자산을 매수 매도할 수 있는 권리를 말한다. 쉽게 설명하면 아파트 분양권을 생각하면 된다. 아파트 분양권은 매수 시점에 손해 볼 것 같으면 계약금만 날리고 권리를 포기하면 되고 이득을 볼 것 같으면 권리를 행사하면 된다. 옵션에서는 지불한 프리미엄 이상으로 옵션가격이 상승하면 이익을 얻고, 옵션 매도자는 수취한 프리미엄보다 가격이 내려가면 이익을 얻게 된다.

선물과 옵션이 다른 점은 선물은 만기일에 반드시 거래를 체결해야 하지만 옵션은 매수 매도를 선택할 수 있다는 점이다. 예를 들어 주식회사 'YD(Yellow Dragon) 떡볶이'라는 회사의 주식을 3개월 뒤에 만 원에 매수하는 선물 계약을 했다면, 3개월 뒤 'YD 떡볶이' 주가가 9천 원이 된다 하더라도 반드시 사야 한다.

하지만 옵션거래라면 굳이 천 원을 손해보고 매입할 필요 없이 권리만 포기하면 되는 것이다. 옵션거래의 결제방법에는 세 가지가 있다. 반대매매, 권리행사, 권리포기 등의 결제 방법이 있는데 옵션을 매입한 투자자는 동일한 옵션을 매도하는 반대주문(offset-ting order)을 통해 자신의 포지션을 청산할 수 있고, 마찬가지로 옵션을 발행한 투자자는 동일한 옵션을 매입하는 반대주문을 하여 포지션을 청산할 수도 있다.

옵션거래도 선물거래와 마찬가지로 현물의 보유와 관계없이 장래의 옵션 가격변동을 예측하고, 이를 근거로 옵션계약을 매입 또는 매도하여 시세 변동에 따른 차익 획득을 목적으로 투자하면 투기거래가 된다. 다만, 옵션을 매입한 사람은 예상이 빗나가 크게 손실을 입어도 프리미엄에 한정되는 반면, 옵션을 매도한 사람의 경우에는 손실이 무한대가 될 수 있고 이것 때문에 적지 않은 증거금이 요구된다. 따라서 개인투자자는 옵션에 매입 포지션을 취하는 투기거래를 하는 경우가 대부분이다.

A. 선물/옵션에서 사용하는 용어 정리

선물 옵션에 관하여 자세히 알 필요는 없지만 파생 상품과 현물은 깊은 관계가 있으므로 대략적으로 이해하고 있어야 한다.

a. 기초자산(underlying asset)

매입자 측(보유자)과 매도자(발행자) 측이 매수 매도하기로 약속한 어떤 물품 또는 금융상품(기초자산)으로 선물계약의 인수·인도 대상이 된다.

b. 매입측(long position)

선물을 매수하기로 약속한 측을 말하며 선물계약의 만기 때 특정물품을 인수해야 할 의무를 가진다.

c. 매도측(short position)

선물을 매도하기로 약속한 측을 말하며 선물계약의 만기 때 특정물품(기초자산)을 인도할 의무를 가진다.

d. 인도가(delivery price)

매입 측과 매도측이 특정물품(기초자산)을 매수, 매도하기로 약속한 가격을 말한다.

e. 인도일(delivery date)

매입측과 매도측이 특정물품(기초자산)을 인수·인도하기로 약속한 미래의 특정한 시점을 말하며 결제일이란 용어를 사용하기도 한다.

f. 콜옵션

옵션 거래할 때 만기일 혹은 만기일 전에 미리 정한 행사 가격으로 **매수**할 수 있는 권리를 말한다.

g. 풋옵션

옵션거래할 때 미리 정한 가격으로 **매도**할 수 있는 권리를 말한다.

h. 베이시스(basis)

현물 가격과 선물 옵션 가격의 차이를 말한다.

i. 대상자산

옵션거래 할 때 매수, 매도의 대상이 되는 자산으로 일반 상품과 금융물이 있다.

j. 행사가격

옵션 계약 시 매수자가 정해진 날 혹은 그 이전에 권리를 행사할 경우 적용되는 가격을 말한다.

k. 프리미엄

옵션을 매수한 자가 매도한 자에게 지불해야 할 비용을 말한다.

l. 권리행사

옵션을 매수한 사람이 매도한 사람에게 거래 이행을 요구하는 것을 말한다.

m. 거래단위

선물에서 거래되는 상품의 최소 단위를 말하는데 KOSPI 선물 거래 때는 지수에 50만 원을 곱한 것을 1계약이라고 한다.

n. 스프레드 거래

두 개 이상의 선물 계약에 대해 반대 방향으로 포지션을 설정하는 거래를 말한다.

o. 청산

내가 보유한 상품을 파는 것을 말한다.

p. 위탁증거금

투자하는 사람이 증권사를 통해 매매할 때 담보로 내는 돈을 말한다.

q. 매매증거금

중개하는 회사가 고객에게 받은 위탁 증거금 중에서 일부분을 결제하는 기관에 납부하는 증거금을 말한다.

r. 미결제약정

일정 시점에 남아 있는 계약의 수를 말한다.

s. 배당락

배당을 받는 기준 날짜가 지나 배당을 받을 권리가 없어지는 것을 말한다.

t. 권리락

증자하여 발행된 새로운 주식(증자신주-增資新株)을 배정 받을 권리가 없어진 것과 배당 받을 권리가 없어진 것을 권리락이라 한다.

u. 주주명부 폐쇄

상장 기업은 주주 총회의 의결권이나 배당, 기타 권리를 행사할 수 있는 주주를 확정해야 하는데 일정 기간 동안 주주 명부에 기록된 사항이 변경되는 것을 정지하는 것이다.

v. 공개매수

가격과 기간을 미리 정해 놓고 장외에서 공개적으로 주식을 사들이는 것을 말한다.

위에서 다룬 내용과 용어들은 증권사의 리포트를 보거나 포털 사이트 해당 종목 게시판을 보면 우리가 흔히 볼 수 있는 지표들이다. 위의 내용 중 일부는 네이버 지식 백과를 참고하였다.

(12) 기업의 재무 상태를 알 수 있는 또 다른 지표들

① 유동성비율

기업이 부담하고 있는 단기부채를 상환할 수 있는지 알아보는 지표이다.

A. 유동비율

기업의 단기부채를 상환할 수 있는 능력을 측정하는 지표로 100% 이상이면 양호한 것이다.

- 유동비율은 $\dfrac{유동자산}{유동부채} \times 100$으로 계산한다.

B. 당좌비율

재무위기에 처했을 때 현금 동원능력을 나타내는 지표로 100% 이상이면 양호하다.

- 당좌비율은 $\frac{당좌자산}{유동부채} \times 100$으로 계산한다.

② 안정성비율

A. 부채비율

자기 자본에 비해 얼마나 많은 부채를 사용하는지 측정하는 지표로 100% 이하가 양호하다. 부채가 많으면 재무 안정성이 떨어지지만 부채가 너무 적은 것이 반드시 좋은 것만은 아니다.

- 부채비율은 $\frac{총부채}{총자본} \times 100$으로 계산한다.

B. 이자보상비율

벌어들인 영업이익으로 이자를 갚을 수 있는지 알아보는 지표를 말하는 것으로 높을수록 좋다.

- 이자보상비율은 $\frac{영업이익}{이자비용}$ 으로 계산한다.

③ 수익성비율

기업의 수익성이 어느 정도인가를 측정하는 지표를 말하는 것으로 아래의 지표들로 판단한다. 다음 용어 중 A, B는 앞에서 설명했고 매출액 순이익률은 말 그대로이다.

A. ROE(자기자본 이익률)

B. 주당 순이익(EPS)

C. 매출액 순이익률 $= \dfrac{\text{순이익}}{\text{매출액}} \times 100$

④ 활동성비율

기업이 가지고 있는 자산을 얼마나 효율적으로 사용하고 있는지 알아보는 지표로 아래 세 가지가 있다.

A. 총자산 회전율 $= \dfrac{\text{매출액}}{\text{총자산}}$

B. 매출채권 회전율 $= \dfrac{\text{매출액}}{\text{매출채권}}$

C. 재고자산 회전율 $= \dfrac{\text{매출액}}{\text{재고자산}}$

⑤ 성장성비율

기업이 전년도에 비해 얼마나 성장했는지 알려주는 지표로 아래 세 가지가 있다.

아래 용어는 그대로 해석하면 된다.

A. 총자산 증가율

B. 매출액 증가율

C. 주당순이익 증가율

(13) 기본적 분석을 통해 저평가 종목 고르는 법

① ROE(자기자본 이익률) 나누기 PBR(주가순자산비율)이 10 이상이면 저평가이고 10 이하면 고평가라 할 수 있다.

② 일반적으로 PBR이 1 이하인 종목(철강, 가스, 통신, 전력, 자동차, 은행, 증권, 유통, 보험, 엔터, 제약 바이오 업종, 수소차 등 성장성이 떨어지거나 성장성이 높을 것이라 예상되어 프리미엄을 많이 받아 PBR이 낮게 형성되어 있거나 지나치게 높게 형성된 업종은 제외)은 '저평가 종목이다'라고 할 수 있다.

물론 앞에서 언급한 저PBR 종목의 함정도 기억해야 한다. 무조건 저PBR 종목이 좋고 저PBR 종목이 다 크게 오르지는 않는다는 것이다. 앞에서도 언급한 적 있지만 저PBR 기업이 혹시 아래의 경우가 아닌지 살펴봐야 한다.

· 기업의 자산이 현금화되지 못하고 묶여 있는 경우
· 자기자본 이익률(ROE)의 하락으로 요구 수익률보다 기업의 이익이 낮아진 경우

이런 기업들은 자산가치는 그대로이지만 자산이 만들어내는 가치가 떨어졌기 때문에 그런 영향을 받아 PBR이 낮은 것이다. 그래서 '워런 버핏'은 기업의 단순한 가치 지표보다는 현금의 흐름을 가

장 중요시하게 본다.

	제 35 기 반기말	제 34 기말
자산		
유동자산	125,891,413,731	124,569,057,093
현금및현금성자산	9,930,826,088	13,106,395,432
매출채권 및 기타유동채권	3,674,052,235	8,369,895,791
기타유동금융자산	112,065,164,043	101,751,228,441
재고자산	189,763,200	693,215,927
기타유동자산	31,608,165	648,321,502

예를 들어 위 그림에 나온 기업의 자산을 보면 유동자산이 무려 1259억 정도 된다.

그런데 이 글을 쓰는 현재의 시가 총액은 겨우 1389억이다. 현금 및 현금성 자산과 기타 유동 금융자산만 합쳐도 1220억 정도 된다. 현금 흐름이 아주 양호한데도 주가는 형편없이 낮게 거래되고 있다. 주가가 형편없이 낮게 거래되는 데에는 이유가 있을 것이다.

③ 일반적으로 KOSPI는 PER(주가수익비율)가 10배 이하인 종목, KOSDAQ은 7배 이하인 종목을 저평가 종목으로 본다.

④ 현금 흐름도 양호하면서 저PBR, 저PER 둘 다 해당되는 종목은 확실히 저평가 종목이다. 거기다 ROE가 10% 넘으면 금상첨화이다.

⑤ 부채비율 100% 이하의 종목에 투자한다. 부채비율이 100% 이상이라는 것은 자기 돈보다 빚이 더 많다는 뜻이다.

⑥ 당좌비율이 100% 이상인 종목에 투자한다. 당좌비율이 100% 이상이면 단기에 갚아야 할 부채는 다 갚을 수 있다.

⑦ 유보율은 높을수록 좋다. 그래도 최소한 500% 정도는 되어야 한다. 쌓여 있는 자본이 있어야 적자가 나도 견딜 수 있다.

⑧ 배당금은 최소한 은행이자 이상(2%) 주어야 중장기 투자가 가능하다.

⑨ 반드시 수익 내는 종목 고르는 법
저PBR+저PER+고ROE+배당을 주는 종목(최소 은행이자 이상의 배당을 주는 종목)에 투자하라. 위의 네 가지를 다 충족하지 않더라도 특히 저PER+고ROE 종목 혹은 저PBR+고배당(시가 배당률 4% 이상 주는 종목) 종목에 투자하면 절대 실패하지 않는다.

⑩ 주의할 점
PER, PBR, ROE, EPS, PSR, PCR, EV/EBITDA 등 어느 하나의 지표로만 매수 결정하지 않도록 한다. 모든 가치지표는 종합적으로 보고 판단해야 한다.
일반적으로 가장 많이 사용하는 지표는 PBR, PER, EPS, ROE

등이다.

N	종목명	현재가	전일비	등락률	액면가	거래량	시가총액	외국인비율	PER	ROE	PBR
1	삼성전자	44,200	▲ 350	+0.80%	100	14,614,761	2,638,644	56.77	7.34	19.63	1.25
2	SK하이닉스	68,100	▲ 800	+1.19%	5,000	3,455,260	495,770	50.18	3.19	38.53	0.99
3	삼성전자우	34,900	▼ 100	-0.29%	100	4,411,472	287,187	92.61	5.79	N/A	0.99
4	LG화학	370,500	▲ 500	+0.14%	5,000	200,968	261,545	38.49	19.69	8.86	1.66
5	현대차	121,000	▲ 2,000	+1.68%	5,000	739,471	258,538	44.49	22.61	2.20	0.47

시가총액 5위까지의 가치지표- NAVER 캡처

(14) Warren Buffett의 '가치 투자' 따라 하기

① Warren Buffett은 누구인가?

Warren Edward Buffett은 현존하는 가장 위대한 투자자이면서 미국의 기업인이다. 그는 가치투자를 통해 세계 1~4위의 부호에 올라 전 세계의 많은 주식투자자들의 추앙을 받고 있다. 뒤에 위대한 투자자들의 투자 철학에서 '워런버핏'의 투자 철학에 대해 다시 다루기로 한다.

다음은 네이버 지식백과(두산백과)에 나오는 '워런버핏'에 대한 일반적인 소개이다.

1930년 미국 네브래스카주(州) 오마하에서 사업가이자 투자가의 둘째 아들로 태어났다. 어렸을 때부터 껌이나 콜라, 주간신문 등을 팔고, 할아버지의 채소가게에서 일을 하고, 핀볼기계를 이발소에 설치해 장사를 하는 등 돈을 벌고 모으는 데 관심이 많았다. 11살 때에는 누나와 함께 100달러의 자금으로 주식투자를 시작하기도 했다. 워런 버핏이 처음으로 샀던 주식은 '시티즈 서비스'라는 종목인데 38달러 정도에 매수했지만 27달러까지 떨어지면서 누나와 공포에 떨다가 누구나 하수들이 그러는 것처럼 본전 근처까지 반등하자 약간 이익을 보고 매도해 버린다. 하지만 나중에 '시티즈 서비스'는 202달러까지 오른다. 아마 워런은 이 때부터 주식투자의 본질을 이미 깨닫고 있었을지 모른다. 가치보다 싼 주식을 사서 중도에 매도하지 않고 적정 가치에 도달할 때까지 보유하는 것이다. 그래서 그는 지금껏 그것을 실천하고 있을 것이다.

17살부터 21살 때까지 펜실베이니아대학 와튼 비즈니스 스쿨, 네브래스카-링컨대학, 컬럼비아대학 경영대학원에서 경제학을 공부했다. 아버지가 설립한 버핏 포크사(Buffett-Falk & Co)를 거쳐 스승인 벤저민 그레이엄(Benjamin Graham, 1894~1976)이 운영한 뉴욕의 투자회사 그레이엄 뉴먼(Graham-Newman Corp)에서 근무하고, 버핏 파트너십(Buffett Partnership Ltd)이라는 투자조합을 설립해 본격적인 투자 인생을 시작하였다. 1965년 방직회사 버크서 해서웨이(Berkshire Hathaway)의 경영권을 인수하여 우량기업을 거느린 지주회사이자 투자회사로 변모시켰으며, 2013년 현재 버크서 해서웨이의 최고경영자로 활동하고 있다.

② 가치투자란?

기업의 가치(성장가치, 배당가치, 자산가치)를 분석해서 현재의 가치보다 낮게 거래되는 기업을 매수하고 적정 가치를 인정받을 때까지 기다려서 매매 차익을 얻는 것을 가치투자라 한다. 다시 말해위에서 공부한 기업의 가치 지표들을 분석하여 저평가 종목을 골라내고 적절한 가격에 매수하여 어느 정도 기업의 가치가 반영될때까지 보유하다가 적정가치에 도달하면 매도하는 방법이다. 물론'워런버핏' 전부터 가치투자를 실천하는 투자자가 있었겠지만 '워런버핏'은 가치투자의 대명사처럼 되어 버렸다.

③ Warren Buffett의 투자 철학

A. 기업의 내재 가치와 현재 거래되는 주가는 다르다. 저평가된종목을 찾아라.

B. 복리의 마술이 최고의 부자를 만드는 주식에 투자하라.

C. 경제적 해자(Economic Moat)가 있는 좋은 기업에 투자하라.

D. 안전마진(Margin of safety)을 확보하라. 안전마진이란 기업의가치와 주가와의 괴리를 말한다. 괴리가 크면 안전마진이 확보되는것이다.

E. 장기투자 하라. 주식을 장기 보유할 생각이 없으면 10분도 보유하지 마라.

F. 남들이 두려워 할 때 주식을 사고 남들이 탐욕스러워 할 때팔아라.

G. 저평가 우량주에 집중 투자하라.

H. 투자 원칙은 첫 번째가 돈을 잃지 않는 것이고 두 번째는 첫 번째 원칙을 잊지 않는 것이다.

④ 워런 버핏의 투자종목 선정 기준

A. ROE(자기자본이익률)가 높은 종목에 투자한다.

B. CEO가 훌륭한 기업에 투자한다.

C. 현금흐름이 좋은 기업에 투자한다.

D. 기업실적을 예측할 수 있는 기업에 투자한다.

E. 정부의 규제를 받지 않는 기업에 투자한다.

F. 재고 수준이 낮고 자산 회전률이 높은 기업에 투자한다.

⑤ 개인 투자자들에게 가치투자가 익숙하지 않은 이유

A. 인내심을 요하는 가치투자가 빠른 수익을 원하는 인간의 본성과 맞지 않다.

B. 1990년대까지 은행 금리가 높아서 불확실한 장기 투자를 할 필요가 없었고 2000년대 초 가치투자가 자리 잡기 전까지 '소문'이나 '모멘텀'에 의한 투자가 일반화되어 있어서 개인 투자자의 투자 패턴으로 확실히 자리 잡지 못했다.

C. 지금도 증권 방송에서는 단기 투자 수익률을 보여주며 개인 투자자들에게 단기 대박에 대한 환상을 심어주고 빈번한 매매를 부추기고 있다. 초보 투자자들이나 주식 관련 공부를 하지 않은 사람들은 단기 투자가 투자의 정석인 것으로 안다.

D. 호기심이 많은 인간은 항상 새로운 것을 추구한다. 새로운

주식 새로운 수익에 대한 기대와 환상이 크다.

E. 나는 손해인데 다른 사람들이 카페를 통해 단기 수익을 인증하면 좌절감이 생긴다. 남의 떡이 더 커 보이고 좋아 보이며 내가 산 종목이 오를 것인지에 대한 의심이 크다.

F. 주식투자는 심리게임이자 의사결정 게임인데 주식을 매수하고 아무런 행동을 취하지 않으면 내가 잘못하고 있는 것이 아닌가? 하는 불안한 생각이 든다.

(15) 적정주가 계산하는 법 다시 강조하기

미래를 반영하는 주가를 예측하기 위해서는 기업의 적정가치 계산이 필수적이다. 하지만 기업의 미래 실적을 정확하게 예측하는 것은 사실상 불가능하다. 필자가 기업을 분석한 리포트를 수도 없이 읽어봤지만 annalist들이 예측한 실적이 정확히 맞은 적은 단한 번도 없다. 그만큼 미래 실적을 예측하는 것은 어려운 일이고 아예 불가능한 일이다.

그렇지만 기업의 대략적인 가치를 아는 것은 충분히 가능한 일이다. 시중에 나와 있는 주식 관련 서적들을 보면 기업의 대략적인 가치를 기술하고 있는 책이 별로 없다. 기업의 대략적인 가치를 알아야 현재 주가가 비싼지 아니면 싸게 거래되고 있는지를 판단할 텐데 속 시원하게 기업의 적정 가치를 기술한 책은 별로 없다. 필자도 기업가치 계산을 위해 많은 책을 찾아봤지만 속 시원하게 정리한 책이 별로 없었다. 그 이유는 기업의 가치를 분석하는 방법이 어떤 방식을 쓰느냐에 따라 적지 않은 오차가 발생하기 때문이다. 그래도 기업 가치를 대략적으로 알아야 매수할지 말아야 할지 결정할 수 있기 때문에 당연히 이와 관련된 공부를 해야 한다.

일반적으로 사용하는 기업 가치 분석 방법에는 앞에서도 언급한 바 있지만 DCF(현금흐름할인법), RIM(초과이익모델) 등의 절대적 가치 평가법(기업의 이익을 근거로 가치를 평가하는 방법)과 우리가 주로 사용하는 PER이나 PBR 등을 이용한 상대가치 비교법(다른 기업이나 과거와 비교하여 가치를 평가하는 방법)이 있다. 사실 어느 것으로 기업의 적정 가치를 추정하느냐에 따라 적정 가치가 많이 차이 난다. 하지만 그나마 합리적인 방법으로 적정 가치를 구한다면 대략적인 가치를 추정할 수 있을 것이다. 여러분들도 적정 가치를 구해 보면 아시겠지만 정확한 방법은 없다. 그리고 어떤 방식을 적용하는 것이 가장 합리적인지 의견이 다르겠지만 필자는 다음과 같이 종합적으로 적정 가치를 구하고 있으니 참고하시기 바란다.

주가는 미래를 선반영하기 때문에 어떤 방법을 통해 계산을 해도 전부 미래 실적을 대략적으로 추정해야 한다. 그러니 정확히 계산하기는 어렵고 대략적인 기업 가치를 계산해 보면 된다.

① DCF(현금흐름할인법)를 이용하여 적정가치 구하는 법
미래에 창출될 이익의 가치를 현재의 금액으로 할인하여 계산하는 방식으로 기관들이 많이 사용하는 절대가치 평가법이다.

예를 들면 어떤 기업이 영업에 활용하지 않는 금융자산이 5000억 원 있고 매월 20억 원(연간 240억)의 영업이익이 발생한다면 이 회사의 적정가치는 얼마인가?

계산 공식은 PV(현재가치) = 금융자산 + $\dfrac{C(연간이익)}{r(할인율)}$

따라서 이 회사의 적정가치는 5000억 + $\dfrac{240억원}{0.05(5\%)}$ = 9800억 원이 된다.

DCF의 단점은 추정치를 통해 계산하는 사람의 주관이 너무 많이 필요하고 할인율을 어떻게 정할 것인가에 따라 계산 결과가 크게 달라진다는 점이다.

② RIM(Residual Income Model, 잔여이익모델)을 이용하여 적정가치 구하는 법

미래 기업의 이익을 추정하여 계산한 초과 이익을 이용하여 기업의 적정 가치를 구하는 절대가치 평가법이다.

예를 들면 자기 자본이 200억 원인 회사가 1년 당기 순이익을 20억 원 정도 낸다고 하고 요구수익률이 8%(주로 한국신용평가의 5년 혹은 10년 만기 회사채 투자등급 수익률이 기업 가치 평가를 할 때 가장 많이 쓰인다)라고 한다면 이 기업의 적정가치는 얼마인가?(이 회사 ROE

는 200억 원 가지고 20억 원 이익을 냈으므로 10%이다)

계산 공식은

$$자기자본 + \frac{초과이익}{할인율} = 자기자본 + \frac{자기자본 \times (ROE-요구수익률)}{요구수익률}$$

$$200억 + \frac{자기자본 \ 200억 \times (10\%-8\%=2\%=0.02)}{8\%(=0.08)} = 200억 + \frac{4억}{0.08} = 250억 \ 원이$$

된다.

이때 계산하고자 하는 기업의 자기자본은 해당 기업 재무상태표의 지배주주자본을 보면 된다.

③ PER와 EPS, BPS(PBR)를 이용하여 종합적으로 적정가치 구하는 법

이미 앞에서 여러 번 언급한 적이 있지만 정확하게 기업의 적정가치를 구하기는 사실상 불가능하다. 다만 대략적인 적정가치의 range를 구한다면 경험상 아래 기술하는 바와 같이 구하면 된다.

필자가 사용하는 방법은 해당기업의 EPS(주당 순이익)에 KOSPI 평균 PER을 곱하거나 동일 업종의 평균 PER을 곱하여 적정가치를 계산하는 법과 BPS(주당 순자산 가치)에 흑자 기업의 경우 일반적으로 KOSPI는 1.5, KOSDAQ은 대략 1.2 정도를 곱하여 종합적으로 적정가치의 range를 구하고 있다.

이 때 주의할 점은 성장성이 높은 기업(EPS 증가율이 높거나, ROE 가 높은 종목, 예를 들어 ROE 15% 이상인 기업)이냐 아니냐에 따라 BPS 에 0.6~5배 정도를 곱할 수 있을 것이다.

또한 PER로 적정 주가를 계산하는 경우에는 코스피의 평균 PER은 2010년 이후 9.6배 정도 되지만 업종별로 형성되는 PER이 약간씩 다르다. 성장성이 큰 업종은 그만큼 PER이 높게 형성된다. 성장성에 대한 프리미엄을 받기 때문이다.

예를 들어 삼성전자의 3년간(2016~2018) EPS의 가중평균을 구해보니 5274원이 나왔다. 거기에 KOSPI 평균 PER 9.6배를 곱하면 50630원 정도의 적정가치가 나온다(이 글을 쓰는 현재 삼성전자의 주가는 47150원이다). 하지만 현재 반도체 경기가 좋지 않아 미래의 12개월 추정 EPS는 훨씬 좋지 않다. 아울러 예상 추정치 BPS는 37000원 정도이다. 여기에 1.5를 곱하면 55500원 정도가 나온다. 필자의 방법대로 계산하면 삼성전자의 적정가치 range는 5만 원에서 5만5천 원 정도가 나온다.

SK하이닉스의 적정가치를 이런 식으로 구해보면 추정 EPS 5527 원을 사용하고, 3년 간의 가중평균을 구하여 평균 PER 9.6배를 곱하면 118224원, 그리고 추정 BPS 72793에 1.5를 곱하면 10만9천원 정도가 나온다. 따라서 SK하이닉스의 적정 가치는 필자의 방식대로 구하면 11만 원 정도이다. 하지만 실제 실적은 예상 추정치보다 훨씬 안 좋았다. 거기다 매크로 환경이 아주 좋지 않아 주가는 현재 8만 원대에서 등락을 거듭하고 있다.

위에서 보았듯이 적정 가치를 산정하는 방법은 미래 이익을 어떻게 추정하느냐 혹은 어떤 방식을 사용하느냐에 따라 확연히 달라진다. 아울러 요구수익률(할인율)에 따라 크게 차이가 난다. 따라서 어느 한 방식으로만 계산하지 말고 절대가치 비교법인 RIM 모델과 상대가치 비교법인 PER, EPS, BPS 등을 이용하여 다양하게 계산해 보고, 이를 종합적으로 고려하여 적정 주가의 범위를 대략적으로 산정해야 한다.

2) 기술적 분석

(1) 기술적 분석이란?

주가가 움직여온 이력인 봉차트를 통해 거래의 흐름과 거래량, 투자자들의 심리를 파악하고 미래 주가를 예측하는 활동을 기술적 분석이라고 한다. 기술적 분석은 캔들, 이동평균선, 거래량에 관해 주로 연구한다. 기술적 분석은 주가의 현재 상태, 투자자의 심리 상태 그리고 추세 판단 및 거래량 파악에 아주 유용하다. 다만, 기술적 분석만으로 주가의 상승 하락 여부를 논하는 것은 무리가 있다. 주가의 상승 하락 여부는 아무도 모르기 때문이다.

기술적 분석만을 지나치게 강조하는 사람이나 책은 멀리해야 한다. 기술적 분석은 대단히 유용하지만 절대적인 것이 아니고 기본적 분석, 그리고 심리적 분석과 주가를 움직이는 가장 큰 요인인 수요 공급의 논리가 함께 작용하여 주가가 상승 하락한다는 점을 이해하면 된다. 기술적 분석을 자세히 다룬 책들도 많고 심지어 기술적 분석으로 큰돈을 벌 수 있다는 논리로 차트 분석에 모든 지면을 할애하는 책들도 많다. 하지만 신뢰하지 마라. 이 책에서는 기술적 분석에서 알고 있으면 유용한 이론, 그리고 앞으로 주식 매매를 하는 데 꼭 알고 넘어 가야 할 부분만 다룰 것이다.

(2) 기술적 분석의 유용성과 한계

① 시장 참여자들의 심리 상태를 파악하는 데 유용하다.

② 기본적 분석은 본질가치에 비해 저평가되었거나 고평가되었는지 알려주지만 매매 시점을 파악할 수 없기 때문에 기술적 분석을 이용하여 매매 시점을 파악하는 데 유용한 정보를 얻을 수 있다.

이러한 유용성에도 불구하고 기술적 분석은 한계가 있다. 차트에 대한 해석이 다르기 때문에 차트를 보고 통일된 의견을 구하기가 힘들다. 기술적 분석은 과거의 차트와 캔들의 모양을 보고 주가가 상승 또는 하락할 가망성을 예상하는 것이지 앞으로 실제 주가가 어떻게 될 것인지는 정확히 알 수가 없다.

(3) 봉차트

차트는 기본적으로 캔들(주가의 상승 하락을 표시하는 봉이 양초를 닮은 것에서 유래한 말)과 이동평균선 그리고 거래량으로 이루어져 있고, 우리 주식 시장에서는 일본식 차트인 봉차트를 사용한다. 캔들 차트는 양봉과 음봉으로 주가의 등락을 표시하는데 양봉은 시가보다 종가가 높은 것을 말하고 빨간색으로 표시한다. 한편 음봉은 시가보다 종가가 낮은 경우를 말하며 파란색으로 표시한다.

캔들 차트의 길이는 한 종목의 주가 변동 폭을 말해주는데 봉의 길이가 길수록 그날 어떤 종목의 주가 등락폭이 컸다는 것을 의미한다. 차트는 일정 기간의 시가와 종가, 저가, 고가를 하나의 봉에 나타내는데 주가흐름을 파악하는 데 아주 유용한 지표가 된다.

봉차트에는 미국식 차트와 일본식 차트가 있으나 한국의 경우 일본식 차트를 사용한다. 하루의 주가 변동을 나타내는 일봉, 한 주의 주가 변동을 나타내는 주봉, 한 달의 주가 변동을 나타내는 월봉이 있다.

(4) 캔들

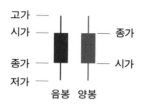

① 캔들에 대한 이해

A. 장대 양봉

시가부터 종가까지 주가가 상승한 것을 표시한다. 매수세가 상당히 강하다는 것을 의미하며 이런 캔들이 등장하면 추가 상승할 가망성이 크다.

B. 장대 음봉

시가부터 종가까지 주가가 하락한 것을 표시한다. 매도세가 상당히 강하다는 것을 의미하며 장대 음봉이 등장하면 추가 하락할 가능성이 크다.

C. 망치형

약세를 보이던 주가가 강한 매수세 유입으로 인해 상승하는 경우 망치형 캔들이 만들어지게 된다.

D. 샅바형

샅바형은 시가부터 상승하여 주가가 많이 오르지만 고점 부근에서 매도 물량이 늘어나 주가가 밀리면서 끝나는 경우이다. 윗꼬리가 살짝 달린 모습이다.

E. 십자형(도지)/팽이형

시가와 종가가 거의 비슷한 가격으로 끝나는 경우를 십자형 혹은 도지(dodge)형이라고 말한다. 팽이형은 매수세 힘이 더 강할 경우에 형성되는 캔들이다.

F. 교수형

교수형은 시가부터 주가가 계속 하락하다가 장중에 매수세가 들어와 하락폭이 축소된 형태이다.

G. 유성형

시가에 주가가 상승하다가 하락 반전하여 최저가로 끝난 경우에 형성되는 캔들이다.

H. 비석형

시가에 주가가 상승하였으나 강한 매도세가 등장하여 상승분을 다 반납하고 시가가 종가가 되는 경우에 형성되는 캔들이다.

I. 잠자리형

시가에는 매도세가 강해 주가가 하락하다가 장중에 저가에 매수세가 유입되면서 시가와 종가가 같은 가격에 끝나면 형성되는 캔들이다.

위에 등장한 캔들의 이름을 외울 필요는 없지만 캔들 모양을 보고 해석은 할 수 있어야 한다.

② 일반적으로 주가 상승을 예고하는 봉 패턴

뒤에 아래와 같은 양봉 캔들이 나오면 상승할 가능성이 높다. 꼭 그런 것은 아니므로 참고만 하는 것이 좋다.

A. 상승장악형

B. 상승관통형

C. 상승잉태형

D. 샛별형

③ 일반적으로 주가 하락을 예고하는 봉 패턴

뒤에 아래와 같은 음봉 캔들이 나오면 하락할 가능성이 높다. 역시 참고만 하기 바란다.

A. 하락장악형

B. 하락관통형

C. 하락 잉태형

D. 하락 반격형

E. 유성형(석별형)

주가가 상승하다가 이런 패턴이 나타나면 하락으로의 추세 전환을 보인다. 하락권에서 나타나면 추가 조정을 보일 수 있는 신호이다.

F. 까마귀형

주가가 상승하다가 작은 음봉이 나오고 더 큰 음봉이 나오면 하락 신호로 여긴다.

④ 패턴 분석

주가의 이력서인 차트를 보니 어떤 모양이 나오면 '주가가 오를 것이다. 혹은 내릴 것이다'라는 예측을 경험과 데이터를 통해 패턴으로 정리해 놓았다. 패턴 분석은 상당히 많은 종류가 있지만 여기서는 신뢰감이 높고 많이 등장하는 패턴만 정리하기로 한다.

A. 헤드앤 숄더형(하락반전) / 역헤드앤 숄더형(상승반전)

헤드앤 숄더형(주가가 정점을 찍고 다시 하락)

역헤드앤 숄더(주가가 바닥을 찍고 다시 상승)

B. 이중(삼중)천정형(하락반전) / 이중바닥형(상승반전)

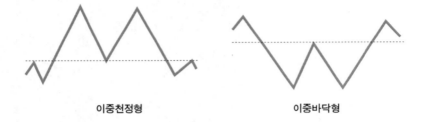

이중천정형   이중바닥형

C. 원형천정형(하락반전) / 원형바닥형(상승반전)

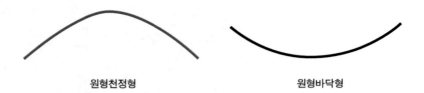

원형천정형   원형바닥형

D. V자형(상승반전) / 역V자형(하락반전)

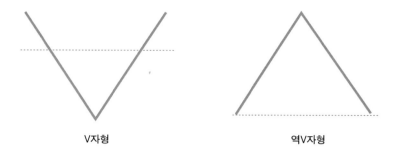

V자형   역V자형

⑤ 지지, 저항, 추세에 대한 이해

A. 지지(support)

지지선은 저점과 저점을 이은 선으로 주가가 더 이상 빠지지 않는 역할을 한다.

그리고 대개 주가가 하락할 때 밑에 있는 이동평균선이 지지의 역할을 한다.

B. 저항(resistance)

저항선은 고점과 고점을 이은 선이다. 저항선에서는 매도 물량이 많이 나오므로 저항선을 돌파하려면 많은 거래량이 동반되어야 한다. 그리고 대개 주가가 상승할 때 위에 있는 이동평균선이 저항의 역할을 한다.

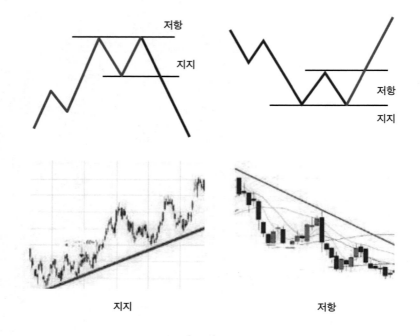

지지

저항

C. 추세(trend)

추세선(trend line)은 고점과 고점, 저점과 저점을 이은 선을 말한다. 추세는 상승추세, 하락추세, 횡보추세(box권 혹은 수평추세) 등이 있다.

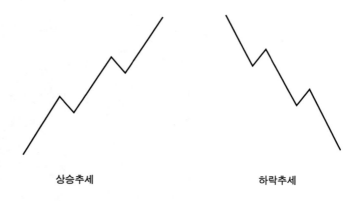

상승추세   하락추세

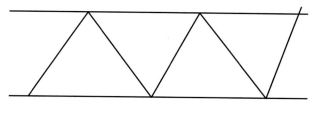

박스권 추세

⑥ 이동평균선(MA=Moving Average)

이동평균선(MA)은 기술적 분석 중 가장 일반적으로 사용되는 도구로 일정 기간 주가의 평균을 선으로 연결한 것이다. 1960년대에 조셉 E. 그랜빌(Joseph E. Granville, 1923~2013)이 수학의 이동평균선을 주식에 도입함으로써 쓰이게 되었다.

이동평균선은 수치화된 데이터를 제공하여 객관화된 매매를 가능하게 하고 추세(주가가 상승 또는 하락 등 일정한 방향으로 움직이는 것) 전환의 신호를 제공하기도 한다. 예를 들어 이동평균선을 상향 돌파하거나 하향 돌파한다면 추세가 전환될 가능성이 높음을 암시한다. 5일간 이동평균 공식은 5일 간 주가를 더해서 5로 나누면 된다.

$$* \ 5일\ 평균 = \frac{p1 + p2 + p3 + p4 + p5}{5}$$

이동평균선 가격의 이상으로 주가가 형성되었다면 투자자들이 이익을 보고 있는 것이고, 이동평균선 이하에서 주가가 형성되었다면 투자자들이 손해를 보고 있는 것이다. 예를 들어 5일 이동평균선 위에 주가가 위치해 있으면 5일 간 주식을 산 사람들은 전부 이익을 보고 있는 것이다.

이동평균선은

· 5일 이동평균선(일주일)
· 10일 이동평균선(2주일)
· 20일 이동평균선(1개월)
· 60일 이동평균선(3개월)
· 120일 이동평균선(6개월)
· 240일 이동평균선(1년)

등을 주로 사용하는데, 과거 주가의 평균적 수치를 통해 미래의 주가 예측에 활용하는 것이 목적이다. 이동평균선 중에서 20일(1개월))까지를 단기선, 120일(6개월)까지를 중기선, 그 이상을 장기선이라고 부른다.

단기 이동평균선이 장기 이동평균선 위에 있을 때를 정배열이라 하고, 그 반대의 경우에는 역배열이라고 한다. 정배열일 때는 주가가 하락할 때마다 저가 매수세가 유입되어 다시 상승 파동이 나타나게 된다.

단기 이동평균선이 중장기 이동평균선을 아래에서 위로 뚫고 올라가면 '골든크로스(golden cross)'라 하고, 반대로 단기 이동평균선이 위에서 아래로 중장기 이동평균선을 뚫고 내려갈 때를 '데드크로스(dead cross)'라 한다. 골든크로스가 발생하면 주가가 상승할 가능성이 크다는 신호이고, 데드크로스는 주가가 하락할 가능성이 크다고 생각하면 된다. 골든크로스나 데드크로스 이론은 상당히 신뢰할 만하다.

A. 단기 이동평균선

5일, 10일, 20일 이동평균선을 단기 이동평균선이라 한다. 대개 단기적 수익을 노리고 주식을 매수한 경우 5일 이동평균선을 아주 중요시 하는 투자자들이 많으므로 단기 투자자들은 주가가 5일 이동평균선을 이탈하면 매도하는 것이 좋다.

상승 추세에 있는 주가가 마냥 상승만 할 수는 없으므로 주가가 숨고르기를 하면서 20일 혹은 60일 이동평균선까지 조정을 받는 경우가 많은데 주가가 일시 조정을 받는 부분을 '눌림목'이라고 한다. 쉽게 말해 주가가 상승하다가 일시적으로 하락했다가 다시 상승할 때 주가가 일시적으로 눌리는 현상이 '눌림목'이다.

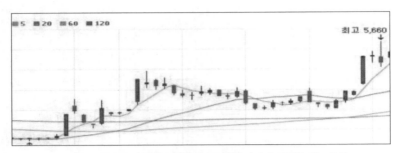

눌림목-주가가 상승한 후 일시적으로 하락하면서 조정을 받는 현상

B. 중기 이동평균선

60일 이동평균선을 중기 이동평균선이라 하는데 주가의 중기 추세를 판단하는 데 사용한다.

C. 장기 이동평균선

120일 이동평균선을 장기 이동평균선이라 하는데 주가의 장기 추세를 판단하는 데 사용한다.

D. 중요한 이동평균선

a. 5일 이동평균선

단기 매매선이라고 부르며 대개 단타 세력의 경우 5일 선이 무너지면 매도하는 경우가 많고, 5일 선이 살아 있다면 주가가 추가 상승할 기대감이 크므로 보유하는 경향이 많다.

b. 20일 이동평균선

심리선 혹은 생명선이라고 부른다. 주가가 20일 이동평균선을 상향 돌파하면 추가 상승할 확률이 높고 하향 돌파하면 추가 하락할 확률이 높다고 볼 수 있지만 이러한 기술적 분석의 맹점을 이용하여 주가 결정력을 가진 세력들(일명 주포)이 속임수를 쓰는 경우도 종종 있다. 다시 말해 20일 이동평균선이 무너졌다고 해도 다시 20일 이동평균선을 회복하고 주가가 추가 상승하는 경우도 종종 있다는 것이다. 가령, 시장 전체가 급락하면서 장의 영향을 받아 일시적으로 20일 이동평균선을 이탈하거나 세력들이 일부러 20일 선을 무너뜨리는 경우도 종종 있기 때문에 100% 신뢰할 수 있는 것은 아니지만 그래도 20일 이동평균선을 지키는지 여부는 중요하므로 눈여겨봐야 한다. 필자의 경험상 가장 중요한 이동평균선은 20일 이동평균선이다.

c. 60일 이동평균선

수급선이라고 부르며 중기적인 추세를 판단하는 지표이다. 바닥에 있던 주식이 60일 이동평균선을 뚫고 위로 올라온다면 추세가 전환될 수도 있어서 의미 있는 지표라 할 수 있다.

d. 120일 이동평균선

경기선이라고 부르며 장기적인 주가의 움직임을 판단할 때 쓰이는 지표이다.

이동평균선/구분	내 용	별 칭
5일 이동평균선	5일 간의 평균주가를 이은 선	단기선
10일 이동평균선	10일 간의 평균주가를 이은 선	
20일 이동평균선	한 달 간의 평균주가를 이은 선	생명선 혹은 추세선
60일 이동평균선	3개월 간의 평균주가를 이은 선	수급선
120일 이동평균선	6개월 간의 평균주가를 이은 선	경기선
240일 이동평균선	1년 간의 평균주가를 이은 선	

이동평균선 정리

E. 이동평균선(MA=Moving Average)의 활용과 한계

a. 단기 이동평균선일 경우 기울기가 더 가파르다.

b. 단기 이동평균선이 장기 이동평균선을 돌파할 경우(golden cross) 상승추세로 전환할 가능성이 크다.

c. 장기 이동평균선이 단기 이동평균선을 돌파할 경우(dead cross) 하락추세로 전환할 가능성이 크다.

d. 이동평균선을 이용해서 상승추세인지 하락추세인지 점검할 수 있다.

e. 이동평균선을 통해 주가의 단기 및 중장기 배열을 볼 수 있다. 정배열(아래그림 참조)은 상승추세를 말하고 역배열(아래그림 참조)은 하락추세를 말한다.

f. 이동평균선을 통해 현재 주가와 이동평균선 간의 '이격도'(서로 벌어져 있는 정도)를 확인할 수 있다.

g. 일반적으로 60일 이동평균선이 120일 이동평균선을 뚫고 올라가는 골든 크로스가 발생할 경우 하락추세에서 중기 상승추세로 추세가 전환된 것으로 인식한다.

h. 주가가 20일 이동평균선 위에 있을 경우 단기적으로 상승추세에 있는 것으로 판단할 수 있다.

i. 이동평균선은 가장 일반적인 기술적 지표로 대단히 유용하지만 주가에 후행하는 것이라 단기 투자자의 경우 빠른 매수 매도 포착이 어렵다.

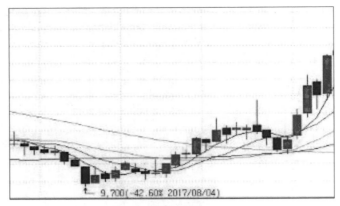

골든 크로스

데드 크로스

F. 이동평균선의 정배열과 역배열

a. 정배열

단기 이동평균선이 장기 이동평균선 위에 있는 것을 말한다. 즉 5일, 10일, 20일, 60일, 120일, 240일 이동평균선이 위에서부터 차례로 배열되어 있는 것을 말한다. 정배열 상태가 되면 위에 매물이 없기 때문에 주가가 쉽게 상승할 가능성이 훨씬 커진다.

정배열

b. 역배열

장기 이동평균선이 단기 이동평균선 위에 있는 것을 말한다. 즉 240일, 120일, 60일, 20일, 10일, 5일 이동평균선의 순서로 배열되어 있는 것이다. 역배열 상태가 되면 위에 첩첩이 악성 매물이 쌓여 있기 때문에 주가가 상승할 때마다 많은 매물을 소화해야 한다. 따라서 단기에 크게 상승하려면 엄청난 거래량이 터져야 한다.

역배열

G. 이격도(Disparity) = $\dfrac{\text{주가}}{\text{이동평균치}} \times 100$

　주가와 이동평균선 간의 벌어진 정도를 보여주는 지표를 '이격도'라고 한다. 이격도는 당일의 주가를 이동평균치로 나눈 것인데 이격도가 100%면 주가와 이동평균선은 같은 선 위에 있는 것이고, 100% 이상이면 당일 주가가 이동평균선보다 위에 있는 것이며 100% 밑에 있으면 아래에 위치한 상태를 의미한다. 다시 말해 이격도가 100% 이상이면 단기적으로는 주가가 상승했음을 뜻한다. 주가가 이동평균선에서 멀어져 있을 때는 붙으려는 속성을 보이고 붙어있을 때는 떨어지려는 속성이 있으므로 이격도 100%를 기준으로 차이가 너무 크거나 작게 나면 조만간 주가가 하락 또는 상승할 가능성이 있다고 판단할 수 있다. 이격도 90 근처에서는 매수하고 110 부근에서는 매도하는 것이 현명하다는 것이 경험적인 이론이다.

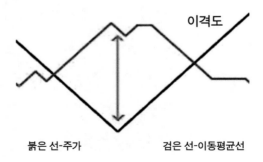

붉은 선-주가　　　　　　검은 선-이동평균선

⑦ 거래량

A. 거래량의 의미

거래량이란 해당 주식이 특정 기간 동안 얼마나 거래되었는가를 나타내는 지표이다. 상장 종목에는 발행한 주식의 총 수량이 있는데 거래량은 그 물량 중 얼마나 거래되었는지를 보여준다. 거래량은 주가를 분석하는 데 아주 중요한 역할을 한다. '차트는 속일 수 있지만 거래량은 속일 수 없다'는 말이 있다. 그동안 물려 있거나 차익 실현을 하고자 하는 물량을 소화하려면 거래가 많아야 하고 거래량이 많다는 것은 주주들의 손바뀜이 활발하게 일어났다는 뜻이기도 하다. 따라서 해당 종목의 주가를 기술적으로 분석할 때는 거래량을 유심히 봐야 한다. 저점에서 거래량이 없던 종목이 큰 거래가 발생하면서 주가가 큰 폭으로 상승한다면 추가 상승할 가능성이 높다고 할 수 있다. 반대로 고점에서 매도 물량이 많이 나와 주가가 하락하면서 거래량이 크게 늘어나면 하락 반전의 신호로 볼 수 있을 것이다.

거래량 증감	의 미
대폭 증가	고점에서는 하락, 저점에서는 상승
대폭 축소	주가 횡보 혹은 소폭 상승/ 하락
변화 없음	주가 횡보 혹은 소폭 상승/ 하락

거래량과 주가의 관계 정리

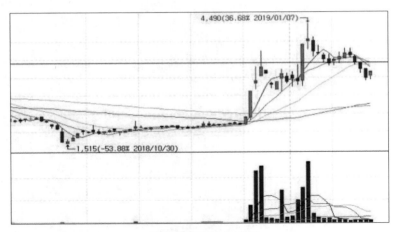

거래량과 주가의 상관관계

위의 그림에서 하단부의 거래량 지표를 보면 거래량이 크게 늘면서 위의 주가도 급등하고 있는 것을 볼 수 있다.

B. 거래량과 주가의 관계

a. 거래량이 늘어나면 일반적으로 주가가 상승하고 거래량이 감소하면 주가는 횡보하거나 하락한다.

b. 주가가 저점에서 거래량이 크게 증가하면서 상승하면(장대양봉 캔들) 급등할 가능성이 높다.

c. 주가가 고점에서 하락하면서 거래량이 크게 늘어나면(장대음봉 캔들) 추가 하락할 가능성이 높다.

d. 거래량이 없는 하락은 크게 걱정할 필요가 없다.

e. 거래량이 많다는 기준은 발행 주식 수나 평상시 거래량을 감안하여 판단해야 한다. 예를 들어 상장 주식 수가 1000만주인 상장 기업은 최대주주 지분 40%를 제외하면 유통물량이 600만주인데 이 중에서 100만주가 거래되었다면 거래량이 많은 것이다. 만일 300만주가 거래되었다면 상당히 많이 거래되었다고 판단할 수 있다. '거래량이 많다 적다'라는 기준은 유통물량을 고려하거나 각 기업의 일간 평균 거래량을 비교해 보고 판단해야 한다.

⑧ 매매 타이밍을 포착해주는 기술적 보조지표
주가가 어떻게 움직일지 예측하는 보조 프로그램을 투자자들의 HTS에 설정하여 사용할 수 있다. 다음에 소개하는 보조지표들은 수학적, 통계적으로 주가의 흐름을 예측하는 보조지표들이다.

주식은 살아 있는 생물이 거래하므로 이런 수치적인 통계들이 반드시 맞지는 않지만 아무래도 통계적인 수치를 이용해 만든 것이다 보니 인간의 감정을 배제할 수 있고 나름대로의 신뢰감이 있다. HTS에 보면 여러 가지 다른 보조지표들도 많이 있지만 다 알 필요도 없고 다 사용할 필요도 없다. 일반적으로 많이 사용하는 보조지표 정도만 잘 알아두고 매매할 때 참고하셨으면 좋겠다.

A. 모멘텀 지표

모멘텀(momentum)이란 물리학 용어로 '운동에너지'를 말하는데 주식 시장에서는 주가 상승의 에너지 또는 계기 혹은 원동력의 뜻으로 쓰인다. 모멘텀 지표는 많지만 필자가 주로 사용하는 것으로는 stochastics(스토캐스틱스)가 있다. 모멘텀 지표를 다 알 필요는 없다. 여기서는 많은 투자자들이 참고하는 stochastics(스토캐스틱스)만 소개하니 참고하시기 바란다.

a. Stochastics(스토캐스틱스=추계학=추측 통계학)

Gorge Lane이 개발한 Stochastics(스토캐스틱스)는 일정 기간 동안의 최고가와 최저가 사이에서 현재 주가의 위치가 어디쯤 위치해 있는지를 보여주는 보조지표이다. 최고가를 100이라 하면 최저가를 0으로 표시하고 현재의 주가를 수치로 표시한다. %K와 %D가 있는데 %K는 일정 기간 동안 주가 변동 범위 내에서 현재 주가의 위치를 백분위로 나타낸 수치이고 %D는 %K의 이동평균선이다.

Stochastics에는 Fast Stochastics와 Slow Stochastics 두 가지가 있다.

Fast Stochastics는 매수, 매도 신호가 너무 빈번하게 발생하므로 일반적으로 Slow Stochastics를 많이 사용한다. Stochastics가 만들어진 원리는 자세히 몰라도 되지만 설정해놓고 이해할 수 있어야 한다. HTS에서 차트 옆에 보조지표 기능을 열면 Stochastics

기능을 설정할 수 있는데 계산은 컴퓨터가 다 해주므로 %K선이 %D선을 상향 돌파하면 '매수 관점'이고 하향돌파하면 '매도 관점'으로 본다는 사실을 알고 있으면 된다.

시중에 나와 있는 기술적 분석 책 중에는 보조지표에 대해 엄청난 지면을 할애해서 원리부터 설명한 책들이 있다. 만일 이것이 정말 이익을 얻는 데 결정적이라면 누구나 이 보조지표만 잘 보면 큰돈을 벌 텐데 보조지표 잘 봐서 큰 돈 벌었다는 이야기 들어본 적이 있는가? 필자 생각에는 쓸데없는 짓이다. 말 그대로 보조지표이므로 참고하면 어느 정도 추세 판단에는 도움이 된다.

스토캐스틱스는 실제로 보조 지표로 설정하면 투자자들이 보기 편하게 매수 매도 시점을 화살표로 표시해 준다. 아래로 향한 파란색 화살표는 매도, 위로 향한 빨간색 화살표는 매수 관점으로 이해하면 된다. 만들어진 이론을 알 필요는 없고 Stochastics를 볼 줄만 알면 된다. 필자도 말 그대로 참고 자료로 활용하고 있는데 20% 아래로 내려가면 매수, 80% 위로 올라오면 매도하는 전략은 상당히 성공률이 높은 투자 전략으로 알려져 있다.

b. 스토캐스틱스 사용법
가. %K선이 %D선을 상향 돌파하면 '매수 관점'으로 보고, %K선이 %D선을 하향 돌파하면 '매도 관점'으로 본다.

나. Stochastics가 20을 상향 돌파하면 매수, 80을 하향하면 매도를 검토한다.

다만, 단기, 중장기 차트(일봉, 주봉, 월봉)마다 Stochastics가 전부 다르므로 본인의 투자 성향이 단기인지 중장기인지에 따라 해당되는 스토캐스틱스를 보고 매수 매도를 결정해야 한다.

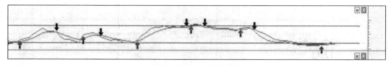

보조지표 스토캐스틱스

B. 추세지표

주가가 대세 상승 혹은 하락 어느 방향으로 움직이는지 나타내는 보조지표이다.

a. 이동평균선(위에서 설명했으므로 여기서는 생략한다)

b. MACD나 MACD oscillator

MACD는 Moving Average(이동평균선) Convergence(수렴) & Divergence(확산)를 줄인 말이다. 쉽게 말하면 이동평균선이 모여 있다가 멀어지는 수렴과 확산 지표이다. 단기 이동평균선과 장기 이동평균선이 수렴(이동평균선이 모여 있는 것)과 확산(이동평균선들이 서로 멀어지는 것)한다는 원리를 이용해 주가의 매수 매도 시점을 포착하는 방법이다.

MACD는 MACD선과 Signal 선으로 이루어져 있다. 이중 MACD는 단기 그리고 장기 이동평균선의 차이를 계산한 것이고, Signal선은 어떤 기간 동안의 MACD 지수를 다시 이동평균한 값이다.

MACD Oscillator(진동자)라는 것도 있는데 이것은 MACD값과 Signal선의 값이 같으면 0이 된다. MACD Oscillator가 0선 위로 올라오면 붉은색 막대그래프가 표시되어 상승 추세를 나타내고, 0선 아래로 내려가면서 파란색 막대가 표시되면 주가가 하락 추세임을 나타내게 된다. MACD나 MACD Oscillator도 추세지표로 특히 횡보상태에서 추세전환을 포착하는 데 유용한 보조지표로 사용된다. 이 지표도 만들어진 원리는 알 필요 없고 이 지표를 보고 현재 주가의 상태를 판단할 수 있으면 된다.

c. 사용법

가. MACD선이 Signal선 위로 올라가면 '매수관점'으로 본다.

나. MACD선이 기준선 위로 계속 상승 중이면 주가가 추세 상승하므로 보유한다.

다. MACD선이 Signal선 아래로 내려가면 '매도관점'으로 본다.

라. MACD선이 기준선 아래로 계속 하락 중이면 주가는 추세적으로 하락한다.

마. MACD Oscillator는 0선 위로 올라오면 붉은색으로 표시된다. 이는 매수관점이고 0아래로 내려가면 파란색으로 표시되는데 이는 '매도관점'이다.

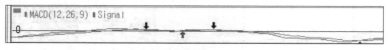

MACD-파란색 화살표는 매도, 빨간색 화살표는 매수신호이다

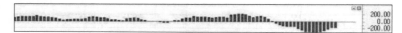

MACD Osillator-빨간색은 상승추세 파란색은 하락추세이다

C. 변동성 지표

a. Bollinger Bands(볼린저 밴드)

말 그대로 주가의 변동성을 알아보는 지표이다. 변동성이 커지면 상승과 하락 시 각도가 가파르다. 변동성을 알아보는 다른 보조지표도 많이 있지만 일반적으로 많이 사용하는 것은 Bollinger Bands(볼린저 밴드)이다. Bollinger Bands는 투자 전문가 John Bollinger가 만든 것인데, 주가가 이동평균선을 기준으로 표준편차 내에서 움직인다는 사실에 착안하여 가격 변동폭을 밴드로 만

든 것이다.

Bollinger Bands는 중심선과 상한밴드, 하한밴드로 구성되어 있다. 이 때 중심선은 20일 이동평균선이다. 상한 밴드와 하한 밴드 밖으로 주가가 벗어나면 주가 추세에 변화가 생긴다. 주가가 상한 밴드와 하한 밴드에서 움직일 확률이 무려 95.44%이다. 나머지 4.56%에서 움직이면 그것이 상승이든 하락이든 새로운 추세로 주가가 움직인다고 판단한다. 예를 들어 주가가 밴드 내에서 움직이다가 상한 밴드 밖으로 벗어나면 상승 추세, 하한밴드 밖으로 벗어나면 하락 추세로 판단하는 것이다. Bollinger Bands는 추세가 강하고 주가의 변동 폭이 크면 밴드 폭이 넓어지고 횡보 국면의 추세에서는 밴드 폭이 좁아진다.

b. 사용법

가. 주가가 횡보 추세일 때
상한 밴드에서 매도하고 하한 밴드에서 매수한다. 이동평균선이 밀집하며 밴드의 폭이 좁아지면 곧 상승이든 하락이든 추세의 변화가 일어난다.

나. 주가가 상승 추세일 때
상한 밴드에서 매도하고 중심선에서 매수한다.

<u>다. 주가가 하락추세일 때</u>

하한밴드에서 매수하고 중심선에서 매도한다.

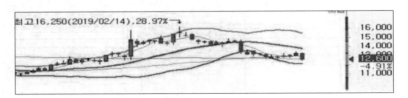

Bollinger Bands-맨 위쪽이 상한밴드, 가운데선이 중심선, 맨 아래선이 하한밴드

D. 시장 강도 지표

주가의 추세나 변동성의 강도가 어느 정도인지를 나타내는 지표가 시장 강도 지표인데 거래량, 가격과 거래량의 관계에 착안하여 만든 OBV, 그리고 OBV를 개선하여 만든 AD Line이 있다.

a. 거래량

거래량이 증가하면 주가의 변동성이 커지고 줄어들면 변동성이 약해진다.

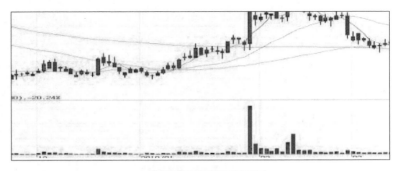

아래 그림이 거래량 차트이다

b. AD Line

AD Line은 조셉 그랜빌의 OBV 이론을 Larry Williams가 수정한 것으로 주가와 거래량의 변화를 나타내는 '운동량 지표'이다. 간단히 말해서 거래량이 많을수록 주가의 변동성을 더욱 신뢰할 수 있다는 이론이다.

OBV 이론은 주가가 상승한 날은 거래량을 더해주고 주가가 하락한 날은 거래량을 빼주는 것이다. 하지만 실제 매매에서는 거래량이 상승하여 주가가 상승하고 거래량이 줄면서 다시 원 위치를 하는 경우가 많다. 따라서 OBV 이론은 주가 움직임의 강도를 제대로 반영하지 못하고 매매 신호가 늦다는 단점이 있다. 이러한 단점을 보완하기 위해 등장한 AD Line은 주가의 변동 폭에 따라 거래량을 차등하게 누적시켜 주가와 거래량의 관계를 보다 신뢰성 있게 만든 지표이다.

c. AD Line 사용법

가. 종가가 시가보다 낮으면(음봉) 전일보다 주가가 오르더라도 주가의 상승 강도가 약한 것이다.

나. 종가가 시가보다 높으면(양봉) 전일보다 주가가 내리더라도 주가의 상승 강도가 증가한 것이다.

다. 주가가 신고가를 형성해도 AD Line이 이전보다 낮으면 매도

관점으로 대응한다.

　라. 주가가 신저가를 형성해도 AD Line이 이전보다 높으면 매수 관점으로 대응한다.

　마. AD Line의 상승은 매집(Accumulation)을 의미하며 '가격의 상승'을 예고하고, AD Line 하락은 분산(Distribution)을 의미하며 '가격의 하락'을 예고하는 것으로 판단한다. 주가와 AD Line이 서로 반대방향으로 움직이는 Divergence(다이버전스-주가가 움직이는 방향과 보조지표가 알려주는 신호가 일치하지 않는 경우)가 발생하면 주가의 추세전환이 가까워졌음을 예상할 수 있다.

　바. AD Line이 Signal 위로 올라가면 매수 관점으로 본다.

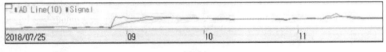

AD Line

E. 심리지표

a. 심리지표란?
투자자의 심리 상태를 나타내는 것으로 심리적인 과열 혹은 침체를 나타내는 지표이다.

b. 심리도

최근 12일 동안 전날에 비해 주가의 상승일수를 누적해서 백분율로 나타낸 것이다.

c. 사용법

최근 12일 간의 상승일수 3일 이내(심리지수 25%)는 매수시점으로 판단하고 상승일수 9일(심리지수 75%) 이상일 경우에는 매도시점으로 판단한다. 백분위로 심리지수 25% 이하는 매수관점으로 보고, 심리지수 75% 이상은 매도관점으로 본다.

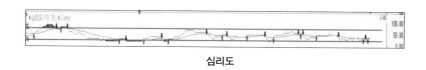

심리도

3) 심리적 분석

주식투자를 통해 큰 수익을 내려면 기본적 분석과 기술적 분석만 잘 하면 된다고 생각하는 투자자가 있을지 모르겠지만 주식은 살아있는 생물이다. 주가는 기계적으로 움직이는 것이 아니며 모든 매매에는 투자자들의 심리가 그대로 담겨 있다.

심리적 분석은 시장 참여 주체들의 심리가 주가에 어떤 영향을 미치는지 심리와 주가와의 상관관계를 연구하는 것이다. 필자는 2006년 마음을 잘 못 다스려 큰 수익의 기회를 놓친 적이 있다. 만일 필자가 그 때 심리적 분석에 관련한 공부를 제대로 해서 마음을 잘 다스렸다면 아마 엄청난 수익을 얻지 않았을까 반성하면서 크게 후회했던 적이 있다.

필자는 2006년에 지금은 LG화학으로 합병된 LG석유화학이라는 종목에 거금을 투자한 적이 있다. 위 종목은 배당만 6%를 줬었다. 그 때 필자는 주식 시장에 입문한 지 9년 차였고 5년 간 열심히 공부하고 난 후에 투자한 것인데도 분할매수도 아니고 단 번에 11000원에 상당량을 매수하였다. 그 후 주가는 무려 5천 원까지 하락했었고 1년 조금 더 지난 후에 본전 근처가 오자 보통의 하수 투자자들처럼 기다렸던 시간이 지겹고 본전 생각이 나서 본전 근처에 전량 매도한 적이 있다. 하지만 동종목은 필자가 팔아치운 후 1년 3개월 정도 더 지나 6만7천 원까지 상승하면서 크게 시세를 분출했었다. 그냥 가지고 있었으면 불과 1년 몇 개월 만에 6배의 차익을 볼 수 있었는데 빨리 팔아치운 것이 후회 막심한 적이 있었다.

위의 사례는 필자에게 주식투자자들의 마인드 컨트롤이 얼마나 중요한지 절실히 깨닫게 해주는 계기가 되었다. 이 글을 읽는 투자자들 중에서도 왜 내가 팔면 그 때부터 주가가 오르지? 하며 후회했던 경험이 있을 것이다.

필자의 경험으로는 기본적 분석, 기술적 분석도 중요하지만 심리적 분석은 더 더욱 투자자들이 깊이 공부해야 할 중요한 부분이 아닌가 싶다. 군중심리가 무엇이고 역발상 투자는 무엇이며 경제학에 심리학을 접목시킨 행동경제학(좁게는 행동재무학)의 깊은 이해를 통해 남들이 공포에 떨 때 매수하고 남들이 탐욕에 넘칠 때 매도하여 다른 투자자들보다 큰 수익을 얻는 것이 투자자의 궁극적 목표이다.

기본적 분석, 기술적 분석, 심리적 분석을 통해 저평가 우량주를 선정하고 매매 주체들의 심리 상태를 파악하며 보다 정확한 매수 매도 시점을 포착하여 최선의 매매를 수행해 보자.

(1) 군중심리와 역발상 투자

독자 여러분은 네덜란드 튤립 투기에 대해 들어보신 적이 있으신가? 16세기 후반에 튤립이 유럽으로 유입되어 귀족이나 상인들 사이에 크게 유행했었다. 처음에는 투기 요소가 없었으나 튤립이 크게 유행하면서 다음 해에 수확할 알뿌리 선물거래가 시작되면서 모든 계층이 선물 투기에 몰려들었다.

튤립 가격이 한 달 만에 50배가 폭등하는 일이 벌어졌으나 공황이 발생하면서 가격은 수천 분의 1 수준으로 폭락하였다. 이는 튤립의 내재가치에 비해 투기하려는 군중심리가 얼마나 가격 거품을 일으키는지 보여주는 대표적인 사례이다. 주식투자에서는 투자자들이 집단이 되어 나타나는 비이성적인 투자 행태를 경계해야 한다.

군중들은 정확한 정보에 기반을 두지 않고 심리적으로 동요되어 비이성적으로 행동할 때가 많다. 주식 시장이 크게 하락하면 주가가 더 떨어질 것 같은 공포심에 군중들은 투매를 하게 되고 주가가 크게 오르면 더 오를 것 같은 탐욕에 추격매수를 하게 된다.

이것이 당연한 군중들의 심리이지만 심리 게임인 주식투자에서 승리하기 위해서는 역발상 투자가 필요하다. 역발상 투자는 위에서 언급한 군중 심리와 밀접한 관련이 있다. 즉 군중들이 공포에 떨며 투매할 때는 최고의 매수 기회이며 군중들이 더 오를 것이라고 환호할 때는 매도 기회로 삼는 것이 역발상 투자이다. 다만 오해하지 말아야 할 것은 역발상 투자가 군중들과 무조건 반대로 하는 것이 아니라 합리적이고 이성적으로 투자 판단하는 것을 말한다.

역발상하면 생각나는 인물이 바로 존 템플턴(1912~2008) 경이다. 뒤에 세계의 주식 고수들의 투자 철학에 다시 등장하겠지만 존 템플턴은 '위기가 최고의 투자 기회'라고 늘 강조하였다. 그는 1970년대 말 미국 시장이 폭락할 때 오히려 주식을 매수하여 약 20년 간 큰 이익을 얻었다. templeton growth라는 지주회사를 설립하여 펀드를 운영하였고 일종의 종교계 노벨상인 템플턴 상을 제정하였다. 한국의 삼성전자에 투자하여 큰 수익을 거둔 적도 있다. 다음은 그가 남긴 투자 명언인데 그의 역발상 투자 철학을 엿볼 수 있다.

"강세장은 비관 속에서 태어나 회의 속에서 자라며 낙관 속에서 성숙해 행복 속에서 죽는다."

(2) 주식투자자들이 버려야 할 심리적 요인들

① 급한 성격

주식투자 수익률은 성격이 결정한다. 성질이 급하면 이득을 봐도 크게 못 보고 손실을 봐도 크게 본다. 주식투자 수익률 결정 요인 중 인내심은 투자자가 반드시 갖춰야 할 요소 중 하나이다. 인내하고 또 인내하는 엄청난 인내를 가진 사람들만이 주식투자로 큰 이익을 얻을 수 있다.

만일 당신의 성격이 급하고 주식투자로 빨리 돈을 벌려 한다면 주식투자 해봐야 오히려 손실이 훨씬 클 것이다. 주식투자로 수익을 내는 법은 의외로 간단하다. 기본적 분석을 통한 종목 발굴, 기술적 분석과 심리적 분석을 통한 매매 시점 포착. 배당 수익률 확인, 분할 매수와 분할매도 그리고 이익이 날 때까지 인내심을 가지고 끝까지 기다리는 것이다.

② 인지부조화(Cognitive dissonance)

미국 미네소타 대학 사회심리학자 레온 페스팅어(Leon Festinger)가 주장한 이론으로 태도와 행동이 모순되는 상태를 인지부조화라 한다. 여우와 포도라는 이솝우화를 통해 인지부조화를 쉽게 이해할 수 있는데 여우는 높은 곳에 매달려 있는 포도를 먹고 싶지만 포도가 높은 곳에 있어서 닿을 수 없자 포도가 맛이 시거나 덜익었을 것이라 생각하면서 먹을 가치가 없다는 결정을 내린다. 이러한 예에서 볼 수 있는 심리는 무엇을 얻을 수 없다는 판단을 내리면 그것을 비판하면서 일종의 합리화를 통해 자신의 인지부조화를 줄이려고 하는 심리이다. 직관과 반대되는 인간의 행동을 설명하는 이론이 인지부조화 이론이다.

이를 주식투자할 때의 심리에 적용해 보면 저평가 우량주를 선정하여 투자해놓고 오르지 않으면 "아~ 이 종목은 가치 투자에 적합한 종목이 아니야"라고 말하면서 공포를 느껴 손절매를 한다든지 단기에 소폭 오르면 바로 매도하고 큰 이익을 놓치는 경우를 생각해 볼 수 있다. 사실은 나쁜 종목을 보유하고 있으면서도 내가 분석하고 매입한 종목은 항상 좋은 회사, 완벽한 회사라 찬양하고 항상 긍정적인 부분만 생각하며 그 종목과 결혼한 경우도 인지부조화 현상과 결부시켜 생각해 볼 수 있다.

주식투자에 실패해서 큰 손실이 왔을 때 그 사실을 인정하기 싫어서 "주식투자하려면 이 정도 비용은 지불해야 해" "이 정도는 수업료 야"라며 자기 합리화 하는 것도 인지부조화 현상이라 할 수 있다.

자기가 결정해서 매입한 종목에서 손해를 보거나 크게 이득을 내지 못할 경우 여러 핑계를 대면서 자기 합리화 할 수 있다. 하지만 주식투자는 아주 냉정하고 이성적으로 판단해야 하고 감정을 최대한 절제하고 매매해야 성공할 수 있다.

③ 탐욕과 공포

탐욕과 공포는 주식 시장의 투자 주체들이 가장 잘 다스려야 할 심리적 요인이다. 필자의 경험으로는 주식 시장에 존재하면서 탐욕과 공포를 잘 다스리는 사람들은 많지 않은 것 같다. 탐욕적이지 못해 더 큰 이익을 놓치는 경우도 있고 공포에 놀라 너무 싼 가격에 주식을 투매한 경우도 많을 것이다. 내가 팔면 주식은 올라가고 내가 사면 내려가는 머피의 법칙을 누구나 경험하게 된다. 진정으로 이성적이고 합리적인 투자자라면 아주 냉정해야 한다. 주식투자는 '심리 게임'인 것을 명심하고 크게 욕심내지 말고 무릎에 사서 어깨에 파는 투자 격언을 마음에 새기면 된다. 급등주는 절대 추격매수하지 말고 주가가 하락할 때 적정가치 아래로 떨어지면 보유하거나 추가 매수로 대응해야 한다.

④ 스톡홀름 증후군(Stockholm syndrome)

'스톡홀름 증후군'이란 스웨덴 스톡홀름 노르말름스토리의 은행 강도 사건에서 유래된 말로 인질로 잡힌 사람이 인질범에게 긍정적인 감정을 가진 사건을 말한다. 은행 강도에게 인질로 잡힌 은행 직원들은 자신들을 해치지 않은 인질범들에게 오히려 고마움을 느끼고 나중에 불리한 진술을 거부하고 오히려 그들을 옹호하였다.

스웨덴의 범죄 심리학자인 베예로트가 이러한 현상을 '스톡홀름 증후군'이라 이름 붙였다.

나쁜 종목에 인질로 잡혀 오히려 나쁜 종목을 찬양하면서 자기 합리화를 하고 있지는 않는가? 결국 주식투자는 자기와의 싸움이다. 마음을 잘 다스려라! 여러분을 인질로 잡고 있는 종목에 감동 감화되지 마라!

⑤ 네이버 종목게시판 토론 글 읽고 매매자 심리 파악하기

투자할 만한 저평가 우량주를 선별했다면 이 회사의 주가가 왜 저평가되어 있는지를 분석해보고 주가가 상승할 만한 모멘텀(정책 수혜, 특정 산업의 규제 완화나 철폐, 자산 재평가, 구조조정, 자사주 매입 및 소각, 인수합병 등등)이 있는지 확인한다. 충분히 투자할 만하다는 판단이 서면 기술적 분석을 통해 현재 주가의 위치를 파악하고 투자 전략을 세운다. 마지막으로 해당 종목의 토론방에 들어가 기존 주주들의 의견을 읽어봐야 한다.

대개 기존 주주들이 해당 회사에 대한 비난이나 욕설이 심할수록 심리적 바닥이라고 판단할 수 있다. 반대로 찬양 일색이라면 투자 계획을 철회하는 것이 좋다. 해당 종목이 찬양 일색이라는 것은 이미 그 종목이 소문날 대로 소문난 종목이라는 방증이다. 소문난 잔치에는 먹을 것이 없다. 주식투자로 큰 이득이 나려면 소문나기 전에 조용히 선취매하고 기다려야 한다. 가끔 주주들이 해당 종목에 관한 객관적 정보를 올리는 경우도 있는데 신뢰할 만한 것이라면 참고하면 된다. 토론 게시판에 등장하는 글은 대개 자기 심리와는 반대로 쓴다. 예를 들어 해당종목을 찬양한다면 이 사람은 주가가 오르면 빨리 팔고 나갈 사람이며 겁을 주면서 해당 종목의 부정적인 면만 부각시키는 글을 쓴다면 이 사람은 싸게 사고 싶어 안달난 사람으로 판단하면 된다. 주식투자는 결국 투자 주체들의 심리 게임이다. 투자 게임에서 승리하려면 다른 투자자들의 마인드를 잘 파악하여 적절히 매매 전략을 세워야 한다.

종목토론실 | 네티즌 투자의견 5.00 매수   [공지] 토론실 활용 TIP과 운영원칙 안내   ✎ 글쓰기

날짜	제목	투자의견	글쓴이	조회	공감	비공감
2019.03.21 16:24	이회사는 주주소통이없어 🔲	의견없음	wjdr++++	66	2	0
2019.03.21 15:20	빨갱냐?? 일단 7만주 보여주고 취소한다 [4] 🔲	의견없음	hwee++++	119	1	0
2019.03.21 14:10	회사는 주가관심없어 [1] 🔲	의견없음	wjdr++++	88	0	0
2019.03.21 13:44	홀딱 빼끼가 꽃아 낫비라 [1] 🔲	의견없음	blue++++	82	0	0

네이버 종목게시판 토론방 캡처

⑥ 행동 경제학(behavioral economics, 좁게는 행동재무학)

고전 경제학은 인간이 이성적으로 행동하는 경제적 인간으로 전제하지만 실제 인간의 경제 활동은 많은 괴리를 보인다. 행동 경제학은 인간은 합리적이지 않을 때가 많으며 감정적일 때가 더 많다고 말한다. 여기서 합리적이라는 말은 인간이 경제 활동을 할 때 가장 효용을 극대화시키는 경제적 선택을 하는 것을 의미한다. 인간의 행동이 감정적이고 편향적이기 때문에 이러한 괴리가 있다고 설명하는 행동 경제학은 심리학과 경제학을 접목한 학문이며 인간

의 행동을 연구하여 그 결과가 어떤지 규명하는 경제학이다.

이스라엘 출생의 '대니얼 카너먼' 교수는 행동 경제학에 대한 연구로 2002년 노벨 경제학상을 수상했으며 리처드 탈러도 행동 경제학을 연구하여 2017년 노벨 경제학상을 받았다. 효율적 시장 가설에서는 이용 가능한 정보를 주가가 바로 반영한다고 하지만 실제 주가는 기업의 내재가치(intrinsic value)를 반영하는 기간은 상당히 짧으며 매매 주체들의 비이성적인 행태로 인해 오버슈팅 되거나 형편없이 저평가되기도 한다. 따라서 매매주체들의 비이성적인 행태를 이용해 이익을 얻을 수 있는 것이다.

만일 효율적 시장 가설이 정확하게 맞는 이론이라면 주식 시장에는 저평가, 고평가 된 종목이 없을 것이며 그렇다면 투자가 불가능해질 것이다. 늘 현재의 주가가 기업의 적정 가치일 것이기 때문이다. 하지만 실제는 비이성적인 투자자들의 행태로 형편없이 저평가된 종목이 나오고 재무 상태가 형편없는 기업의 주가가 천정부지로 오르기도 한다.

투자자들의 비이성적인 행태를 잘 구별하여 종목을 선별하고 저평가된 우량주를 적정가치가 반영될 때까지 보유해 이익을 낼 수 있는 것이다. 분명히 이 기업의 적정가치는 주당 '만 원'인데 어떤 이유로 투자 주체들이 투매하여 주가가 형편없이 저평가되어 거래된다면 이는 가치 투자자들에게 절호의 매수 기회를 제공해 줄 것이다.

A. 보유효과(Endowment Effect)

자기가 보유한 기업의 주식에 애착이 생겨 본래의 기업 가치보다 가치가 더 높다고 믿는 현상이다. 원래 자기가 산 주식이 항상 좋아 보이는 법이다. 이성을 잃어버리고 내가 주주인 회사의 부정적인 면은 작게 보이고 긍정적인 부분만 크게 보는 현상이다.

B. 앵커링효과(Anchoring Effect)

앵커링(anchoring)효과란 배가 한 번 닻(anchor)을 내리면 더 이상 움직이지 않는 것을 비유한 말로, 고정관념 때문에 비이성적인 행태를 보이며 어떤 기준점에서 벗어나지 않으려는 현상을 의미한다. 예를 들어 내가 어떤 기업의 주식을 만 원에 매수했다면 그 만 원이 기준점이 되어 회사의 상황이 바뀌어도 만 원이 그 회사의 가치라고 믿는 현상을 말한다.

C. 과잉 확신(Overconfidence)

근거도 없이 지나친 확신을 가지고 미래에 대해 긍정적으로 생각하는 현상을 말한다. 예를 들어 어떤 투자 종목을 선택할 때 자신이 고른 종목이 반드시 이익을 낼 것이라고 믿는 현상이다. 과잉 확신과 비슷한 심리로 사후 왜곡 편향((Hindsight Bias)현상 이라는 것이 있는데, 이는 과거에 성공한 것만 기억하면서 이번에도 반드시 자신의 능력 때문에 성공할 것이라고 믿는 현상을 말한다.

D. 보수성 편향((Conservatism bias)

보수성 편향이란 새로운 정보보다는 기존의 정보에 집착하여 종목을 매도할 때 비이성적인 행태를 보이는 현상을 말한다. 예를 들면 어떤 회사의 긍정적인 면을 보고 주식을 매수 했는데 상황이 달라져 부정적인 정보가 나와도 과거의 긍정적인 면에 집착하여 합리적 의사 결정에 방해를 받는 현상으로 이해하면 된다.

E. 처분 효과(Disposition effect)

처분 효과는 자기가 산 종목 중 이득이 난 것은 빨리 팔아 이득을 확정하고 손해보고 있는 종목은 손해가 나도 본전 생각에 팔지 못하는 현상을 말한다. 즉, 투자자들의 손실 회피 성향으로 인해 손실에 민감하게 반응하여 처분을 미루는 효과이다.

⑦ 개미 털기 중 심리 동요하지 않기

기업분석을 통해 저평가 우량주를 선별하고 기술적 분석을 통해 매매 시점을 포착하여 분할 매수가 끝났는데 필자의 경험으로는 내가 매수한 종목이 바로 올라가는 경우는 별로 많지 않았다. 모든 종목에는 주가 결정에 큰 영향력을 가진 세력(주포 세력)들이 있다. 대형주나 중형주의 경우 기관. 외국인들이 주가 결정에 영향을 끼치는 세력들이고 소형주의 경우 돈 많은 슈퍼 개미 혹은 작전 세력들이 주가 결정에 영향을 미치는 세력이라 말할 수 있다.

미국 다우 지수에 대한 연구에 따르면 소형주가 대형주보다 수익률이 훨씬 높다는 보고가 있다. 미국 월가의 고수 펀드매니저인

'랄프 웬저(Ralph Wanger)'는 특히 소형주 발굴에 많은 노력을 기울인 인물이다. 그는 대형주의 경우 혹은 인기 있는 종목의 경우 저평가되어 있을 확률이 거의 없기 때문에 대형주보다는 소외된 소형주를 찾는 것이 훨씬 합리적이라고 판단하였다. 아무도 쳐다보지 않지만 내재 가치가 우량한 소형주는 대형주보다 훨씬 상승 탄력이 크고 고수익을 올릴 수 있다는 것이다.

우리 주식 시장의 경우는 어떠한가? 대형주의 경우 대개 경기 하강 국면에서 저평가되어 있다가 경기가 회복되면 내재 가치가 반영되어 크게 상승하는 경우가 많다. 그리고 대형주는 애널리스트들이 늘 커버링(covering) 하기 때문에 호재가 숨어 있는 경우는 거의 없다. 소형주의 경우 내재 가치는 우량하지만 주가에 반영되어 있지 않고 저평가되어 있는 것이 숨어 있다.

매수 종목을 선정할 때 대형주, 중형주, 소형주를 가릴 필요는 없겠지만 아무래도 대형주의 경우 안정적인 대신에 주가 변동성이 크지 않고 중소형주의 경우 대형주보다는 주가의 변동성이 커서 그만큼 리스크도 크지만 주가가 상승할 때 탄력도 크다.

특히 소형주의 경우 드러나지는 않지만 거의 '작전주 패턴'으로 움직이는 경우가 대부분이다. 해당 종목에 주가 상승의 큰 재료가 있는 경우 세력들은 장기간 매집을 하기 위해 일부러 주가를 횡보시키거나 작전을 알아차리고 달라붙은 개미들을 털어내기 위해 손해를 보면서도 고의로 주가를 크게 하락 시켜 개미들이 공포에 떨며 도저히 손절매하지 않으면 안 될 정도로 주가를 폭락시키기도 한다. 만일 이러한 상황이 오면 이런 세력들의 노림수를 잘 알고 있지 않은 개미들은 큰 손실을 입기 쉽다. 하지만 세력들이 싸게 매집을 완료하면 주가는 반드시 상승하게 되어 있다.

가장 현명한 것은 세력들과 함께 매수하는 것이지만 우리가 작전을 펼치는 세력은 아니므로 혹시 세력들보다 높은 단가에 매수했다 하더라도 전혀 동요되지 말고 기업 가치가 주가에 반영될 때까지 기다리고 또 기다려야 한다. 필자는 오히려 작전 세력들이 드나드는 종목을 매우 선호하며 그들이 고의로 주가를 폭락시킬 때와 작전이 끝나고 조용해질 때 매수하여 좋은 결과를 낸 적이 상당히 많다.

'개미 털기'란 모멘텀이 발생하여 상승하는 주가에 개미들이 달라붙을 경우 작전 세력들이 일부러 주가를 폭락시켜 개미들이 손해 보고 매도하게 하는 전략을 말한다. 개미 털기 기간은 세력 마음이기 때문에 기간이 얼마나 지속되는지는 전혀 알 수가 없다. 심지어 수 개월 혹은 1년 이상이 될 수도 있다. 사람의 심리는 공포의 상황에 오면 극도로 흔들리게 되어 있다. 대개 소형 테마주의 경우 이런 개미 털기 작전을 흔하게 볼 수 있다. 여러분이 작전 세력이라면 달라붙어 귀찮게 하는 개미들을 털어버리기 위해 어떤 작전을 사용할 것인가? 어떤 기업이 주가 상승의 모멘텀을 가지고 있어서 많은 물량을 매집해야 한다면 여러분은 어떻게 물량을 확보할 것인가? 아마 작전 세력들과 비슷한 전략을 사용하게 될 것이다.

다시 한 번 강조하고 싶은 것은 주식은 심리게임이라는 것이다. 주가 상승을 확신할 정도로 충분히 분석하고 매수했다면 어떤 상황이 벌어져도 심리적으로 흔들리지 말고 꿋꿋이 들고 있어야 한다.

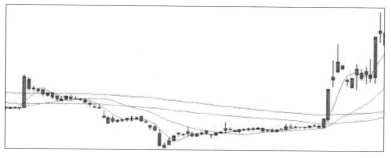

공포의 개미 털기 구간 후 급등

4) 주가와 관련 있는 제반 요소들

(1) GDP 성장률

GDP는 국적에 상관없이 우리나라 내에서 이루어진 생산 활동을 모두 포함하는 개념이다. '국내총생산'이라고 한다. GDP는 당연히 높아야 한다. 수출이 많아지고 경상수지가 흑자면 주가에 호재가 된다.

(2) 경기 종합지수

경기 선행지수, 경기 동행지수, 경기 후행지수 등이 있다.

제조업 경기 실사 지수는 100이상이면 향후 경기를 좋게 보는 것인데 경기 선행지수가 앞으로의 경기 상황을 예측하게 하므로 가장 유용한 지표이다. 경기 동행지수는 현재의 경기 상태를 파악하고 예측하며 경기 후행지수는 경기의 변동을 나중에 확인해 주는 지표이다.

(3) 금리

금리는 주가와는 역의 관계로 금리가 하락하면 주가가 올라가고 금리가 상승하면 주가가 내려간다. 하지만 급격한 금리 상승이 아니라면 완만한 금리상승은 경기가 나아지는 것이므로 오히려 호재로 판단할 수도 있다. 금리가 내리면 은행 등 금융상품의 수익률이 하락하게 되어 저축 의욕이 떨어지게 되며 이는 소비 증가로 이어지고 경기가 활성화된다. 반대로 금리가 상승할 경우 기업의 이자 부담이 증가하게 되고 저축하고자 하는 의욕이 상승하여 주가는 하락하게 된다. 물가가 상승하면 물건을 빨리 사려는 마음이 들어 금융기관에서의 차입이 증대하고 저축은 감소하여 금리가 상승하게 된다.

(4) 환율

환율이 상승(원화 하락)하면 외국에 수출을 하는 기업은 수입이 늘어나게 되고 수입을 하는 기업 입장에서는 돈이 더 들어가게 되어 주가에는 악재라고 할 수 있다. 한국은 주로 수출을 통해 경제가 성장하므로 환율이 상승(달러 강세)하는 것이 이득이라고 할 수 있다. 달러 가치가 하락하여 원화가 강세를 보이면 수출업자 입장에서는 수출 대금이 감소하여 가격을 올리게 된다. 이는 가격 경쟁력 약화를 가져와 수출이 감소하게 된다. 원화가 강세를 보이고 달러가 약세를 보이면 원화 수입자금이 감소하여 수입물가의 하락을 가져오게 되고 이는 전반적인 물가의 하락을 가져온다. 경기가 좋아지면 금리가 상승하게 되고 금융상품에 대한 기대수익이 늘어나 달러를 매도하고 원화를 매입하게 되므로 결국은 원화가 강세를 띠게 된다. 수출 기업에는 환율의 상승이 이득이 되지만 한국 주식 시장에서 환율의 과도한 상승은 외국인 자본의 이탈로 이어져 주가가 하락하게 된다.

(5) 물가

장기간의 물가상승은 주가 하락을 야기하지만 단기간의 완만한 물가 상승은 기업의 단기적인 수익 개선에 도움이 된다. 경기가 좋아지면 기업의 생산이 활발하게 일어나게 되고 물건을 만드는 재료의 수요가 늘어나게 된다. 이는 생산재 가격의 상승을 가져오게 되고 인건비를 상승하게 만들어 결과적으로 제품의 가격이 오르게 되므로 물가가 상승하게 된다.

(6) 원자재 가격

석유, 구리, 철광석 등 원자재 가격의 상승은 주가에 악영향을 미친다.

(7) 미국 주식시장

미국 주식시장의 다우 지수와 나스닥 지수 그리고 S&P 500지수는 그 다음 날 한국 주식시장에 큰 영향을 미친다. 따라서 전날 미국 시장의 상승 하락 여부와 그 원인을 파악하고 투자해야 한다. 실제 미국 시장 주가 움직임의 국내 영향력은 약 90% 정도 되는 것 같다. 가끔 미국 경제는 호황인데 한국 경제가 안 좋을 경우에는 디커플링(decoupling)되어 주가가 따로 놀기도 한다. 하지만 전 세계의 경제가 서로 엮여 있으므로 미국과 한국의 주가가 연동되어 움직이는 경우가 대부분이다.

(8) 북한의 도발 움직임

북한의 미사일 실험을 비롯한 호전적인 행동은 주식 시장에 악영향을 미친다.

한국 주식시장은 휴전 상태에 있기 때문에 늘 지정학적 리스크가 존재하며 우리 기업이 개성 공단이나 북한 관련 여러 사업을 진행하다가도 북한과 미국과의 관계가 악화되거나 북한이 미사일 발사 실험을 하게 되면 주식시장이 크게 영향을 받는다. 특히 대북 관련 사업과 관계있는 기업과 방산주들이 큰 영향을 받는다.

(9) 중국 시장

중국에 수출을 많이 하는 우리나라로서는 중국 시장의 상승과 하락에 영향을 받지 않을 수 없다. 특히 장이 열리는 시간이 비슷하므로 악재나 호재가 있을 경우 장중 변동성을 키운다.

(10) 부동산 가격 상승

부동산과 주식은 일반적으로 반대로 움직인다고 알려져 있으나 시중에 돈이 넘쳐 유동성이 풍부하면 주식과 부동산 둘 다 강세를 보이는 경우가 더 설득력이 있다. 금리가 낮으면 부동산과 주식 둘 다에 호재이다.

5) 리스크 관리

(1) 감사보고서의 감사 의견 확인

감사보고서 제출		
【지배회사 또는 지주회사의 연결재무제표 기준 감사의견 및 재무요건】		
구분	당해 사업연도	직전 사업연도
1. 연결 감사의견 등		
-감사의견	적정	적정
-계속기업 존속불확실성 사유 해당여부	미해당	미해당
2. 감사의견과 관련 없는 계속 기업 존속 불확실성 기재여부	미기재	미기재

네이버 증권으로 들어가 투자할 종목의 감사보고서를 가장 먼저 확인해야 한다.

물론, 망할 회사가 적절하게 재무제표를 작성했을 때도 '적정' 의견이 나오지만 최소한 회계 부정의 소지는 없어야 내가 투자한 돈의 안전을 확보할 수 있다. 특히 감사 의견이 '적정'을 받았다 하더라도 그 밑에 항목인 '계속기업 존속 불확실성 사유 해당 여부'도 반드시 확인해야 한다.

감사보고서에 '계속기업 존속 불확실성 사유'에 '해당' 의견이 표시되어 있다는 것은 해당 기업이 장사가 잘 안되고 재무상황 악화로 인해 기업이 계속 존속하는 데 불확실성이 존재한다는 의미이며 그로 인해 상장 폐지될 위험이 있다는 뜻이다. 이 책을 읽는 독자 여러분들께서는 이런 기본적인 사항을 확인하지 않고 투자하지는 않겠지만 감사보고서와 재무제표를 읽어보지 않고 투자하는 것은 가장 기본적인 리스크 관리를 안 하는 사람이다. 감사보고서상 문제 있는 종목에 투자하면 관리종목으로 지정되거나 상장 폐지될 수 있으므로 꼭 확인해야 한다.

(2) 손절매(loss-cut)

주식은 변동성이 크기 때문에 리스크 관리를 위해 본인이 정한 손실 구간이 오면 손절매해야 한다. 특히 단타의 경우 제때에 손절매하지 않으면 더 큰 손실이 나거나 막연히 주가 회복을 기다리는 경우 돈이 묶여 기회비용을 상실하기 때문에 손절매를 충실히 해야 한다. 그것이 리스크를 최소화하기 위해 투자자가 할 수 있는 유일한 위험 관리 방법이다. 손절매의 기준은 본인이 정하는 것이 좋다. 변동성이 아주 큰 종목의 경우에는 손절매 기준을 넓게 잡아야 할 것이며, 종목의 상황에 따라 손절매 기준을 정하고 그 기준에 도달하면 아쉽지만 주식을 팔아 더 큰 손실을 막아야 한다.

외람되게도 필자의 경우에는 21년을 투자하는 동안 단 한 번도 손절매를 한 적이 없다. 위험한 종목은 절대로 거래하지 않았기 때문이고 몇 년 전부터 단기 투자를 하고 있지만 그 전에는 전부 장기 투자를 목적으로 매수했기 때문이기도 하다. 아니 손절매할 종목은 아예 사지 않는다. 다행히 21년이 흐르는 동안 한 번도 손해 보고 매도한 적이 없다. 필자는 주식투자가 위험하다는 사람들을 보면 이해가 안 간다. 손절할 주식을 왜 사는가? 단기 급등주에 이익을 바라고 들어갔다가 고점에 물렸다면 손절매하는 것이 맞을 것이다. 하지만 호흡을 길게 하고 아주 저평가된 기업을 싸게 매수했다면 손해가 나더라도 계속 들고 가는 것이 맞다.

필자가 단기 투자자들의 책을 많이 읽어 보았는데 그들은 단기 투자하면서 가장 철저히 지켜야 할 원칙을 손절매로 꼽았다. 사람마다 달랐지만 대개 "3%의 손해가 오면 무조건 손절매한다"는 글들이 많았다.

리스크 관리를 위해 투자자가 할 수 있는 가장 기본적인 방법은 손절매이다. 본인이 정한 기준으로 철저히 손절매 원칙을 지킨다면 보다 큰 손실을 사전에 방지할 수 있을 것이다.

(3) 분할 매수와 분할 매도

주식 시장의 위험은 피할 수 없는 위험인 '체계적 위험'(시장 전체가 영향을 받는 위험으로 경기 상황이나 금리, 환율, 글로벌 변수 등 거시적인 요인들)과 피할 수 있는 위험인 '비체계적 위험'(특정 기업에 존재하는 기업 고유의 위험)으로 나뉜다.

주식 시장에 상존하는 이러한 리스크를 관리하는 방법으로는 분할 매수와 분할 매도를 생각할 수 있다. 물론, 매수 시점에 주가가 최저가라면 한꺼번에 100% 매수하는 것이 더 이득일 수도 있다. 그리고 매수한 것이 이득이 나서 매도할 때도 바로 그 시점이 최고가라면 한꺼번에 매도하는 것이 더 나을 수도 있다. 그렇지만 주가가 어떻게 될지 모르기 때문에 분할로 매수하고 분할로 매도하는 것이 그런 리스크를 줄일 수 있는 합리적인 방법이 될 것이다. 분할 매수와 분할 매도의 방법에 대해 자세한 내용을 살펴보자.

① 투자 종목 분산하기

주식 시장에는 항상 위험이 도사리고 있다. 글로벌 외부 변수나 경제 상황이 나빠져서 시장이 영향을 받거나 특히 코스닥 종목의 경우 투자한 기업에 무슨 악재가 있을지 모르므로 섹터별로 나누어 여러 종목을 분산해서 투자할 경우 리스크를 현저히 줄일 수 있는데, 약 30개 정도의 종목에 투자할 경우 그러한 위험을 거의 다 제어할 수 있는 것으로 알려져 있다.

② 투자 시점 분산하기

위에서 언급한 것처럼 기업에 도사리고 있는 위험은 여러 종목에 분산 투자하여 어느 정도 제거할 수 있었는데 미중 무역 전쟁이라든지, 북한의 미사일 발사, 금융 위기 혹은 환율전쟁, 한일 분쟁 등의 위험은 종목을 분산하여 투자한다 하더라도 위험을 제거할 수 없다. 따라서 이러한 위험을 어느 정도 해결하기 위해서는 시점을 분산해서 투자해야 한다. 시점을 분산한다면 폭락장과 박스권 및 상승장에서도 매입을 하게 되므로 평균가 매입 전략이 될 수도 있고, 특히 폭락했을 때 더 많은 금액으로 매수할 수도 있어서 어느 정도 리스크 관리가 가능해진다.

(4) 약세장(Bear Market)에서 거래 자제

세계 경기의 성장 및 악화 여부에 따라 증시는 장기간 주가가 상승하는 강세장(Bull Market) 혹은 장기간 주가가 하락하는 약세장(Bear Market)이 나타날 수 있다. 강세장에서는 많은 종목의 주가가 상승하지만 약세장에서는 반대로 많은 종목이 기업가치와는 무관하게 하락하므로 이익을 내기가 쉽지 않다. 따라서 약세장은 특별한 호재가 있는 개별주나 테마성 단기 매매에 한정해야 한다. 물론 주가가 충분히 하락했다는 판단이 들면 장기적으로 보고 저평가 우량주를 분할 매수하면서 모아가는 전략도 유효할 것이다.

주식투자에서 최저점을 잡기란 정말 쉽지 않다. 아니 그런 욕심은 아예 버리는 것이 좋다. 여러 상황을 종합하여 충분히 지금 진입해도 손해 보지 않겠다는 판단이 들면 시간의 여유를 두고 조금씩 매수하는 것이 좋다. 특히 폭락이 예상되는 종목을 매수해야 한다면 장중에 사지 말고 종가에 시장가로 매수 주문을 내는 것이 매수단가를 낮추는 데 유리하다. 기본적으로 약세장에서는 리스크 관리를 위해 주식 거래를 자제하는 것이 위험을 줄일 수 있는 방법이기도 하다.

(5) 약세장에서 공매도 혹은 KODEX 인버스 매매하기

개인도 약세장에서는 리스크 관리를 위해 투자 기간을 장기적으로 보고 저평가 우량주를 분할 매수하는 전략을 취하거나 공매도 혹은 KODEX 인버스를 통해 수익을 낼 수도 있다. 공매도란 특정 종목의 주가 하락이 예상될 때 주식을 빌려서 매도주문을 내는 투자전략을 말한다. 쉽게 말해 증권사에서 주식을 빌려 매도하고 주가가 더 떨어졌을 때 다시 매수해서 갚아 매매 차익을 얻는 방법이다. 개인도 증권사의 '대주 거래'를 통해 공매도를 할 수는 있지만 허용되는 종목의 제한, 되갚는 기간의 제한 및 복잡한 절차 등으로 인해 기관이나 외국인에 비해 주가 하락장에 리스크 관리를 원활하게 할 수가 없다.

공매도와 관련하여 개인 투자자들 입장에서는 공매도를 폐지하자는 청원이 계속 등장할 수밖에 없다. 외국인이나 기관 입장에서는 공매도로 이익을 보려면 주가를 하락시켜야 하므로 극단적으로는 거짓 정보 유포를 통한 주가 폭락 유도 등 개인 투자자들에게 상당히 불리한 불공정 거래가 판을 치고 있다. 특히 공매도로 주가가 계속 하락하게 되면 기업 가치가 훼손됨은 물론 그 기업에 신용으로 투자한 개인들의 경우 '반대매매'를 당하게 된다면 큰 손실을 입게 된다.

주식투자가 하나의 게임이라면 모든 참여자들이 지켜야 할 '공정한 룰'이 있어야 한다. 기관과 외국인에게는 광범위한 공매도를 허용하고 그 조건을 개인보다 유리하게 한다면 이것은 공정한 게임이될 수 없다. 만일 공정한 게임을 하려면 개인, 외국인, 기관 상관없이 모두 똑같은 조건에서 공매도를 허용해야 할 것이다. 결론적으로 약세장에서 리스크 관리를 위해 개인도 공매도(개인은 대주거래라 한다)를 할 수는 있으나 조건이 대단히 한정되어 있다.

그렇다면 약세장에서는 손해만 보고 있어야 할까? 아니다. ETF(상장지수펀드)를 주식 매매 하듯이 매수하면 된다. 그 중에서도 약세장에 주가가 하락하면 오히려 이익이 나는 'KODEX 인버스'를 사면 주가가 하락할수록 이득을 보게 되므로 하락장에서는 대주거래를 통해 공매도를 하거나 'KODEX 인버스'를 매매하면 하락 리스크를 줄이고 이익을 낼 수도 있다.

▶ 투자하기 전에 반드시 확인할 사항들

위에서 언급한 기본적 분석을 통해 실적 대비 저평가된 종목을 선정했다 하더라도 투자하기 전에 반드시 점검해야 할 것들이 있다.

가장 먼저 시황(상품이나 주식 따위가 시장에서 매매되거나 거래되는 상황)이 어떤지 반드시 확인해야 한다. 아무리 좋은 종목을 선정했다 하더라도 전체 종합주가 지수의 영향을 받지 않을 수는 없다. 예를 들어 주식 시장 전체가 계속 하락하고 있다면 좋은 종목을 선정하여 저가에 매수했다 하더라도 주가는 추가 하락할 수 있다. 시장을 이기는 투자 방법을 다룬 책이 많이 있지만 사실 시장을 이기기는 정말 어렵다. 물론 개별 기업의 가치를 중시한다면 장기적으로 주가는 기업가치에 수렴하므로 시장 상황에 상관없이 매수해도 결국 이익이 난다는 말은 맞는 말이다.

다음으로 수급을 확인해야 한다. 주식 시장에 거래하는 거래 주체는 크게 개인. 외국인, 기관으로 나눌 수 있는데 주가 결정력을 가진 세력은 아무래도 돈을 많이 굴리는 기관이나 외국인이라고 할 수 있다. 물론, 소형주는 외국인이나 기관이 많이 거래하지 않기 때문에 돈이 많은 슈퍼개미나 작전 세력들이 있다. 이러한 메이저 세력들이 해당 종목을 많이 사고 있는지 팔고 있는지 아니면 별 관심이 없는지 매매동향을 반드시 확인해야 한다.

위에서 언급했지만 필자의 경험으로는 저평가된 종목을 매수해도 단기에 크게 오르는 경우는 없었다. 그 이유는 아무래도 저평가되어 있다는 말 자체가 시장의 관심에서 멀어져 있다는 뜻이기 때문이고 오랜 기간 하락하거나 횡보하고 있기 때문에 위로는 악성 매물들이 쌓여 있어서 그 매물을 소화하려면 상당히 많은 거래량이 수반되어야 한다. 따라서 단기에 오를 것이라는 기대는 하지 말고 거래량도 적고 분위기가 조용할 때 분할 매수하여 장기적으로 가치를 인정받을 때까지 인내심을 가지고 기다려야 한다. 정리해서 말하면 저평가된 가치주를 매수하고 난 후 빨리 오르는 경우는 없다. 어쩌면 많은 시간 동안 상승하기를 바라는 여러분들이 마음고생을 할 수도 있다. 그러나 그 열매는 아주 달다. 결과는 여러분의 심리와 인내심에 달려 있다.

주가가 오르지 않더라도 혹은 추가 하락하더라도 잘 인내해야 한다. 인내야말로 가치 투자가 성공할 수 있는 가장 큰 덕목이다. 성질이 급하거나 인내할 수 없는 사람은 절대로 저평가된 종목을 장기 투자하여 큰 소득을 낼 수 없다.

시장 상황과 해당 종목 메이저 세력(주가 선도세력을 주포라고도 한다)들의 수급상황을 반드시 체크하고 매수해야겠다는 결정을 내리면 시간을 충분히 가지고 분할 매수한 다음 인내심을 가지고 적정한 주가가 올 때까지 기다려야 한다. 즉 가치투자의 이익은 적절한 기업가치 분석과 저가 매수 그리고 인내력의 결과라고 할 수 있다.

▶ 효율적인 투자 전략

그동안 필자를 포함한 많은 사람들이 주식투자를 하면서 "아래의 이런 점들을 고려하여 투자하면 좀 더 리스크를 줄이고 나은 이익을 낼 수 있다"는 투자 전략을 아래에 정리해 보았다. 참고하면 매매하는 데 도움을 받을 수 있을 것이다.

1) 초보자는 분산투자, 중수 이상은 분산투자 하지 말고 선택하고 집중하라.

달걀을 한 바구니에 담지 마라는 투자 격언이 있다. 이 격언은 위험을 회피할 수 있는 바른 전략이다. 주식 시장을 연구하는 여러 보고서에 따르면 초보자가 약 30개의 종목을 사면 비체계적 위험을 거의 회피할 수 있다고 한다. 초보자들은 10여개의 종목을 사서 위험도 줄이고 주가의 추이를 관찰하여 주식 거래에 대한 이해도를 높일 수 있지만, 만일 기업 가치를 제대로 분석할 수 있는 투자자들이라면 필자의 생각은 신중하게 분석하여 세 종목 이내로 종목을 정하고 장기간 분할 매수하는 전략을 권한다.

여러 종목을 매수하고 위험을 분산하는 것은 좋지만 여러 종목을 보유하면 매수 후에 대응하는 능력이 떨어진다. 여러 종목을 매수한다면 안정성은 나아지겠지만 대응하기가 힘들고 이익 내기가 힘들다. 따라서 필자의 생각은 선택과 집중을 통해 세 종목 이내에서 투자 종목을 선정하고 혹시 주가가 추가 하락했을 때 적절한 투자금 분배를 통해 평균단가를 낮추고 보유해야 한다는 것이다.

필자의 경우, 선택하여 집중한 결과는 20년 넘는 동안 항상 나쁘지 않았다. 만일 분산 투자가 정말 안정성을 제공한다면 종합주가지수를 추종하는 ETF 'KODEX 레버리지'나 주가가 하락할 것 같으면 'KODEX 인버스'에 투자하는 것이 낫다. 여러 분도 투자해 보면 아시겠지만 투자하는 종목이 압축될수록 투자 수익은 크다.

그렇다고 한 종목에 몰빵 하는 것은 권하고 싶지 않다. 필자도 한 종목에 몰빵해 큰 이익을 냈던 경험이 상당히 많지만 초보자가 한 종목과 사랑에 빠져 그 종목과 결혼하는 것은 너무 위험하다. 초보자라면 그리고 초보자가 아니더라도 그동안 손해를 봤다면 기업을 보는 눈이 아마도 없을 것이다.

2) 저 PBR, 저PER, 고ROE 종목 및 은행 이자 이상 배당을 주는 종목 중에 주가 상승 모멘텀을 기대할 수 있는 종목을 선취매해야 한다.

주식 시장의 수익률을 장기간 연구한 보고에 따르면 저PER, 저PBR, 저PSR 종목 순으로 수익률이 높았다고 한다.

3) 전년도 혹은 2~3년 간 적자가 났다가 턴어라운드(turn around, 흑자전환) 가능성이 높은 종목을 매수한다.

실적이 좋아진 회사의 주가가 상승하는 것은 당연한데 그 중에서도 턴어라운드한 종목이 가장 수익률이 높다는 보고가 있다.

4) 올해에 전년 대비 크게 실적 개선이 예상되는 종목을 매수한다.

대개 기업을 탐방하는 애널리스트들의 보고서를 통해 해당 기업 IR 담당자 혹은 재무팀 관계자로부터 정보가 나오는 경우가 많이 있다. 증권가의 컨센서스(consensus - 예상하고 있는 실적)를 통해 올해 실적 개선이 클 것으로 예상되는 종목을 주의 깊게 관찰한다.

5) 자산 가치 대비 형편없게 저평가된 저PBR주라고 무조건 오르는 것이 아니다.

금융, 자동차, 철강, 유틸리티 종목은 평균 PBR이 0.6정도밖에 되지 않는다. 그러므로 저PBR주에 투자하려면 해당 종목의 주가가 움직인 PBR 밴드를 참고하는 것이 좋다.

예를 들면 이 회사의 주가가 PBR 0.2에서 0.8까지 움직였는데 기업 가치가 크게 훼손되지 않은 상태에서 PBR이 0.3이라면 매수할 만하다고 판단할 수 있다. PBR이 낮은데 실적 개선이 동반되거나 주가 상승 모멘텀(사업 모델 변화, M&A, 구조 조정, 실적 개선, 테마주로 엮임 등등)이 있다면 크게 오를 가능성이 높다.

6) 증권사 애널리스트의 분석 보고서는 참고만 하고 맹신하지 않는다.

정보에 의존하는 매매가 오히려 투자 실패를 부르는 경우도 종종 있다. 회사는 단기간에 별로 달라지지 않았지만 상반되는 기관의 보고서가 나오는 경우가 허다하다. 그리고 주가가 한참 오르고 나서 꼭대기에 기관의 매수 추천 보고서가 나오거나 이미 주가가 바닥권을 기고 있는데도 불구하고 희망이 없다는 보고서가 나오는 경우도 많다.

제도권에서 나오는 정보를 그대로 믿지 마라. 심지어 어떤 이는 주식 시장에서 흘러나오는 정보는 모두 메이저 세력들의 계략이라고 말하는 사람도 있다. 반드시 그렇다고 할 수는 없지만 필자도 이들의 주장이 상당히 일리 있는 주장이라고 생각한다. 뉴스는 중립적으로 생각하고 너무 맹신하지 말 것이며 기업가치에 근거한 매매를 해야 한다.

다음은 SK하이닉스에 대해 같은 날 나온 정보이다.

우선 긍정적인 뉴스를 보자.

키움증권은 13일 SK하이닉스에 대해 3·4분기 초에는 우려대비 양호한 실적이 나타나 반등할 것이라며 투자의견 '매수'와 목표주가 8만5000원을 각각 유지했다.

키움증권 모 연구원은 "SK하이닉스의 올 2·4분기 영업이익은 8626억 원을 기록해 시장 기대치에 부합하고, 3·4분기에는 북미 서버D램 수요 회복과 낸드 업황 개선에 힘입어 영업이익 1조원을 달성할 것"이라고 예상했다.

그는 "지난 2·4분기 D램과 낸드 출하량은 미·중 무역분쟁에 따른 경기 불확실성 확대에도 불구하고 당초 기대치에 부합할 것으로 예상된다"며 "최근 낮아지고 있는 시장 컨센서스(영업이익 7812억 원)는 소폭 상회할 것"이라고 판단했다.

그러면서 "펀더멘털(기초체력) 대비 낮은 기대치가 형성되기 시작해 현 수준에서의 추가적인 주가 하락은 제한될 것"이라고 덧붙였다.

모 연구원은 서버 D램의 수요가 9개월 만에 회복세에 접어들고 있고, 낸드의 가격이 2년여 만에 상승 반전을 시도할 것이라는 점에 주목해야 한다고 말했다.

그는 "특히 (3·4)분기 초에는 우려 대비 양호한 실적이 나타나며 연초와 같은 주가 상승 흐름이 발생할 가능성이 높아 낮췄던 비중을 재차 확대해야 한다"며 업종 최선호주로 추천했다.

한편 같은 날 나온 정반대의 부정적인 보고서를 보자.

SK하이닉스가 올해 말이면 7년 만의 분기 적자로 돌아설 수 있다는 전망 때문에 비상이 걸렸다. 메모리반도체 가격급락과 반(反)화웨이 사태가 겹친 여파다. 당장 올 2분기 영업이익은 1년 만에 1/10토막 날 위기에 몰렸다.

13일 머니투데이가 최근 한 달 사이 발표된 증권사 12곳의 SK하이닉스 분석보고서를 종합한 결과 2분기 영업이익 평균 전망치는

7640억 원으로 집계됐다. 실적 전망치가 두 달 전보다 4000억 원 가까이, 한 달 전보다 1000억 원 이상 떨어졌다.

현대차증권은 이달 초 보고서에서 2분기 영업이익 전망을 5346억 원까지 낮춰 잡았다. 메리츠종금증권도 6468억 원을 제시했다. 평균 전망치가 7000억 원 대지만 실제 영업이익이 5000억 원대~6000억 원대로 발표돼도 시장 충격이 그리 크지 않을 분위기다.

현대차증권 예상치가 현실이 되면 지난해 2분기(5조5739억 원)와 비교해 SK하이닉스 영업이익이 90% 이상 줄어드는 셈이다. 2016년 3분기 이후 11분기 만에 '1조 클럽(분기 영업이익 1조원 이상)' 자리도 내줘야 한다.

문제는 2분기 실적이 바닥이 아닐 수 있다는 점이다. 하반기에도 실적 하락세가 이어지면서 올 4분기에 7년 만의 적자를 낼 것이라는 관측까지 나온다.

메리츠종금증권 모 연구원은 "SK하이닉스가 올 4분기 영업적자 2776억 원을 시작으로 내년 1, 2분기에도 각각 2951억 원, 1779억 원의 영업손실을 낼 것으로 예상된다"고 밝혔다.

서버D램을 중심으로 지난해 초호황을 이끌었던 아마존·구글 등 클라우드 서비스업체의 수요가 급감한 데다 그동안 쌓인 재고가

좀처럼 해소되지 않아 가격 하락 폭과 기간이 예상 수준을 넘어설 가능성이 높다는 분석이다. 반도체업계에서도 올 상반기 메모리반도체 가격이 바닥을 찍은 뒤 하반기 회복세를 탈 것이라던 이른바 상저하고 전망이 빠르게 힘을 잃고 있다.

미중 무역분쟁으로 격화된 反화웨이 사태는 이런 관측을 더 부채질했다. 시장조사업체 D램익스체인지는 최근 보고서에서 미국 주도의 화웨이 견제 사태까지 겹쳐 D램 고정거래가격이 올 들어 지난달까지 48.3% 떨어진 데 이어 3분기 15%, 4분기 10% 더 떨어질 것으로 전망했다.

SK하이닉스 매출에서 화웨이 비중은 지난해 기준으로 12%에 달하는 것으로 추산된다. 액수로 5조원 규모다. 중국 전체 매출 비중은 절반에 가깝다. 현대차증권 모 연구원은 "3분기 후반부터 화웨이 때문에 업계에 수주절벽 위험이 나타날 가능성이 있다"고 말했다.

주식시장에선 벌써부터 외국계 큰손들의 SK하이닉스 엑소더스 조짐이 보인다. 금융감독원 전자공시에 따르면 미국계 자산운용사 캐피털그룹이 지난 10일 SK하이닉스 주식 499만6784주(0.69%)를 장내매도했다.

이달 들어 외국인 투자자들의 SK하이닉스 순매도 규모는 1046

억 원으로 코스피 상장사 가운데 가장 많다.

위에 나온 두 기사는 2019년 6월 13일 같은 날 나온 완전히 상반된 보고서이다.

투자자 입장에서는 두 정보 중 참고해야 할 정보가 무엇인지 어느 정보가 맞는 것인지 정말 혼란스러울 수밖에 없다. 현재의 시장만큼이나 판단을 내리기 어렵지만 기업 가치에 근거해 본다면 앞으로 동종목이 추가 하락할 가능성은 있다 하더라도 주가가 이미 이런 우려를 반영하여 많이 하락한 만큼 앞으로 하락할 때마다 분할 매수해볼 만한 가치가 충분하다고 판단된다.

필자가 하고 싶은 이야기는 기업가치에 근거해 매수할 가치가 있는지 판단해야지 단기간에 달라지는 보고서를 너무 맹신하지 말라는 것이다. 필자의 경험상 시장 지배력이 있는 기업의 경우 너무 부정적인 뉴스가 쏟아지면 대개 매수시점이었다. 이렇게 부정적이던 기업들의 주가가 오르면 나중에 언제 그랬느냐는 듯 긍정적인 뉴스가 나온다.

또 다른 예를 보자.

'하이트 진로'라는 종목은 2018년 11월 15200원 최저가를 찍으면서 온갖 안 좋은 뉴스가 다 나왔던 종목이다. 필자는 감각적으로 매수 시점이라는 판단이 들었고 추후 종목 뉴스가 어떻게 나왔는지 관찰해보았다.

다음은 최저가를 찍은 약 3개월 후 '하이트 진로'에 대한 2019년 2월 8일 보고서이다.

NH투자증권은 8일 하이트 진로(000080)에 대해 올 한해 수입 맥주 등을 제외한 일반(레귤러) 맥주 판매 부진이 이어질 것으로 전망했다. 투자의견은 보유(Hold)를 유지하고 목표주가는 1만8500원에서 1만8000원으로 2.7%(500원) 하향 조정했다.

NH투자증권 모 연구원은 "하이트 진로의 올해 매출액은 전년 대비 1.4% 증가한 1조9123억 원, 영업이익은 같은 기간 29.9% 증가한 1175억 원으로 추정한다"며 "전년도 기저효과로 영업이익은 증가하지만 수익성 턴어라운드는 제한적일 것"이라고 분석했다.

앞서 하이트 진로는 지난해 4분기 연결기준 매출액이 4717억 원으로 전년 동기 대비 3.2% 증가했지만 영업이익은 176억 원으로 23.7% 감소했다고 공시했다.

모 연구원은 "지난해 4분기 기저효과에도 영업이익이 감소한 것은 마산공장 라인 전환에 따른 고정비 상승효과로 원가율이 증가했기 때문이다"며 "필라이트와 수입 맥주 판매는 각각 전년대비

41%, 25% 늘었지만 레귤러 맥주는 20% 줄어드는 등 감소세가 지속하면서 영업이익이 하락했다"고 분석했다.

모 연구원은 이어 "올해도 비용 증가가 이어질 가능성이 높고 레귤러 맥주의 부진이 예상되므로 보수적인 접근이 필요하다"며 "레귤러 맥주의 구조적 변화가 수반되지 않는 한 의미 있는 실적 개선은 어려울 것으로 판단한다"고 덧붙였다.

이렇게 부정적인 뉴스가 지배했던 하이트 진로는 불과 4개월 후에 주가가 신고가를 경신하고 다음과 같은 보고서가 등장한다.

아래는 하이트 진로에 대한 2019년 6월 12일 보고서이다.

하이트 진로가 신제품 '테라'의 선전으로 주가 상승세를 이어가고 있다. 종량제 도입을 골자로 한 주세법 개정안으로 국산 맥주 역차별 해소 기대감도 주가에 힘을 불어넣고 있다.

12일 오전 11시33분 현재 하이트 진로는 전일 대비 100원(0.46%) 오른 2만1700원에 거래되며 52주 신고가를 경신했다. 장 초반에는 주가가 1% 이상 오르기도 했다.

하이트 진로는 올 들어서만 31.02% 주가가 뛰었고, 격동의 시기를 보냈던 최근 한 달 사이에도 8% 상승했다. 같은 기간 코스피

음식료품 지수는 4.33% 하락했다.

이 같은 주가 상승의 중심에는 신제품 '테라'의 시장 침투력이 큰 역할을 했다. 메리츠종금증권에 따르면 테라의 예상 월 판매량은 △4월 40만 상자 △5월 80만 상자 △6월 100만 상자로 역대 신제품 중 가장 빠른 속도로 입점하고 있다.

메리츠종금증권 모 연구원은 "하이트 진로의 올 예상 매출액은 2분기 250억~300억 원, 3분기 500억~600억 원 수준이 될 것"이라며 "특히 올해 맥주 매출액 중 테라 비중은 20%까지 확대될 것"이라고 전망했다.

특히 내년부터 시행될 예정인 주세 개편안으로 인한 수혜도 기대된다. 개편안은 가격 기준 과세 체제에서 주류의 양이나 주류에 함유된 알코올 분에 비례해 세금을 매기는 내용을 담고 있다.

맥주 주세가 현행 종가세에서 외국과 같은 종량세로 변경되면 수입 맥주의 소비자가격이 올라가고, 결과적으로 수입 맥주가격이 국산보다 더 비싸질 가능성이 크다는 게 전문가들의 분석이다.

한국투자증권 모 연구원은 "수입 맥주회사의 경우 점유율 확대를 위해 현재와 같은 소비자가격을 유지할지도 모른다"면서도 "하지만 이때도 이들 업체의 마진은 줄어들 수밖에 없어 여러 프로모

선 비용이 감소할 확률이 높고, 이는 결국 경쟁 완화로 국내 맥주 사에 도움이 될 것"이라고 전망했다.

여기에 하반기 주요 제품 가격 인상 가능성도 긍정적이다. 심모 하나금융투자 연구원은 "경쟁사의 맥주 가격 인상으로 하이트 진 로 역시 맥주 판가 인상 가능성을 열어둘 수 있다"며 "5월부터 소 주 판가 인상 효과도 실적에 가시화되기 시작하는 등 펀더멘털 회 복이 가시화되고 있는 만큼 매수관점이 유효하다"고 평가했다.

위에서 제시한 두 종목의 뉴스를 통해 우리에게 전달되는 정보 가 얼마나 우리를 혼란스럽게 하는지 알 수 있다.

결론적으로 필자가 말하고자 하는 것은 시중에 흘러나오는 정보 를 너무 신뢰하지 말라는 것이며, 시장 지배력을 갖춘 기업의 주가 가 크게 하락하면서 부정적인 뉴스가 쏟아지면 오히려 매수 시점 이라는 것이다.

7) 최대주주의 지분율이 50% 이상인 종목은 최대주주가 기업의 주인이라는 의식이 강해 주가가 올라도 최대주주가 매도하지 않고 유통 주식수가 적어 주가 상승 탄력이 크다. 따라서 최대주주 지 분이 많은 기업에 투자하는 것이 좋다.

특히 KOSDAQ에서 최대주주 및 특수 관계인 지분이 너무 적은 곳은 횡령 배임을 포함하여 돌발 악재가 나올 가망성이 늘 상존하므로 투자할 때 신중해야 한다.

8) 잘 아는 종목, 오랜 기간 주가의 흐름과 기업 내용을 관찰한 종목만 매매한다.

사실 내가 잘 아는 종목 20~30개만 평생 매매해도 큰 수익을 올릴 수 있다. 워런 버핏은 자기가 잘 아는 종목만 투자했다. 단기 투자로 큰돈을 벌었던 '제럴드 로브'도 자기가 잘 아는 종목만 매매했다고 한다. 필자도 21년간 매매한 종목이 100종목 정도 된다. (18년간 매매한 종목은 50여 종목 되는데 최근 스윙을 가미한 중기 투자를 하면서 2년 7개월 동안 매매한 종목이 매우 많아졌다) 되도록 모르는 종목은 투자에 신중해야 하고 특히 주가가 급등한 종목에 따라붙는 것은 정말 조심해야 한다.

9) 최소한 20일 MA(이동평균선)가 60일 MA(이동평균선)를 골든 크로스 한 종목을 매수한다. 주가는 추세에 따라 관성을 유지하기 때문이다. 하지만, 이러한 원칙을 지킨다고 해도 약세장에서는 주가가 다시 하락하는 경우가 비일비재하다. 역배열 종목을 사지 말라고 하는데 만일 진정한 가치가 있는 종목이면서 주가가 충분히 싸다는 판단이 든다면 역배열이더라도 장기간 분할 매수하는 것은 나쁜 전략이 아니다.

10) 테마주는 실적과 관계없이 기대감으로만 올라간다. 그 테마가 이슈화될 것을 미리 알고 선취매하는 경우나 바닥에서 첫 장대

양봉이 난 후 주가가 크게 조정 받아 가격 메리트가 생긴 경우를 제외하고는 절대 추격 매수하지 않는다.

11) 급등주는 초기 급등 후 눌림을 주거나 신고가를 돌파하는 시점에 매입한다.

신고가를 돌파하는 종목은 매물이 없어서 추가 급등할 가망성이 높지만 반대로 고점에 물릴 가망성도 있으므로 신중히 투자하는 것이 좋다. 필자는 바닥에서 거래량 급증과 더불어 첫 장대양봉을 낸 종목이 절반 정도 조정을 받을 때만 매수한다. 신고가 돌파 종목이나 상한가 갔던 종목을 바로 따라붙어 가슴을 쓸어내린 경험은 없다. 신고가를 낸 종목이나 상한가 갔던 종목의 주가가 더 갈 확률이 훨씬 높지만 떨어질 위험도 상존하고 있다. 위험을 무릅쓰지 않으려면 아예 쳐다보지 않는 것이 좋다.

12) 미수와 신용 혹은 스탁론은 절대 쓰지 않고 내 돈으로만 투자한다. 스탁론이나 증권사 주식 담보 대출을 쓰다가 깡통 계좌되는 경우가 종종 있다. 잃은 돈을 되찾거나 빨리 돈 벌고 싶어서 남의 돈을 빌려 투자하면 약세장에서 깡통 찰 가망성이 아주 높다. 안타깝게도 필자 주변에 반대매매를 통해 큰 손해를 입은 사람들도 여럿 있었다.

13) 재무 위험이 있는 종목(부채비율 100% 이상, 유동비율 100% 이하, 유보율 500% 이하, 2년 이상 연속 적자 기업)과 관리종목 등은 될 수

있으면 사지 않는다.

14) 꼭대기에서 매도하는 것은 신의 영역이다. 욕심을 버리고 자기가 정한 목표가에 도달하면 분할 매도하라. 목표가를 지나치게 높게 설정하면 오히려 화를 부른다.

15) 이미 소문난 종목은 먹을 것이 없고 상투 잡을 가능성이 있다. 저평가 우량주이면서 시장에서 소외되고 있는 종목에 주목하라.

16) 추가 매수할 현금을 30% 정도는 가지고 있어야 예상보다 주가가 더 하락할 때 적절히 대응할 수 있다. 투자금 전체를 다 쓰지 말라는 것이다.

17) 관심 종목의 PBR, PER, ROE, 유보율, EV/EBITDA, 부채비율, 당좌비율, BW, CB 발행 여부, 유상증자, 감자 여부 등을 반드시 확인한다.

18) 기술적 분석은 참고자료로만 활용한다. 기술적 분석이 책에서 배운 대로 된다면 아마 캔들, 이동평균선, 거래량 그리고 보조지표를 활용하여 큰돈 번 사람들이 부지기수로 나왔을 것이다. 물론 기술적 분석이 상당히 유용할 때도 있다. 하지만 반드시 그렇게 되는 것이 아니다. 오히려 세력들이 누구나 공부하는 기술적 이론

을 이용해 개미들에게 투매를 유도하는 사례가 종종 있다. 따라서 기본적 분석과 기술적 분석을 적절히 활용하여 조금 긴 호흡으로 투자한다면 훨씬 승률 높은 투자를 할 수 있을 것이다. 주가가 어떻게 될지는 오직 신만이 아신다.

19) 단기 매매, 특히 초단타는 돈을 날릴 확률이 아주 높다. 주가의 상승 하락 여부 판단이 매우 어렵기 때문이다. 설령, 초기에 몇 번 돈을 벌다가도 나중에 크게 잃을 가능성이 아주 크다.

20) 아무리 투자 기법이 훌륭해도 결국은 탐욕과 공포를 잘 다스려야 수익을 낼 수 있다. 남들이 저 주식 다 오른다고 열광할 때 매도하고 주가가 더 내려간다고 안 좋은 소식만 들려오면 시장 지배력이 있는 기업의 경우에는 오히려 매수 시기이다.

21) 주식 매수 시기는 일반적으로 1분기가 좋다. 1분기 중에서도 1월, 2월이 좋다.
한국 주식시장은 과거의 흐름을 볼 때 1분기 약세, 2분기~3분기 강세, 4분기 약세의 흐름을 보인 경우가 비교적 많았으므로 이러한 주기적 흐름은 참고할 만하다.

22) 경제적 지식이나 회계학 지식은 좋은 주식을 고르는 데 필요하지만, 필수적인 것을 알면 된다. 다만, 행동경제학이나 주식 거장들의 투자 철학 회계지식은 깊이 공부하면 투자에 많은 도움이

된다.

23) 단기 투자를 하지 말라는 것은 아니지만 중장기 투자보다 수익 내기가 훨씬 어렵다. 꼭 해야 한다면 50%(중장기 투자), 20%(단기 투자), 30% 현금으로 비중을 나누어 투자하라. 필자는 중장기 투자에 70~80%, 현금 비중 20~30%를 가지고 있는 경우도 좋다고 생각한다. 단기 투자는 정말 자신이 있는 경우에만 권한다. 필자는 현재 투자금 일부를 가지고 2년 7개월째 단기 투자를 실험하고 있는데 결과는 폭락 장임에도 아주 좋다.

24) 주식투자를 시작하기 전에 6개월간 주식투자 이론에 대해 철저히 배우고 투자하라. 실전 매매를 하는 동안 투자 원칙, 투자 철학, 심리를 다스리는 법에 관한 책을 틈나는 대로 읽어라. 워런 버핏의 성공 원인 중 가장 큰 것은 그가 어렸을 때부터 독서습관을 가졌다는 점이다. 필자도 시간만 나면 책을 읽고 성공한 투자자들의 지혜를 배우고 있다. 최소한 일주일에 한 권은 읽어야 한다.

25) 가치주(저PBR, 시가배당률 높은 것),성장주(저PER, PEG, GYP비율 2이상) 테마주(정부 정책이나 뉴스에서 집중적으로 육성한다고 하는 것 혹은 시장에 이슈화된 것), 계절주(HTS 참조) 등의 구체적인 투자 전략을 세워봐라.

26) 박스권에서 움직이는 대형주를 오랜 기간 관찰하고 볼린저

밴드를 이용하여 안정적인 이익을 낼 수 있다. 박스권에 갇힌 대형주를 매수와 매도를 반복하면서 안정적인 이익을 낼 수 있다. (뒤에 박스권 매매 참조)

27) 코스닥에 투자할 때는 기업 내용은 양호하지만 저평가된 종목 중에서 상장 주식 수가 많지 않고 최대주주 지분이 안정적인 종목을 골라라. 횡보하거나 저점에서 기고 있는 종목을 잡아야 한다. 최대주주 지분은 40% 이상이면 좋다.

상장 주식 수가 적거나 유통 주식 수가 적으면 유동성에 문제가 있기는 하지만 상승할 경우 상승 탄력이 크다.

필자도 최대주주 지분이 70%나 되는 종목에 투자한 적이 있다. 많은 물량을 들고 있어서 잘 팔 수 있을까 걱정했지만 상승할 때 엄청난 매수세가 들어와 단번에 다 매도할 수 있었다.

28) 결국 투자 수익을 높이기 위해서는 자산가치 대비 저평가 종목이면서 주가 상승 모멘텀이 있어야 한다. 저PBR 주이면서 실적 개선이나 다른 모멘텀이 있다면 주가는 크게 상승할 것이다.

29) 투자 수익률을 높이려거든 공부하라. 앞에서도 언급했지만 한 달에 최소한 4권 이상의 책을 읽어라.

결국, 투자 수익률은 당신의 공부 시간에 비례할 수 있다. 다만,

기술적 분석에 관련된 공부는 기본적인 것만 해라. '워런 버핏'이 차트를 연구해서 아니면 거래량 분석을 잘해서 이동평균선 매매를 잘해서 세계 1~4위를 드나드는 엄청난 부호가 된 것이 아니다.

경제 TV 방송들을 보면 소위 전문가라는 사람들이 나와 기술적 분석만 하면서 쉽게 목표주가와 손절가를 말하고 있다. 차트를 보고 그렇게 주가를 잘 예측할 수 있다면 선물에 투자하면 큰돈을 벌 텐데 그들은 왜 주식투자를 하는 것일까? 주식투자로 큰 수익을 내려면 기술적 분석도 해야겠지만 무엇보다 기업 가치 분석에 관한 공부를 열심히 하고 투자자의 심리를 연구해야 한다.

30) 오프라인 모임에 나가라. 오프라인 투자 모임에 나가면 나보다 고수들이 많다. 물론 그 고수라는 사람들에게 잘못 배울 가능성도 있지만 바르게 투자하는 사람들과 친하게 지내면서 투자 기법과 투자 철학을 배워야 잘못된 투자 방식에 대해 반성할 수 있는 기회를 가질 수 있다. 손해를 크게 본 사람은 주식투자의 지나친 폐쇄성으로 인해 자기만의 잘못된 매매 방식과 잘못된 투자 철학을 가지고 있을 가능성이 매우 크다. 요즘에는 인터넷 주식 카페들이 무척 활성화되어 있지만 글로만 소통하다 보니 정말 상대방 글이 옳은 투자 방식인지 여러모로 소통에 제약을 받는다. 열린 생각을 가지고 다른 투자자들의 투자 경험이나 투자 철학을 직접 들어 보는 것은 주식투자 성공에 많은 도움이 된다.

31) 대형주에 투자할 것인지 소형주에 투자할 것인지를 자신의

매매 스타일과 자금 사정을 고려하여 정하라, 대형주는 대세 상승 장일 때 아주 유리하며 주가 움직임이 안정적이다. 게다가 재무 위험이 상대적으로 작으므로 안심하고 투자할 수 있다.

투자 자금이 많다면 아무래도 대형주에 투자하는 것이 안전한 투자일 것이다.

반면 소형주는 상승할 때 탄력이 크고 하락할 때 하락 탄력도 크다. 아울러 재무 구조가 취약하고 대형주보다 상대적으로 얻을 수 있는 정보가 제한되어 있다. 하지만 한국과 미국 주식 시장을 연구한 보고서에 따르면 소형주가 대형주보다 수익률이 높다는 연구가 있다.

대형주는 증권사 애널리스트들이 커버링(covering)하기 때문에 기업 정보가 알려져 저평가된 주식이 비교적 적지만 코스닥의 경우 회사 정보를 잘 알 수가 없으므로 저평가 종목이 많다.

이번에 시행된 '외부감사법'은 주식 시장에 상장한 종목들의 재무 투명성을 더욱 높여 줄 것이라 기대하고 있다. 필자의 경우는 대형주 소형주 가리지 않고 재무구조가 탄탄하고 은행이자 이상 배당을 주면서 저평가된 종목에 투자한다.

32) 중소형주의 경우 외국인 기관이 지분을 많이 가지고 있는 종목은 되도록 투자하지 마라. 외국인과 기관이 지분을 많이 가지

고 있다는 것은 그만큼 좋은 종목일 수 있지만, 필자의 경험으로는 기관이나 외국인이 지분을 많이 가지고 있으면 다른 세력들이 들어오기를 꺼려 주가가 지지부진한 경우가 많다. 물론 그런 종목이 나쁜 종목이라는 것은 아니다. 주가 상승이 더디고 지지부진한 경험이 많았다는 것이다. 소형주에 투자할 때는 외국인이나 기관의 지분율이 낮고 지금은 아무도 관심을 두지 않으며 거래가 별로 없는 조용한 종목에 투자하고 기다리는 것이 낫다.

33) 매수/매도 시점 파악은 아래를 참고하라.

(1) 일반적으로 다음의 경우가 매수 시점이다.

① 주가가 완만하게 하락하면서 거래량이 줄다가 거래량이 크게 늘어나는 경우

② 중요한 전환선(저항선)을 돌파하거나 신고가를 경신하는 경우

③ 큰 악재가 나와도 주가가 더 내리지 않는 경우

④ PBR(자산가치)에 비해 지나치게 주가가 낮고 실적 개선이 예상되는 경우
다만, 아예 저PBR 종목들은 5~10년 간 해당 종목이 움직인 PBR 밴드를 보고 판단한다. 예를 들어 해당 종목이 PBR 0.3~0.7까지

움직였고 현재 주가의 PBR이 0.3이면 저평가로 판단할 수 있다는 것이다. PBR 1 이하이면 저평가이지만 안 오르는 종목들이 많다. 성장성이 떨어지는 업종의 경우 저 PBR 주식이 많다.

⑤ 순이익과 매출액이 동시에 늘어나는 경우

⑥ 기관의 보유 비중이 작은데 긍정적인 분석 보고서가 나오는 경우

⑦ 회사의 내부자들이 자기 주식을 매수하는 경우와 기업이 자사주를 매입하는 경우 혹은 자사주 매입 후 소각하는 경우, 오랜 기간 시장에서 소외된 기업이 거래량이 크게 늘어나는 경우

⑧ 5일 MA(이동평균선)가 20일 MA(이동평균선)를 골든 크로스 한 경우, 20일 MA(이동평균선)가 60일 MA(이동평균선)를 골든 크로스 한 경우

⑨ 신기술 개발 특허, 경영권 분쟁, 외자 유치, 외국인의 대량 매수 뉴스가 나올 경우

(2) 반대로 이런 경우는 매도해야 할 시점이다.

횡령, 대형 계약의 해지. 노사 분규, 감자, M&A 실패. 대주주 매

도 공시나 뉴스가 나오는 경우, 거래량이 동반되면서 장대 음봉이
나왔을 때는 매도해야 한다.

34) 파레토의 법칙(Pareto's principle)과 롱테일(Long tail principle)
법칙

상위 매출 20% 차지하는 상품이 전체 매출의 80%를 차지하기
때문에 큰 매출을 차지하는 상품에 대한 마케팅을 강화해서 전체
적인 이익을 얻는 것을 파레토의 법칙이라고 한다. 이탈리아 경제
학자인 파레토의(Vilfredo Pareto) 이름을 따서 파레토의 법칙이라
고 하는데 80:20 법칙 혹은 2:8 법칙이라고도 한다. 전체의 매출
80%를 차지하는 소수가 20%밖에 차지하지 않는 다수보다 더 중
요하다는 법칙이다.

하지만 인터넷 시대가 시작되면서 단기적으로는 적은 매출이
지만 장기적으로는 기업 매출에 큰 도움이 되는 롱테일(Long tail
principle)법칙이 등장했다. '크리스 앤더슨'이 이 용어를 처음으로
사용하였다. 파레토의 법칙을 주식 시장에 응용해 본다면 내가 투
자한 종목이 전부 상승한다면 좋겠지만 현실적으로 불가능한 일
이기 때문에 소수의 종목이 전체 이익의 80%를 차지하는 효자 종
목이어야 하고, 나머지 종목들은 크게 문제 되지 않는 종목이어야
한다.

필자의 경험으로도 2~5개 종목을 투자하면 그중 1~2개 종목이

크게 이익이 나서 나머지 마이너스 수익률 나는 종목을 커버하면서 전체적으로는 이익이 발생했었다. 아울러 이익이 난 종목을 매도한 후에 현금을 확보하고 기존에 마이너스 수익률을 기록한 종목의 평균단가를 더 낮추어 나중에 전부 이익을 내고 나올 수 있었다. 상승할 것으로 확신이 드는 종목에 비중을 많이 담아라.

▶ 실험을 통해 보고된 유의미한 매매 전략

지금부터는 구체적인 종목 선택 요령에 대해 알아보자. 아래에 기술한 매매 전략은 어느 정도 실험을 통해 검증된 매매 전략들이다. 보고서와 책을 참고하여 필자가 정리해 보았다. 독자 여러분들도 매매 전략에 참고하시기 바란다.

1) 상장 폐지 위험이 없는 종목 중 그해에 가장 많이 하락한 종목을 매수하여 장기간 보유하는 전략

노벨상을 받은 '리차드 탈러'는 미국 주식 시장에서 50여 년 동안 가장 많이 하락한 종목을 매수하고 수년 간 보유하면 시장 수익률을 초과하는 이익을 올렸다는 논문을 발표한 적이 있다. 이는 우리가 알고 있는 투자 상식과는 상당히 다른 결과이다. 결국, 필자는 이런 결과를 보면서 어떤 기업이든 망하지 않는 이상 상승과 하락을 반복한다는 것을 깨닫게 되었다. 아울러 추세를 추종하여 매매하는 이른바 '추세추종 매매' 전략이 늘 옳은 것만은 아니라는 사실을 깨닫게 되었다.

2) 저PER, 저PBR 종목 중 가격대가 낮은 종목에 투자하는 전략

저PER, 저PBR 종목 중 가격대가 낮은 종목에 투자하는 전략은 수익률이 가장 높다는 연구 결과가 있다. '주식 시장을 이긴 전략들, 도서출판 ONE, 박상우 저'에 따르면 9년간 PER, PBR, PSR의 가치 지표를 이용하여 투자 수익률을 테스트하였는데 저PER, 저PBR, 저PSR 순으로 수익률이 나왔다고 한다. 그중에서도 저PER 소형주에 투자할 경우 가장 높은 수익률을 보였다고 적고 있다. 아무래도 가격대가 낮은 종목의 경우 변동성이 훨씬 크기 때문에 가장 높은 수익률이 나오지 않았을까 생각한다.

3) 마법 공식으로 투자하는 것이 시장 대비 탁월한 수익률을 올릴 수 있다는 연구 보고가 있다.

마법공식은 '조엘 그린블라트(Joel Greenblatt)'가 소개한 매매 전략으로 우선 시총이 큰 규모로 나열한 후에 저PER 및 고ROE 순으로 나열하여 순위를 매긴 다음 상위 30개 종목을 매수한다. 이때 매수는 분할 매수로 진행한다. 마지막으로 1년 간 보유하고 있던 종목을 다 매도한 다음에 그 당시의 저PER 및 고ROE 순으로 다시 나열한 다음 같은 과정을 반복하는 투자 전략이다. '그린블라트가 이런 방식으로 무려 22년 동안 투자하여 연평균 23.8 %의 수익률을 올렸다고 한다. 다음에 등장하는 표는 필자가 이 글을 쓰고 있는 시점에 마법 공식에 맞는 고ROE+저PER 종목이다.

[표] 고ROE-저PER 30선

(단위: 원, 배)

번호	종목명	주가	PER	ROE
1	티에이치엔	4,450	4.5	33.7%
2	비덴트	8,300	3.9	25.1%
3	보령메디앙스	7,720	4.6	28.7%
4	동양피엔에프	9,330	4.9	35.0%
5	도이치모터스	8,010	4.1	23.6%
6	상상인	12,100	5.0	28.2%
7	신세계	247,000	3.1	19.5%
8	휴니드	7,370	4.2	21.4%
9	STX엔진	7,900	3.9	19.5%
10	신대양제지	68,600	3.7	19.1%
11	프로텍	18,050	4.5	21.9%
12	한양이엔지	12,200	3.8	18.2%
13	금양	2,150	5.0	23.0%
14	동원개발	4,250	3.0	17.4%
15	월덱스	6,740	5.4	25.2%
16	디오스텍	718	5.1	23.3%
17	우원개발	4,270	4.8	20.1%
18	동부건설	9,000	3.0	16.6%
19	한국토지신탁	2,120	3.7	16.9%
20	비에이치	16,150	6.5	35.8%
21	한미글로벌	9,110	4.7	18.2%
22	부광약품	13,950	6.8	40.0%
23	세하	1,575	6.1	25.2%
24	신원종합개발	4,200	3.3	15.9%
25	오션브릿지	10,100	6.4	27.1%
26	웰크론한텍	2,055	3.8	16.0%
27	이즈미디어	5,610	5.2	18.3%
28	현대통신	8,020	5.0	17.3%
29	효성	88,600	4.7	16.2%
30	SK하이닉스	83,100	6.2	20.4%

* 2019년 2분기 연환산(최근 4개 분기 합산) 실적, 9월 10일 종가 기준

2019년 9월 둘째 주 고ROE+저PER 주, 출처-아이투자 닷컴

4) 적립식 매매전략

적립식 매매전략은 일정한 날이나 기간을 정해 놓고 적립식으로 매수해 나가는 전략으로 특히 장기적 관점에서 수익률이 높다고 보고된 바 있다. 적립식 매매 전략에는 같은 금액을 일정한 날에 적립하는 DCA(Dollar Cost Average) 방식과 정한 날에 평가 금액을 일정하게 맞추는 VA(Value Average) 방식이 있다.

DCA 방식이란 매달 혹은 일정한 날에 같은 금액으로 계속 매수하는 방식을 말한다. 가장 널리 사용되는 매매 전략인데 한 번에 매수했을 때 고점에서 사는 것을 방지하고 궁극적으로는 평균가로 매입하게 되는 효과가 있다는 것이다. 물론 단점도 있다. 만일 강세장에서만 매수한다든지 약세장에서만 산다면 이익이 줄어들거나 단기적으로는 손해가 클 것이므로 가장 수익률이 높아지려면 상식적으로 약세장에서 적립식으로 매수하여 주가가 회복될 때까지 장기적으로 기다리는 매매 전략을 써야 한다.

한편, VA 전략의 매매 방식은 첫 달에 100만 원을 매수하고 두 번째 달에 주가가 더 떨어져 평가 금액이 90만 원이 된다면 그 다음 달에 110만 원을 매수하여 평가금액을 200만 원으로 맞춘다. 세 번째 달에 100만 원을 매수하는데 주가가 상승하여 350만 원이 되었다면 상승한 만큼인 50만 원은 매도하여 다시 300만 원으로 맞춰가는 전략을 말한다. 단순히 매입하여 보유하거나 위에서 말한 일정 금액을 적립식으로 투자하는 DCA 방식보다도 높은 수익률이 있었다는 실험 결과가 보고되었다.

CHAPTER 2.

실전투자 하기

지금까지 Chapter 1.에서는 주식투자와 관련
하여 꼭 알아야 할 기본적 지식에 대해 공부해 보았다. "그 까짓
지식을 알아서 무슨 소용이 있느냐?" "차트만 보고 매매하면 된
다." "앞에서 배운 이론이 실전과 어떤 관련이 있는지 잘 모르겠다."
라고 말하는 사람들이 있을 것이다. "이론은 이론일 뿐이고 실제
로 투자해서 이익을 내는 것이 중요하지 지식과 실전 투자는 별개
가 아니냐?"라고 생각하는 사람들도 있을 것이다. 그들의 주장은
이론 고수와 실전 고수는 다르다는 것이다.

　과연 그럴까? 과연 실전 고수들은 필자가 1장에서 적은 기본적
인 이론이 습득되어 있지 않은 사람들일까? 최근 뉴스에 '워런버핏'
이 주식투자 거장이 된 배경에는 그의 독서습관이 큰 역할을 했다
는 보도가 있었다. '워런버핏'에게 누가 실전 매매법을 강의해 준 것
일까? 아니면 수많은 이론 서적을 읽고 그 서적에서 교훈을 얻어
투자 원칙을 세우는 데 참고하였고 그것을 자기만의 매매 기법으
로 적용하여 발전시킨 결과 그렇게 큰 이익을 낸 것일까? 아마 후

자일 것이다. 남자들은 군 생활을 한 적이 있겠지만 군에서 교육할 때는 야전 교범인 FM(Field Manual)을 가지고 교육을 한다. 필자는 군 생활 중 교관이 야전 교범을 가지고 강의할 때 따분하게 여긴 적이 있지만 그런 이론을 만들어 놓고 가르치는 데에는 다 이유가 있는 것이다. 이론을 제대로 알아야 실전 투자에 적용할 수 있고 위험 자산인 주식투자에서 리스크를 hedge 하거나 분산하여 성공 투자를 할 수 있는 것이다.

필자는 이론과 실전이 따로 놀지 않는 실전 매매법을 가르쳐 드려야 할 2장에 무슨 내용을 적을까 고민이 많았다. 2장에서는 '이론과 실전이 따로 놀지 않은 매매법'에 초점을 맞추어 필자의 경험상 안전성이 높으면서도 매매 성공률이 높은 매매법만 다루려고 한다. 시중에 나와 있는 주식 관련 서적을 읽어 보면 별의별 매매 기법이 다 나와 있다. 하지만 100% 안전한 투자 기법은 절대로 존재하지 않는다. 그리고 매매 기법이라는 것이 아무리 글로 적어도 실제 적용할 때 조건이 조금만 달라지면 실패할 수도 있으므로 성공한 사람들에게 직접 배우지 않으면 실전 매매가 왜곡되어 실패할 가능성이 얼마든지 있다. 주식투자는 백번을 잘하다가도 단 한번 잘못하면 투자 금액 전액을 날릴 수도 있으므로 여러 매매 기법 중 필자의 경험상 비교적 안전한 것만 다루려고 한다. 근본적으로 주식투자는 매매기술로 돈을 버는 것이 아니라 매매 철학으로 이익을 내는 것임을 명심하셨으면 좋겠다.

필자도 수많은 매매 기법을 담은 책을 읽어 보았지만 한마디로 100% 수익 내는 매매 기법은 없다. 모든 매매 기법에는 이득을 내기 위한 까다로운 매매 조건과 생각지 못한 위험이 늘 도사리고 있다. 따라서 섣불리 따라 했다가는 큰 손실을 보기 쉽다.

여기서 소개하는 매매 기법도 100% 안전한 것이 절대 아니다. 그렇다 하더라도 경험상 20년 이상 직접 투자 하면서 확신하는 승률 80% 이상의 매매 기법은 존재한다. 개인 투자자들이 서로 이득을 내는 방법이 다를 수 있지만, 보편적으로 이득을 낼 가능성이 큰 기법을 아래에 소개하고자 한다. 독자들께서는 모든 주식 관련 책에 나와있는 기법을 그대로 적용하지 말고 승률 높은 기법을 연구하고 자기만의 방식으로 변형하여 실전에 적용해 보시기를 권해 드린다.

아래에 소개하는 매매 기법 말고도 사실 '상한가 따라잡기(상한가 간 종목은 다음날 주가가 갭 상승할 가능성이 아주 크므로 이것을 이용하여 상한가 갔던 종목에 따라붙어 투자하는 방법)'나 비교적 안전한 외국인이나 기관이 매수하는 종목에 따라서 투자하는 '그림자 매매법' 등도 있으나 상한가 따라잡기는 주가의 상승 하락 폭이 30%로 확대되면서 잘못 판단하면 위험이 훨씬 크고 그림자 매매법도 기관 외국인의 매수가 지속적이지 않아 변동성이 크고 외국인이나 기관도 물려 있는 종목이 적지 않다는 점에서 필자는 별로 매력을 못 느끼고 있다. 따라서 2장에서는 필자가 경험한 비교적 안전한 매매법을 위주로 소개하고자 한다.

가장 안전한 매매법은 지금까지 공부해 온 저평가 우량주 중에 실적 개선이나 주가 상승 촉매(모멘텀)가 있는 종목을 장기 보유하는 것이다. 단기에는 주가가 하락할 수 있지만 장기적으로 보면 결국은 기업 가치에 주가가 수렴하기 때문이다. 필자는 가치 투자를 오랫동안 실천해왔다. 하지만 하락장이나 박스권 장세에 투자금이 묶여 있는 단점을 극복하지 못해서 2년 6개월 이상 전부터 가치 투자에 기반을 둔 단기 투자를 실험하고 있는데 상당히 좋은 결과를 내고 있다. 단기 투자를 하든 장기 투자를 하든 기업 가치에 기반을 둔 투자는 늘 투자자들을 실망하게 하지 않을 것이다. 장기 투자만 고집할 필요도 없고 단기 투자만 고집할 필요도 없이 시장의 환경과 개별 기업의 상황에 맞는 전천후 투자를 해야 투자의 효율을 높일 수 있다. 하지만 단기 투자를 어려워하는 투자자들은 굳이 단기 투자에 도전하여 손실을 볼 필요는 없다. 그렇다면 가치에 기반을 둔 장기 투자를 하면 될 것이다. 어떤 방식이든 자기가 자신 있는 투자 방식을 통해 경제적 자유를 찾으면 된다. 여하튼 필자의 경험을 담은 아래의 매매 기법을 잘 참고해 보시기 바란다.

1. 박스권 종목 대형주 단기 투자하기

필자는 투자 비중의 100%를 저평가 우량주에만 장기 투자하다가 요즘은 전체 투자 가능 금액의 일부를 일반적으로 알려진 단기 투자 기간보다 더 길게 보는 스윙(swing-그네처럼 왔다 갔다 하면서 밑에서 사고 위에서 파는 것을 비유해서 생긴 말)으로 투자하고 있다. 스윙 투자는 매수 후 해당 종목의 주가 변동 상황에 따라 2~3일 혹은 몇 주 이내에 매도하는 방법이지만 필자는 좀 더 안전한 투자법을 고민하면서 종목과 시장의 상황에 따라 수개월 혹은 1년 이상까지도 기다리는 약간 융통성 있는 스윙 투자를 하고 있다. 쉽게 말해 기업 가치에 근거해 종목을 선정하고 기간의 제한을 두지 않는 투자를 하고 있다.

필자는 비중의 100%를 스윙 투자하기로 결정하면서 비교적 안전한 종목을 먼저 선정하였고 하루 주가 변동성이 크지 않은 종목(하루 주가 변동성이 1~3% 이내에 움직이는 종목)을 찾다가 기업은행과 KT, KT&G에 주목하게 되었다. 남들은 이 종목들이 정말 움직이지 않는 종목이라 투자에 부적합하다고 이야기할지 모르지만, 필자는 안전성이 먼저 담보되면서 단기에 약간의 수익을 지속해서 얻는 것이 목표였으므로 이 세 종목은 정말 투자하기에 좋은 종목이라는 판단이 들었다. 단 이 종목들이 박스권에서 왔다 갔다 하기 위해서는 각 종목에 특별한 악재가 있어서는 안 된다. 박스권이 깨져 버리기 때문이다.

　물론, 이 세 종목 말고도 박스권에 갇혀 있고 주가 변동성이 작은 종목은 모두 이런 매매 기법을 적용하여 단기에 조그마한 수익을 낼 수 있을 것이다. 하지만 조그마한 수익도 모이면 큰 수익이 된다. 이 종목 말고도 잘 찾아보면 박스권에 갇힌 종목들이 시장 상황과는 관계없이 항상 존재한다. 따라서 독자 여러분께서는 주가 변동성이 크지 않으면서 박스권에 갇힌 종목이나 박스권에 갇혀 있다가 상승 추세로 방향을 돌리는 종목을 찾아 투자하신다면 안정적인 이익을 거둘 수 있다.

기업은행의 월봉 차트

　위의 그림에서 기업은행의 월봉 차트를 볼 수 있는데 독자 여러분도 느끼겠지만 기업은행의 주가는 수년간 11000원에서 17000원 사이를 왔다 갔다 하면서 box권에 갇힌 모습을 볼 수가 있다. 따라서 데이트레이딩 투자 종목으로 안전하다는 판단을 하고 이 종목에 투자하기로 하였다.

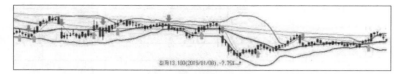

기업은행의 일봉 차트, 볼린저 밴드 및 파라볼릭 신호

그림은 기업은행의 일봉 차트이다. 앞에서 배운 보조지표 볼린저 밴드와 파라볼릭 매수와 매도 신호를 적용하여 단기 매수 매도 시점 파악에 도움을 받고 있다. 일봉의 캔들 크기를 보면 캔들의 크기가 아주 작다. 이것은 하루에 주가가 움직이는 변동 폭이 아주 작다는 뜻이며 지속해서 수익을 내기에 양호한 조건이라는 것을 의미한다.

그림을 보면 12월 말에서 1월 초에 주가가 크게 하락했는데 그 이유는 기업은행이 4% 넘는 배당을 주기 때문에 연말에 배당을 노리고 들어온 세력들이 배당을 챙기고 매도했고 기관과 외국인들이 배당락 이후 공매도로 주가를 하락시켰기 때문이다. 그것을 빼면 주가의 흐름이 대단히 안정적인 것을 볼 수 있다. 그리고 이 책을 쓰고 있는 순간에 글로벌 저금리 환경으로 인해 주가가 1만2천 원 대로 하락했는데 배당금 5% 정도를 생각하면 단기 박스권 투자가 아니고 중장기 투자도 충분히 가능할 것으로 생각된다.

구체적인 투자법을 알아보자.

기업은행 현재가 호가창

그림에서 기업은행의 호가창을 보면 오늘 하루 주가는 14150원에서 14300원까지 움직였었다. 박스권에 갇힌 대형주에 데이트레이딩 혹은 스윙매매로 투자하려면 전날 HTS나 MTS로 미리 예약 매수 매도 주문을 걸어 놓아야 한다. 투자 비중은 전체 비중의 20%나 30%가 적당하다.

구체적으로 말하면 전체 비중 중에서 20%를 투자한다면 20% 중에 3분의 1을 전날 종가보다 50원 낮은 금액부터 2% 변동 폭에 걸쳐 매수 주문을 위에서부터 아래로 차례로 내야 한다. 쉽게 말해 나의 전체 투자 금액이 천만 원이라면 200만 원을 3등분한 70만 원을 가지고 그 전날 종가를 기준으로 2% 하락을 예상하면서 매수 주문을 내야 한다. 즉 그림에서 보면 14300원에서 14050원까지 매수 주문을 걸어 놓는 것이다.

이때 주의할 점은 하단으로 내려갈수록 매수 수량이 점점 커져야 한다. 예를 들면 14300원에 10주라면 14250원은 20주, 그리고 14050원에는 수량을 훨씬 더 늘리는 것이다. 이렇게 주문을 내서 체결된다면 평균단가는 14100원이나 그보다 약간 위가 될 것이다. 물론 하락에 베팅하고 매수 주문을 내는 것이기 때문에 주가가 상승할 경우 매수주문이 아예 체결이 안 될 수도 있다. 그럴 때는 그냥 넘기고 그것만 매도하면 되지만 필자가 경험한 바로는 20일 영업일 기준으로 체결이 안 되는 날은 손에 꼽을 정도였다. 만일 주가가 상승 추세에 있으면 약간 더 상승 쪽으로 베팅하면 되고 하락하면 좀 더 보수적으로 주문을 내면 된다. 즉 그날 장 전체 시황에 따라 유연하게 대처하면 된다. 만일 자신이 생기면 투자 비중 20~30%의 절반을 첫날 투자해도 된다. 즉 100만 원을 가지고 이런 식으로 매수 주문을 내면 된다는 것이다. 만일 이것이 어렵다면 볼린저 밴드의 도움을 받아도 된다. 상승장에서는 중심선 부근에서 매수하여 조금 이득이 나면 매도하고 하락 장에서는 밴드 하단 부에서 매수하여 조금 상승했을 때 매도하면 된다.

그런데 이렇게 매수 체결이 되어도 그 다음날 주가가 반등하지 않는 경우도 있다. 그리고 그날 주가가 -2%까지 내려가지 않고 매수 체결이 되는 경우도 많다. 만일 주가가 그 다음날 반등하지 않는다면 투자 금액의 나머지 3분의 2 중에서 3분의 1을 더 사용하여 동일한 방법으로 주문하면 된다. 그렇게 되면 금액은 더 커지고 보유 수량은 더 많아질 것이다.

그림에서 볼 수 있듯이 배당락의 경우가 아니라면 이 종목의 주가는 며칠 기다리면 반드시 반등했다. 아니 당일 매수하고 당일에 반등하는 경우도 허다했다. 전체 금액 200만 원을 3등분으로 쪼개는 것은 주가가 더 하락할 경우를 대비한 것이다. 기대 수익률이 크지는 않지만 투자 금액이 커진다면 지속적으로 수익을 낼 수 있고 총액으로는 상당히 큰 이익을 낼 수가 있다.

KT의 월봉 차트

위 그림은 KT의 월봉 차트이다. 역시 이 종목도 수년 간 박스권에서 주가가 움직인 것을 볼 수 있다. 주가가 2만 원대와 3만 원대 사이에서 움직이기 때문에 한 호가 위에서 바로 이득이 나는 기업은행보다 투자 매력이 약간 떨어지긴 하지만 위에서 언급한 방식으로 충분히 이득을 낼 수 있는 종목이었다. 현재 KT는 주가가 역사적으로 박스권 하단부에 위치해 주주들의 원성을 사고 있다. 하지만 KT의 펀더멘털(기초체력)을 보면 양호하다.

KT의 기업 가치 지표들은 양호하지만 주가는 정말 오르지 않는다. 외국인 지분 제한과 기관의 지속적인 공매도로 인해 최근 주가는 2만6천 원을 하단부로 3만 5천 원 사이에 갇혀 있다. 배당도 거의 4%에 육박하고 적정 주가는 3만 5천 원 이상 가야 하는데 정말 오르지 않는 종목 중 하나이다. 필자는 박스권 움직임에 주목하고 안정적인 단타 종목으로 판단하고 있다.

기업실적분석	최근 연간 실적		
주요재무정보	2016.12	2017.12	2018.12
	IFRS 연결	IFRS 연결	IFRS 연결
매출액(억원)	227,437	233,873	234,601
영업이익(억원)	14,400	13,753	12,615
당기순이익(억원)	7,978	5,615	7,623
영업이익률(%)	6.33	5.88	5.38
순이익률(%)	3.51	2.40	3.25
ROE(%)	6.38	4.10	5.50
부채비율(%)	139.06	125.05	118.51
당좌비율(%)	97.88	97.18	108.95
유보율(%)	709.33	730.56	816.18
EPS(원)	2,723	1,826	2,637
BPS(원)	46,707	48,221	53,857
주당배당금(원)	800	1,000	1,100
시가배당률(%)	2.72	3.31	3.69
배당성향(%)	27.56	51.41	39.17

네이버 증권의 KT 가치지표

　세 번째 박스권 종목은 KT&G이다. 동 종목은 과거 5년 이내에 8만 원에서 약 14만 원 사이를 왔다 갔다 하고 있지만 최근 2년 사이에는 9만6천 원에서 11만 원까지 움직이고 있어서 움직임의 밴드가 좁아지고 있다. 따라서 9만 원 대가 오면 매수하고 10만 원대에서 매도하는 박스권 스윙 매매를 실행하기에 양호한 종목이다. 게다가 배당도 거의 4%를 주기 때문에 중장기적으로 들고 가도 큰 무리가 없는 종목이다.

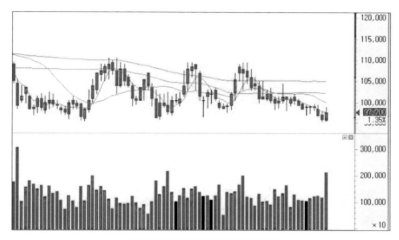

박스권에 갇힌 KT&G의 주봉 차트

위에서 언급한 세 종목뿐 아니라 코스피 대형주 중에서 박스권에 갇혀 안정적으로 움직이는 종목을 선별하여 어느 종목이든지 며칠에서 수 주 안에 지속적으로 이익을 낼 수 있다. 독자 여러분께서는 코스피 대형주를 검색해보고 주가 흐름을 잘 관찰하여 이런 투자 방식에 적합한 종목이 있는지 파악하여 보고 스윙 매매로 안정적인 이득을 내보시기를 권해드린다. 주문 내는 방법은 위에서 기업은행을 매수할 때와 같은 방법으로 매수 주문을 하면 되고, 1~2% 이내의 이익에서 매도하면 된다. 미리 예약 매수를 하고 체결 시 빠르게 매도 주문을 내야 효율적인 매매가 가능하다.

2. 저평가 우량주 투자하기(가치투자 전략)

저평가 우량주는 주식 투자자들이 근본적으로 찾고 있는 종목이다. 기업 가치는 훌륭하지만 이런 저런 이유로 인해 주가가 형편없이 저평가되어 있는 종목을 골라 어느 정도 가치가 인정받을 때까지 보유하여 이익을 내는 방법이다. 물론 적정가치에 빨리 도달하면 매도하면 된다.

우선 어떻게 후보 종목 군을 찾아내는지 알아보자. 거의 모든 증권사의 HTS 기능에는 재무 검색 기능이 있다. PER 7배 이하이면서 PBR 1 이하, 그리고 ROE 5~25%, 배당 수익률 3~20% 정도를 검색하면 해당하는 종목들이 나타난다. 물론 조건을 달리하여 검색할 수도 있을 것이다.

HTS 재무 검색 기능

또는 HTS의 조건 검색 기능을 이용하지 않더라도 NAVER 국내 증권 섹션에서 시가 총액 부분을 클릭하고 원하는 조건이 나타나

도록 체크 박스에 체크하여 다음과 같이 모든 종목의 지표를 검색
할 수도 있다. 필자의 경우에는 시가총액 700억 이하, PBR 1이하,
PER 7이하, 외국인의 지분율이 5% 이하인 종목 그리고 최대주주
지분율이 40% 이상 시가 배당률 최소 2% 이상 주는 종목을 선호
하고 있다. 그 이유는 변동성이 크긴 하지만 상승할 때 상승 탄력
이 크기 때문이다.

N	종목명	현재가	전일비	등락률	액면가	거래량	보통주배당금	영업이익증가율	PER	ROE	PBR
1	삼성전자	45,500	▼ 1,050	-2.26%	100	8,679,096	1,416	9.77	7.55	19.63	1.29
2	SK하이닉스	72,900	▼ 3,200	-4.20%	5,000	3,740,727	1,500	51.91	3.42	38.53	1.06
3	삼성전자우	36,500	▼ 1,350	-3.57%	100	1,113,575	N/A	N/A	6.06	N/A	1.03
4	LG화학	367,000	▼ 12,500	-3.29%	5,000	261,205	6,000	-23.30	19.51	8.86	1.65
5	현대차	120,000	▼ 3,500	-2.83%	5,000	414,100	4,000	-47.05	22.42	2.20	0.47
6	셀트리온	198,000	▼ 1,500	-0.75%	1,000	265,843	20	-33.31	96.63	10.84	9.97
7	삼성바이오로직스	336,000	▼ 2,500	-0.74%	2,500	68,398	N/A	-15.61	99.20	5.51	5.35
8	POSCO	253,000	▼ 6,000	-2.32%	5,000	214,680	10,000	19.92	13.05	3.88	0.47
9	LG생활건강	1,383,000	▼ 6,000	-0.43%	5,000	23,759	9,250	11.75	35.89	20.98	6.60
10	NAVER	126,000	▼ 1,000	-0.79%	100	268,019	314	-20.07	32.00	12.97	3.51

NAVER 증권 조건 검색 결과

어떤 방식으로든 조건 검색이 완료되면 그 지표를 참고하여 투
자할 종목을 선별한다. 이때 주의할 점은 대개의 지표가 작년 결
산을 기준으로 하고 있으므로 투자할 시점과 가장 가까운 최근 분
기의 지표를 확인해 봐야 한다는 것이다. 주가는 미래를 선반영하
는 것인데 한국 주식 시장에서 증권사가 커버링(covering)하지 않
는 종목의 미래를 예측하는 것은 정말 쉽지 않은 일이다. 따라서
이미 발표된 최근의 자산 가치와 현재의 수익 지표 혹은 증권사의
추정치들을 통해 대략적인 적정 가치를 구해 낼 수밖에 없다.

지금부터 소개할 종목은 검색식을 통해 찾아낼 수 있는 종목으로 이미 올라버린 종목은 결과를 보고 말하는 것이니 큰 의미가 없고, 아직 오르지 않은 종목 위주로 소개하고자 한다. 아주 대폭적인 상승은 아니었지만 자산가치 대비 저평가 및 필자가 이 종목을 찾아냈을 시점에 실적 개선이 동반된 종목인 그랜드 백화점(액면분할로 변경 상장하였고 상호를 '베뉴지'로 바꿨다)을 예로 들어보자. 참고로 여기 소개하는 종목들은 독자들에게 매수하라고 추천하는 것이 아니고 예를 드는 종목일 뿐이다. 저평가된 종목, 투자할 만한 종목은 여러 분들이 스스로 검색하여 찾아내야 한다.

필자가 몇 년 전에 HTS 조건 검색을 통해 접한 그랜드 백화점은 자산가치(PBR) 대비 주가가 너무 낮은 종목이라 검색 식의 맨 위에 등장한 종목이었다. 거래량이 너무 적어 주가 회복을 기대하기는 쉽지 않았지만 주가는 거의 5년 간 지속적으로 상승했다. 유통주이고 소외주라 상승하지 않을 것이라는 견해가 많았지만 결국 상승했다.

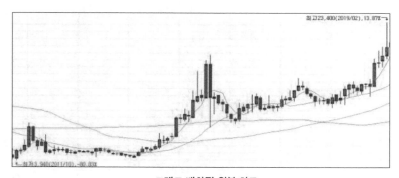

그랜드 백화점 월봉 차트

한편 가치 지표는 너무 좋지만 아직 주가가 오르지 않고 있는 저평가 우량주도 여러 종목 있다. 왜 주가가 오르지 않는 것일까? 간단히 답하면 투자자들이 매수하지 않기 때문이다. 주가는 수급에 의해 가격이 결정된다. 인기가 없고 소외되어 있으니 주가가 오르겠는가?

필자가 관찰한 바로는 기업 내용이 아주 좋음에도 불구하고 최대주주 리스크를 가진 종목이나 특히 코스닥에 속한 종목 중에서 외인 지분율이 높은 종목은 주가가 잘 오르지 않는 경우가 많았다. '최대주주 리스크'란 최대주주의 이익을 위해 소액주주들에게 피해를 주는 경우를 말하는데 배당을 적게 준다든지 관련 회사에 일감을 몰아주고 이득을 빼간다든지 가치가 낮은 회사를 가치가 높은 회사와 합병하여 소액 주주들에게 피해를 주는 경우 등 그 형태는 아주 다양하다.

외국인 지분율이 많은 코스닥 소형주의 경우 아주 좋은 종목임에도 주가가 탄력 있게 오르지 못하는 경우를 종종 목격했는데, 그 이유를 생각해 보면 작전 세력들이 이미 좋은 종목에 많은 지분을 가지고 있는 외국인의 물량 받이가 되지는 않을 것이기 때문이다.

주가는 결국 기업 가치에 수렴하게 되어 있는데 앞으로 주가가 어떻게 될 것인지 관찰해 보길 바라면서 여러 종목을 소개하고자 한다.

첫 번째 종목은 '동원개발'이다. 이 회사는 필자가 가지고 있는 HTS 조건 검색(PER은 1에서 7, PBR은 0에서 1, ROE 10에서 30, 배당수익률은 은행이자 두 배인 4% 이상)에서 찾아낸 종목이다. 먼저 2018년 실적 및 각종 지표들을 확인해 보자.

주요재무정보	최근 연간 실적		
	2016.12	2017.12	2018.12
	IFRS 별도	IFRS 별도	IFRS 별도
매출액(억원)	5,344	5,630	6,079
영업이익(억원)	1,311	1,430	1,601
당기순이익(억원)	980	1,006	1,219
영업이익률(%)	24.54	25.41	26.33
순이익률(%)	18.34	17.87	20.06
ROE(%)	21.35	18.31	18.79
부채비율(%)	29.70	18.30	24.80
당좌비율(%)	321.05	604.86	378.10
유보율(%)	1,010.60	1,210.01	1,448.90
EPS(원)	1,079	1,108	1,343
BPS(원)	5,553	6,550	7,745
주당배당금(원)	140	160	185
시가배당률(%)	3.29	3.21	4.62
배당성향(%)	10.29	13.39	13.78

동원개발 가치지표, NAVER

그림을 보면 동사의 3년 간 영업 실적이 나와 있다. 3년 간 매출 증가, 영업이익 증가, 순이익 증가뿐 아니라 ROE도 거의 20%에 달하고 있다. 부채비율은 24%에 불과하고 당좌비율이 300%를 넘어

현금 흐름에 이상이 없으며 유보율은 1400%에 달한다. 게다가 배당이 지속적으로 증가하여 2018년 결산 기준으로 시가 배당률이 4.6%가 넘는다. 필자가 계산한 적정 주가는 아무리 할인해도 8천 원은 넘어야 한다. PER은 겨우 3배를 약간 넘는 수준이고 현재 주가는 상당히 저평가된 4천 원 초반 대이다. 다만 이 기업은 거래량이 너무 적다는 단점이 있다. 그리고 분양가 상한제로 인해 건설주들이 큰 타격을 받았지만 앞으로 주가가 어떻게 될 것 인지 지켜보고 있다.

동원개발 월봉 차트

다음 소개할 종목은 '화성산업'이다. 이 종목은 아래 그림에서 보듯이 3년간의 매출은 정체되어 있으나 영업이익과 순이익은 지속 증가하고 있으며 배당 수익률도 지속적으로 늘어나 금년에는 시가 배당률이 무려 6.4%에 달한다. 앞으로 다룰 고배당주 투자와도 관련이 있는 종목이라 할 수 있는데, 이 종목처럼 은행 이자 3배 정도에 달하는 배당을 주는 종목에 투자한다면 손해 볼 일이 있을까 싶다. 필자가 계산한 동사의 적정주가는 3만 원 정도인데 현재 주가는 적정주가보다 훨씬 못 미치게 하락해 있다. 그 이유는 2019년 1분기와 2분기 실적이 좋지 않아서 2019년 말 배당이 축소될 것으로 예상되기 때문이다. 건설주라 역시 분양가 상한제의 영향도 있다. 과거에 동사의 주가는 최저점에서 15배 정도 올랐었다. 저평가된 회사도 인내심을 가지고 기다리면 한 번은 적정가치에 도달한다는 것을 알 수 있다.

주요재무정보	최근 연간 실적		
	2016.12	2017.12	2018.12
	IFRS 별도	IFRS 별도	IFRS 별도
매출액(억원)	4,943	5,680	4,752
영업이익(억원)	439	590	671
당기순이익(억원)	337	446	492
영업이익률(%)	8.88	10.38	14.12
순이익률(%)	6.81	7.86	10.36
ROE(%)	11.25	13.50	13.61
부채비율(%)	61.27	65.18	70.99
당좌비율(%)	173.54	167.15	144.36
유보율(%)	394.33	453.58	517.68
EPS(원)	2,704	3,586	3,954
BPS(원)	25,809	28,790	30,949
주당배당금(원)	680	890	930
시가배당률(%)	5.04	5.87	6.41
배당성향(%)	24.46	24.14	22.88

화성산업 가치지표, NAVER

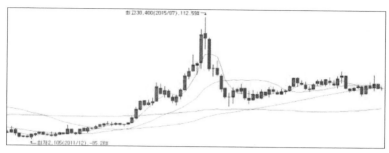

화성산업 월봉 차트

주요재무정보	최근 연간 실적		
	2016.12	2017.12	2018.12
	IFRS 연결	IFRS 연결	IFRS 연결
매출액(억원)	10,635	12,120	11,760
영업이익(억원)	285	342	339
당기순이익(억원)	386	295	319
영업이익률(%)	2.68	2.82	2.88
순이익률(%)	3.63	2.43	2.71
ROE(%)	28.08	16.27	15.67
부채비율(%)	66.29	48.38	50.14
당좌비율(%)	96.07	134.11	100.94
유보율(%)	233.84	271.76	313.60
EPS(원)	429	295	319
BPS(원)	1,715	1,944	2,163
주당배당금(원)	100	110	130
시가배당률(%)	5.67	5.60	7.88
배당성향(%)	25.62	36.96	40.40

에스에이엠티 가치지표, NAVER

다음 소개할 종목은 위 그림에 나와 있는 '에스에이엠티'라는 종목이다. 동사는 그림에서 보듯이 상당히 양호한 배당 수익률과 더불어 15%가 넘는 ROE 그리고 양호한 재무 구조를 가지고 있다. 적정주가는 2500원 정도인데 3년 간 평균 6%가 넘는 시가 배당률과 적정 주가 대비 저평가되어 있어 관심을 가지고 있는 종목이다.

지난 8월 동사의 주가는 시장의 폭락과 더불어 폭락했다가 저점을 다지고 있다.

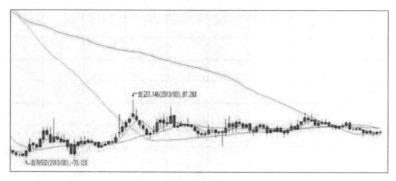

에스에이엠티 월봉 차트

마지막으로 소개할 종목은 '삼목에스폼'이라는 기업이다. 아래 그림을 보면 2019년 1분기가 끝나 가는데 NAVER 가치 지표에는 아직 2018년 최종 실적이 반영이 되어 있지 않다. 필자가 확인한 2018년 매출은 1889억, 영업이익은 437억, 당기순이익은 395억이다. 매출은 줄었으나 영업이익은 양호하고 순이익은 오히려 늘었다.

동사의 적정 주가는 2만5천 원 정도인데 현재 주가는 폭락장의 영향에다 정부의 분양가 상한제 등의 규제로 실적이 악화되어 8천 원 후반 대의 최저치를 경신하고 있다. 주가가 저평가된 요인으로 많은 소액주주들이 '최대주주 리스크'를 이야기하는 종목이다. 아울러 거래량도 너무 적고 외인 지분율도 코스닥 종목 치고는 많은 편이다. 아울러 배당도 너무 적고 회사가 주주가치 제고를 위해 아무런 노력도 하지 않고 있다. 하지만 다른 지표들은 상당히 훌륭하다. 이 기업도 주가가 최저점에서 몇 년 전 20배 가까이 올랐었지만 그 후 5분의 1 토막이 나 있다. 주가가 4만 원을 넘었으니 역시 적정 가치에 한 번은 도달한다는 것을 확인할 수 있다.

기업실적분석	최근 연간 실적		
주요재무정보	2015.12	2016.12	2017.12
	IFRS 별도	IFRS 별도	IFRS 별도
매출액(억원)	2,604	2,680	3,051
영업이익(억원)	412	462	443
당기순이익(억원)	333	378	351
영업이익률(%)	15.82	17.23	14.50
순이익률(%)	12.78	14.11	11.51
ROE(%)	19.13	15.79	11.49
부채비율(%)	27.76	21.00	16.56
당좌비율(%)	176.58	248.05	334.76
유보율(%)	3,775.12	3,834.63	4,284.46
EPS(원)	3,070	3,100	2,389
BPS(원)	17,525	19,672	21,921
주당배당금(원)	90	100	100

삼목에스폼 가치지표, NAVER

삼목에스폼 월봉 차트

　독자 여러분들이 조건을 입력하고 직접 검색해 보시면 저평가된
종목이 많이 있다. 필자가 소개하기보다는 독자들께서 기본적 분
석을 충분히 활용하여 훨씬 좋은 종목을 발굴하실 수 있다고 믿
는다. 물론 언급한 종목들의 주가가 어떻게 될지는 아무도 모른다.
필자는 위에서 언급한 종목들을 관심을 가지고 지켜보고 있다. 저
평가 종목에 대한 검색은 가지고 계신 HTS의 재무 검색(조건 검색)
기능과 NAVER 증권란을 최대한 활용하기 바란다.

3. 고배당주 투자하기

고배당주에 투자하면 주식투자에서 절대 실패하지 않는다. 안정적인 이익을 원하고 느긋하게 투자한다면 고배당주만큼 좋은 투자 방법도 없다. 다만 배당 수익률이 높은 종목을 매수할 때 이미 주가가 너무 올라 있으면 이득이 되지 않으므로 투자 시점에서의 배당 수익률을 꼭 따져 봐야 한다. 그리고 특정한 해에만 갑자기 배당이 늘어난 종목도 있으므로 반드시 해당 종목의 3년 간 지속적인 배당 수익률을 확인하고 배당을 줄 해당 연도의 실적이 급격히 줄어들지 않은지도 확인해 봐야 한다. 필자는 어떤 종목을 사든지 심지어 단기 투자를 할 때에도 은행 이자 이상의 배당을 주는 종목에만 투자하고 있다. 배당은 내가 매수한 평균 단가 아래로 주가가 내려갔을 때 나에게 최소한의 기회비용을 보상해주는 안전장치임을 명심해야 한다.

참고 다우의 개(Dogs of the Dow)
다우 지수를 구성하는 우량 종목 중 배당 수익률이 높은 10개 종목을 말하며 주가가 제대로 평가를 받지 못해 '개'라는 표현을 쓴다. 다우의 개 전략이라는 말도 있는데 이는 동일한 금액으로 배당 수익률이 높은 종목 10개를 매수한 후에 다음해 마지막 거래일에 전부 매도하는 전략을 말한다. 이 전략은 시장 수익률보다 더 좋은 결과를 낸 것으로 알려져 있다.

배당주로 처음 소개할 종목은 '대신증권 우선주'이다.

주요재무정보	최근 연간 실적		
	2015.12	2016.12	2017.12
	IFRS 연결	IFRS 연결	IFRS 연결
매출액(억원)	34,411	41,347	35,484
영업이익(억원)	1,701	833	1,330
당기순이익(억원)	1,362	740	1,159
영업이익률(%)	4.94	2.02	3.75
순이익률(%)	3.96	1.79	3.27
ROE(%)	8.07	4.22	6.36
부채비율(%)	979.17	895.05	834.04
당좌비율(%)			
유보율(%)	340.94	350.76	370.72
EPS(원)	1,569	853	1,336
BPS(원)	24,390	24,952	26,135
주담배당금(원)	550	600	660
시가배당률(%)	7.58	8.22	6.96
배당성향(%)	26.85	54.39	38.54

대신증권 가치지표, NAVER

위 그림의 가치지표에서 배당 부분을 보면 이 기업은 매년 600
원 정도의 배당금을 주고 있다. 현 주가 수준으로 따지면 6%가 훨
씬 넘는다. 대개 배당주는 연초나 1분기에 매수하고 연말에 주가
가 오르면 매도하거나 아니면 그대로 보유하고 배당을 받는다.

다음은 '대신증권 우선주'의 월봉 차트이다.

└─최저5,420(2014/02),-37.12%

대신증권우 월봉 차트

다음은 부국증권 우선주이다.

기업실적분석			
주요재무정보	최근 연간 실적		
	2015.12	2016.12	2017.12
	IFRS 연결	IFRS 연결	IFRS 연결
매출액(억원)	7,089	7,537	5,663
영업이익(억원)	302	353	473
당기순이익(억원)	248	278	376
영업이익률(%)	4.26	4.68	8.35
순이익률(%)	3.50	3.68	6.64
ROE(%)	6.05	6.31	8.00
부채비율(%)	184.82	212.75	189.75
당좌비율(%)			
유보율(%)	583.57	634.88	666.27
EPS(원)	1,855	2,077	2,797
BPS(원)	43,071	46,583	48,723
주당배당금(원)	1,250	1,250	1,250
시가배당률(%)	7.86	6.60	5.48
배당성향(%)	48.07	42.93	31.87

부국증권우 가치지표, NAVER

위의 그림을 보면 2017년까지 배당 수익률이 나와 있는데 매년 1250원을 배당으로 주고 있다. 시가 배당률은 6%가 넘는다. 2018년 결산에도 1250원을 주었다. 부국증권 우선주의 단점은 거래량이 아주 적다는 것이다. 매수하려면 장기간에 걸쳐 분할 매수하면서 매집을 해야 한다.

다음은 부국증권 우선주의 월봉 차트이다.

부국증권우 월봉 차트

마지막으로 '정상제이엘에스'의 가치지표를 보면 배당금은 매년 안정적으로 430원을 주고 있는데, 이는 5%가 넘는 배당수익률이다.

기업실적분석

주요재무정보	최근 연간 실적		
	2016.12	2017.12	2018.12
	IFRS 연결	IFRS 연결	IFRS 연결
매출액(억원)	834	844	871
영업이익(억원)	87	103	109
당기순이익(억원)	73	82	36
영업이익률(%)	10.40	12.26	12.50
순이익률(%)	8.73	9.76	4.09
ROE(%)	11.95	13.05	5.65
부채비율(%)	30.65	28.84	39.63
당좌비율(%)	160.96	141.87	71.48
유보율(%)	738.29	768.22	743.02
EPS(원)	464	525	227
BPS(원)	4,144	4,307	4,137
주당배당금(원)	430	430	430
시가배당률(%)	5.59	5.72	6.16
배당성향(%)	78.27	69.24	159.92

정상제이엘에스 가치지표, NAVER

다음은 '정상제이엘에스'의 월봉 차트이다.

정상제이엘에스 월봉 차트

아래에 시가 배당률 4% 이상 주는 종목을 소개하고자 한다. 독자 여러분께서는 이 글을 읽으시는 순간에는 수익률이 달라질 수 있으므로 반드시 현재 주가 대비 배당 수익률을 확인하시기 바란다. 전년도에는 배당이 적다가 금년에 갑자기 배당을 늘리는 경우도 있으므로 3년 간 배당금을 꼭 확인하기 바라고, 증권사 리포트를 통해 혹은 회사 IR팀과의 통화를 통해 금년의 예상 실적이 급감해 배당이 급격히 줄어드는 것은 아닌지도 확인하기 바란다.

[시가 배당률 5% 이상 종목]

대신증권우, 에스에이엠티, 대신증권2우B, 두산우, 두산2우B, 현성바이탈, 유진투자증권 부국증권우, 화성산업, NH투자증권우, 쌍용양회우, 일야, 쌍용양회, SK이노베이션우, 네오티스, 현대차3우B, 정상제이엘에스, 신풍제지, 이베스트투자증권, 한국쉘석유 , 미래에셋대우우, 드림텍, 진양홀딩스, 현대차우, 부국증권, 세아특수강, 하이트진로2우B, 휴켐스, 삼성화재우, 대신증권, 두산, MH에탄올, 현대차2우B, 서원인텍, 고려신용정보, 하나금융지주, GS우, 유화증권우, 한양증권, 한양증권우, 인터지스, 한전KPS, 한국금융지주우, 레드캡투어

[고배당 종목 투자 전략]

1. 5% 이상 배당주는 종목 중에 상대적으로 주가가 하락해 있는 종목을 선별한다.

2. 종목을 선별하여 투자하기로 결정한 종목을 1분기(1~3월)에 분할 매수한다.

3. 배당을 노리고 들어온 매수 세력이 많아져 주가가 상승하면 매도하는 것과 배당 받는 것 중 어느 것이 이득인지 따져보고 매도하는 것이 이득이라면 매도한다. 배당금은 세금 15.4%를 원천 징수하고 들어오지만 시세 차이로 인한 이득은 거래세(이 책은 쓰고 있는 현재 0.25%)와 증권사에 주는 수수료를 제외하면 비과세이다.

4. 배당은 많지만 주가가 형편없이 저평가되어 있을 경우에는 배당을 받으며 장기 보유한다.

필자는 거의 배당주에만 투자하였는데 그 결과는 항상 나쁘지 않았다. 안전한 투자를 원하는 분들은 고배당주가 주가 저점을 보이는 시기인 배당락 이후를 노려 분할 매수한 다음 중장기 투자한다면 좋은 결과를 낼 것으로 생각한다.

배당 종목을 검색할 때는 NAVER 증권 섹션의 국내증시 그리고 배당 부분을 클릭하면 수익률이 높은 고배당 종목부터 차례로 검색된다.

4. 바닥권 횡보 후 첫 상한가(혹은 장대 양봉) 종목 투자하기

대개 시중에 나와 있는 기술적 분석 책들을 보면 '상한가 따라 잡기'나 '신고가 돌파 매매법'을 다루고 있다. 필자의 경험으로도 상한가 따라 잡기나 신고가 돌파 매매법은 시나리오대로만 된다면 수익률이 높은 것이 사실이다. 하지만 상한 및 하한가 제한 폭이 30%로 확대되면서 리스크가 커졌다. 상한가에 안착하면 모르지만 상한가 근처에서 꼬리를 달고 다시 하락하는 경우도 상당히 많다. 단기 투자를 할 경우 이런 상황에서는 손절을 하고 손실을 확정해야 한다. 상한가 갈 것처럼 보이다가 다시 하락할 경우 상당한 손실을 볼 수 있는 위험을 내포할 수 있다는 것이다. 따라서 필자는 상한가 따라 잡기나 신고가 돌파 매매를 활용하지 않고 있다.

물론 상한가 간 후에 주가가 더 상승하는 원리를 노린 상한가 따라 잡기나 심지어 하한가에서 반등을 노리는 하한가 따라 잡기로 이익을 낼 수도 있을 것이다. 하지만 필자는 그것보다는 주가가 장기간 하락하거나 횡보하다가 첫 상한가(혹은 장대 양봉 첫 상승률이 25~30% 상승한 종목) 간 종목에 충분한 시간적 여유를 둔 투자(스윙에서 중기 투자)를 하는 것이 훨씬 더 안전하다고 보고 있다. 이 투자법은 단기로도 이익을 낼 수 있고 투자 기간을 약간 길게 잡고 큰 이익을 노리는 방법도 가능하다.

　장대 양봉이 나오거나 상한가를 가더라도 그 후 가끔은 재차 하락하는 경우도 있지만 필자가 수많은 종목을 관찰한 바로는 거래량이 크게 늘면서 바닥을 탈출한 경우 주가가 재차 상승할 가능성이 상당히 높았다. 월봉상 바닥을 확인한 후 첫 상한가를 갔거나 장대 양봉이 난 종목을 서두르지 말고 주가가 조정을 받을 때(대개 20일 이동평균선 근처에서 지지를 받을 때 매수하는 방법을 쓰지만 필자는 상한가를 시현한 종목이 장대 양봉의 절반인 15% 하락 할 때 매수하는 방법을 사용한다. 단기 투자일 경우 장대 양봉을 시현한 종목이 15% 조정 받을 때 매수했다면 목표 수익을 2% 정도만 잡고 체결과 동시에 바로 2% 위에서 매도해야 한다. 그날 매도가 되지 않으면 예약 매도를 걸어놓으면 수일 안에 매도가 체결되었다) 분할 매수한 다음 욕심 부리지 말고 시간적 여유를 둔 스윙이나 중기 투자로 이익 실현하는 것을 목표로 하는 것이다. 다른 책이나 경제 방송에서는 바닥에서 큰 거래량을 동반한 후 상한가를 시현한 종목이 상한가의 절반인 15%를 깨고 내려오면 투자하지 말라고 하는데 필자는 상한가 몸통의 절반 조정 후에 그런 종목들이 위 꼬리를 달든 말든 반드시 상승 시도를 하는 모습에 착안하여 2% 이익만 노리고 단기 투자를 실험해 보았는데 승률이 상당히 높은 것을 확인할 수 있었다. 물론 한 종목에 한 번만 투자하는 것이 아니라 여러 번 샀다 팔았다 할 수 있겠지만 그 후에 주가가 아래로 내려가는 경우도 가끔 있으므로 한 종목에 딱 한 번만 투자한다면 아주 승률이 높다. 주의할 점은 단기 투자할 종목이라도 반드시 기본적 분석을 철저히 한 후에 재무구조가 우량하고 비교적 저평가된 종목에만 투자해야 한다. 한편 바닥에서 대량 거래량을 동반하면서 첫 장대 양봉을 나타낸 종목에 중기 투자해도 된다. 이럴 경우 주가가 당분간은 오르락내리락 하겠지만 대부분의 경우 상당히 큰 이익을 낼 수 있었다. 아래 예시된 그림을 보면서 좀 더 구체적으로 설명해 보고자 한다.

플랜티넷의 상한가 시현 후 주가가 움직인 모습, 일봉 차트

위의 그림은 '플랜티넷'이라는 종목이 상한가 시현 후 주가가 움직인 모습이다. 그림 맨 왼쪽에 상한가 갔던 날의 주가가 5750원이므로 상한가 간 금액에서 15% 조정을 받으면 주가는 대충 5750×0.85=4880원 정도 된다. 이 종목의 주가를 관찰하다가(이런 종목은 가지고 있는 HTS나 MTS를 보면 '정규장 순위'라는 란에서 대량 거래와 함

께 25% 이상 상승한 종목을 쉽게 찾아낼 수 있다. 이런 종목들을 관심 종목에 입력해 두고 조정을 받는지 지속적으로 관찰하고 있어야 한다) 상한가의 절반 정도를 깨고 내려온 날 4800원에서 5000원 정도 사이에서 투자 금액의 3분의 1만 예약 매수를 걸어 놓는다. 예약 매수한 물량 전체가 체결되면 좋겠지만 전량 체결되지 않으면 어쩔 수 없다. 체결된 물량만 가지고 바로 2% 위에서 매도를 걸어야 한다. 혹시 예약 매수를 걸어 놓은 물량이 전량 체결되고 주가가 더 내려가면 더 매수하지 말고 다음 날을 기다린다. 다음 날 시장 상황을 보아 주가가 더 내려 갈 것으로 예상된다면 그날 종가로 다시 3분의 1을 매수하여 평균 단가를 낮춘 후에 물 탄 평균단가보다 2% 위에서 다시 예약 매도를 걸어야 한다. 아직 3분의 1의 금액이 더 남아 있지만 필자의 경우 두 번 매수하고 2% 위에서 예약 매도를 걸었을 경우 전부 체결되었다. 만일 3일 연속 내린다면 또 같은 과정을 반복하고 전체 평균단가의 2% 이익만 노리거나 크게 상승할 때 까지 기다려야 한다. 위 그림에서 주가는 절반 정도를 조정 받다가 다시 위로 상승한 것을 볼 수 있다. 물론 좀 더 보유하면 더 크게 이득이 난 경우지만 그렇지 않고 하락하는 경우도 아주 가끔 있다. 따라서 욕심의 크기를 줄이고 단기에 2% 정도 이익을 목표로 한다면 상당히 승률이 높다.

'플랜티넷'의 상한가 시현 후 주가 모습을 확대한 그림 , 일봉 차트

위의 그림은 '플랜티넷' 이라는 종목의 차트를 좀 크게 확대한 것
이다. 이 종목의 상한가는 왼쪽에서 오른쪽으로 3분의 1 지점에
빨간 색 장대 양봉으로 표시되어 있는데, 장대 양봉의 절반까지 조
정을 받아 매수하고 기다렸더니 며칠 혹은 2주 이내에 충분히 2%
이상의 목표 수익을 달성하고 빠져 나올 수 있다는 것을 확인할
수 있을 것이다.

다음은 기간을 조금 더 길게 잡고 바닥에서 첫 장대 양봉을 시
현한 종목에 투자를 해보자. 아래는 '하츠'라는 종목의 일봉 차트
와 거래량 차트이다. 아래 그림을 보면 '하츠'는 3천 원 초반에 바
닥을 다진 후 '미세먼지'를 재료로 대량 거래량과 함께 첫 상한가
를 기록한 후 한동안 횡보하다가 다시 더 큰 거래량과 더불어 크
게 상승하고 있는 것을 확인할 수 있다. 대량 거래와 함께 바닥에

서 장대 양봉을 시현한 후에 조정을 받을 때 매수하고 약간 중기
로 보유했다면 큰 이익을 낼 수 있다는 것을 보여준다.

하츠 일봉 차트 및 거래량 차트

　다음은 '유니크'란 종목이다. 아래 그림을 보면 주가가 바닥을 다
진 후 대량 거래와 함께 거래가 크게 늘면서 크게 상승하고 있다.
이처럼 장대 양봉과 함께 거래가 크게 늘어나는 종목은 늘 주가
흐름을 주의 깊게 관찰해야 한다. 대량 거래와 함께 주가가 바닥
을 치고 상승하면 약간 조정을 받을 때 매수하여 길게 보유해야
한다. 주의할 점은 반드시 월봉상 바닥 근처에서 처음으로 등장한
장대 양봉일 경우에만 투자하라는 점이다. 만일 월봉상 중간 혹
은 상단부에서 장대 양봉이 나타난 경우라면 필자는 투자하지 않
는다.

유니크 일봉 차트 및 거래량 차트

다음은 '피에스케이'라는 종목이다. 아래 그림을 보면 이 종목도 바닥을 횡보하다가 거래량이 크게 늘면서 주가는 만 원대 초반에서 만 9천 원까지 상승하다가 조정 받고 있다.

피에스케이 일봉 차트 및 거래량 차트

다음은 '와이비엠넷'의 일봉 차트 및 거래량 차트를 보자. 이 종목도 주가가 장기간 하락한 후에 바닥권에서 거래량이 크게 늘면서 주가가 크게 상승하고 있다.

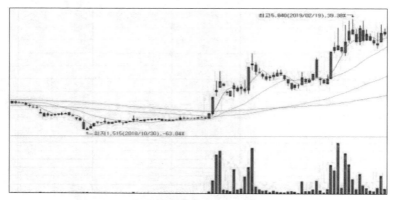

와이비엠넷 일봉 차트 및 거래량 차트

다음은 '포비스티앤씨'라는 종목이다.

이 종목 역시 하단부 차트를 보면 거래량이 크게 동반되면서 장대 양봉 시현 후에 주가가 크게 상승하고 있다.

포비스티앤씨 일봉 및 거래량 차트

이번에는 '디피씨'라는 종목을 보자. 아래 그림을 보면 디피씨는 첫 장대 양봉 이후 갭 상승과 더불어 지속해서 거래가 상승하면서 3천 원대에 있던 주가가 9천 원 이상까지 상승하고 있다. 역시 바닥에서 거래가 터지면서 주가가 크게 상승하면 조정 받을 때 매수하여 오래 들고 있어야 한다.

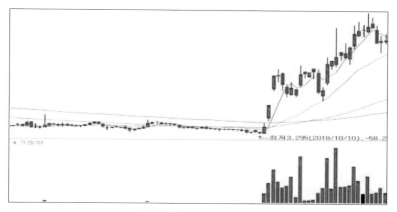

디피씨 일봉 차트 및 거래량 차트

다음은 '디지털 대성'의 일봉 차트 및 거래량 차트이다. 아래 그림을 보면 이 종목도 역시 3천 원 대에 바닥을 다진 후에 많은 거래량의 동반과 함께 장대 양봉을 기록한 후 주가가 크게 상승하고 있다. 하단부가 거래량 차트이므로 거래가 늘면 주가가 어떻게 되는지 유심히 관찰해 보기 바란다.

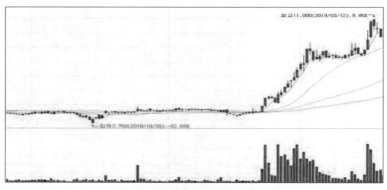

디지털 대성의 일봉 차트 및 거래량 차트

마지막으로 '이즈미디어'라는 종목을 보자. 아래 그림을 보면 이즈미디어는 4천 원 후반과 5천 원대에서 횡보하면서 저점을 확인한 후 거래량의 폭증과 더불어 장대 양봉을 시현한 후 지속적으로 상승하고 있다.

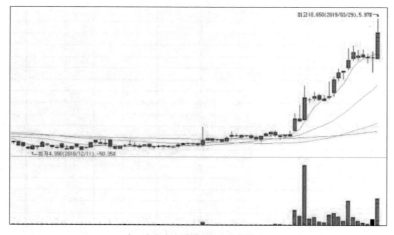

이즈미디어의 일봉 차트 및 거래량 차트

위의 여러 종목에서 확인한 것처럼 **급등한 종목들의 공통점**은

1) 오랜 기간 저점을 횡보한다.

(대개 저점을 횡보하는 기간은 주가의 결정력을 가진 주포가 오랜 기간 매집을 하는 경우이다)

2) 거래량이 크게 증가하면서 상한가 혹은 장대 양봉의 캔들이 등장한다.

(우리는 거래가 크게 늘면서 최소한 하루에 25% 이상 상승한 종목에만 관심을 갖는다)

3) 저점을 확인하고 장대 양봉이나 상한가를 기록한 종목은 조정을 받으면서 지속적으로 상승한다.

따라서 저점을 횡보하고 있는 종목 중 과거의 거래량과 비교가 안 되게 큰 거래량을 동반하면서 첫 상한가 혹은 장대 양봉을 낸 (최소 25% 이상 상승하는 종목만) 종목들은 눈여겨보고 있다가 조정을 받을 때 적극적으로 공략해야 한다(안전한 2% 목표 단기 매매를 위해서는 20일선까지 조정을 보이거나 장대 양봉 크기의 절반을 조정 받은 종목만 거래한다). 그리고 목표가를 적절히 설정하고 오랜 기간 들고 있어야 한다. 물론 목표가가 빨리 도달한다면 당연히 매도하면 된다. 이런 경우 매크로 변수로 인해 시장이 아주 안 좋을 경우만 제외하고 주가가 추가로 크게 상승할 가능성은 아주 크다.

5. 테마주 투자하기

테마주는 한 마디로 해당 시점에 주식 시장에 새로운 사건이나 이슈가 생겨 갑작스럽게 주목받으면서 크게 움직이는 종목군을 말한다. 과거부터 지금까지 한국 주식 시장에는 수도 없이 많은 테마주가 있었다.

그 많은 테마주를 어떻게 공략해야 할까? 공략의 원리는 위에서 언급한
'4. 저점 확인 후 거래량 동반과 더불어 첫 상한가 혹은 장대 양봉 종목 공략하기'에서 설명한 것과 마찬가지의 원리로 공략해야 한다.

물론, 테마주로 시장에서 주목받을 것을 예상하여 선취매 하는 것도 가능하지만 어떤 테마가 뜰지 예상하여 선취매 한다는 것은 쉬운 일이 아니다.

주의해야 할 점은 테마주는 당장 실적과 관련되어 주가가 상승하는 것이 아니고 정부 정책의 수혜에 대한 기대감이나 정부 정책의 수혜와는 관련 없이 단순한 어떤 이슈에 대한 기대감으로 수요가 몰리면서 주가가 상승한다. 물론 우량하고 저평가된 주식이 테마주로 엮인다면 이는 매력적인 투자 기회가 될 것이다.

필자가 이 글을 쓰고 있는 현재 인기 있는 테마주로는 애국 테마주, 5G 테마주, 대선 테마주, 수소차 테마주, 중국발 수혜주, 남북경협주, 미세먼지 테마주, 로봇관련주 등이 있다. 이러한 테마주 말고도 여러분이 사용하는 HTS에 보면 수도 없이 많은 테마주가 있다. 필자는 현재 시점에서 인기 있는 테마주를 소개하고 이러한 종목들의 주가가 움직이는 공통점을 통해 공략법을 기술하고자 한다.

▶ 대선 테마주

매번 대선이 시작되기 약 2년 전, 빠르면 3년 전부터 대선 관련주들이 들썩이기 시작해서 대선이 시작되기 전에 폭락한다. 대선 관련주들은 후보와 인맥 혹은 정책과 관련이 있는 종목들이 있다. 대선 테마주는 주가 결정력이 있는 세력들이 해당 종목을 후보 혹은 정책과 엮어서 시장에 소문을 내고 작전주 형태로 움직인다. 주로 소형주가 대선 테마주에 해당하며 펀더멘털(기업의 내재가치)이 안 좋은 종목들도 많이 포함된다. 모든 테마주 중에서 주가 상승의 힘이 가장 큰 테마라 할 수 있다. 저점부터 적게는 서너 배에서 많게는 수십 배까지도 상승한다.

대선주는 일반 투자자들이 "이 종목은 대선주다"라고 결정하는 것이 아니라 오로지 세력들이 결정한다. 그들이 "이 종목은 대선 후보 누구 관련주다" 하면 "그런가 보다" 하면 된다. 주포 세력들이 그 종목을 찍어 앞으로 대선주로 주가를 올리겠다는데 그것에 대해 왈가왈부할 필요가 없고 '실적이 좋네! 나쁘네' 하면서 따질 필요가 없다. 대개 대선 테마주로 선정되는 종목은 다음과 같은 특징을 가지고 있다.

[대선 테마주의 특징]

1) 대선 후보와 인맥, 학맥, 혹은 대선 후보가 펼칠 정책 등으로 연관된 종목

2) 되도록 시가 총액이 적고 세력들이 주가를 들어올리기 좋은 소형주

(시가 총액이 적은 소형주라야 주가를 올리는 데 돈이 크게 들지 않는다)

3) 최대주주의 지분이 많고 유통물량이 적은 종목

(유통물량이 적어야 주가 상승 탄력이 크다)

주의 가끔 대선주로 엮여 주가가 크게 상승했는데 최대주주 매도 물량이 나오는 경우가 있다. 이것은 악재이므로 혹시 최대주주 매도 물량이 많이 나오지 않는지 공시를 통해 확인해야 한다.

4) 외국인이나 기관의 지분이 많지 않은 종목

(외국인이나 기관의 지분이 많으면 작전 세력들이 주가를 좌지우지하기 어렵다)

첫 번째 소개할 종목은 '한창제지'이다.

아래 그림은 '한창제지'의 주봉 차트이다. 주가의 움직임과 거래량을 보자.

한창제지는 모 대선 후보 관련주로 편입된 후로 불과 수개월 만에 저점에서 4배 정도 상승하고 있다. 위에서 여러 번 언급했던 바닥에서 거래량 터지면 주가는 계속 간다는 이론이 상당한 신빙성이 있음을 이 종목에서도 알 수 있다.

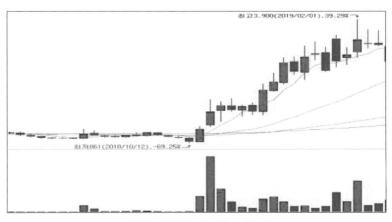

한창제지의 주봉 차트 및 거래량 차트

다음은 '남선알미늄'이라는 종목의 주봉 차트를 보자. 동 종목도 모 대선 후보 관련주로 편입된 이후로 저점에서 약 3.5배 상승했다. 거래량의 급증과 더불어 주가도 급등하고 있는 모습이다.

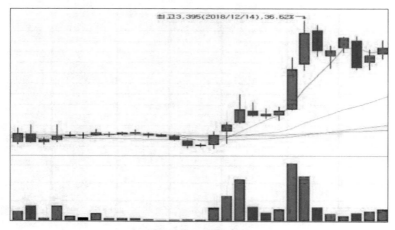

최고3,395(2018/12/14),36.62%→

남선알미늄 주봉 차트 및 거래량 차트

이번에는 '안랩'이라는 종목이다. 이 종목은 모 대선 후보가 최대주주로 있던 회사인데 대선주로 편입되어 거래량이 크게 늘면서 저점에서 3배 급등하고 있는 모습을 차트를 통해 확인할 수 있다.

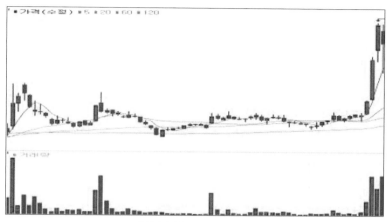

안랩의 주봉차트 및 거래량 차트

마지막으로 'EG'라는 종목의 월봉 차트와 거래량 차트를 보자. 이 종목은 대통령에 당선되었던 모 후보의 동생이 운영하던 기업으로 대선주로 편입되어 거래량 급증과 더불어 저점 대비 약 18배 상승하였다.

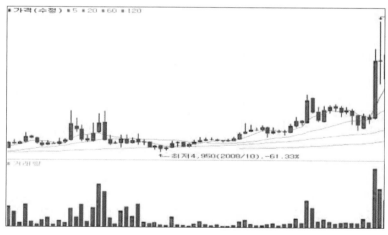

EG의 월봉 차트 및 거래량 차트

만일 독자 여러분들이 대선주에 지금 투자할 계획이 있다면 여러 대선 후보와 관련된 종목을 인터넷 포탈에서 검색해봐야 한다. 투자할 때 유의점은 반드시 대장주와 최소한 2등주에만 투자해야 한다. 대장주는 상승 할 때 가장 탄력이 크고 해당 테마주 전체를 이끈다. 지금도 저점에서는 상당히 상승했지만 아직 대선이 본격적으로 시작된 것이 아니므로 아직도 투자 기회가 남아있다. 다만 주봉이나 월봉을 보면서 조정이 올 때 진입하는 것이 좋다. 아직도 갈 길이 멀기 때문에 종목을 잘 고른다면 이익이 크게 날 수 있을 것이라 생각한다. 잘 찾아보면 대선주로 아직 시작조차 안한 종목들도 있다.

▶ 수소차 테마주

정부가 수소차 활성화 로드맵을 발표하면서 수소차 관련주도 테마를 이루어 저점에서 여러 배 급등하였다. 첫 번째 종목은 아래 그림의 '풍국주정'이다.

풍국주정 일봉 차트 및 거래량 차트

위의 그림을 보면 풍국주정은 바닥에서 오랜 기간 횡보한 후에 거래량 급증과 장대 양봉 시현 후에 주가가 저점에서 4배 정도 급등하였다.

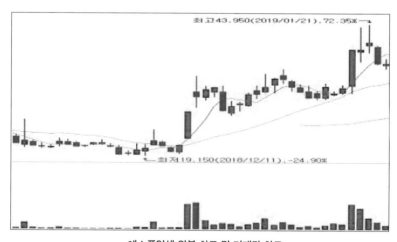

에스퓨얼셀 일봉 차트 및 거래량 차트

위에 소개한 종목은 수소차 테마주 중 하나인 '에스퓨얼셀'이라는 종목이다. 위의 그림을 보면 '에스퓨얼셀'도 수소 경제에 대한 정부의 의지가 확고하고 "2030년 수소차와 연료전지에서 모두 세계 시장 점유율 1위를 하는 것이 우리의 목표"라고 대통령이 언급하면서 관련 테마주들과 함께 저점에서 단기간에 약 두 배 이상 급등하였다.

▶ 남북경협주

이번에 소개할 테마는 남북경협주이다. 남북 화해 무드 및 북미 정상회담 기대감으로 남북경협주들이 급등하였다. 남북경협주는 정상회담의 성공 여부에 따라 급등과 급락을 반복하는 종목이다. 최근에는 다시 북미 간의 정상 회담을 추진 중이다.

첫 번째 소개할 남북경협주는 아래 그림의 '아난티'라는 종목이다. 이 종목은 호텔 레저 서비스를 하는 기업이다. 세계적인 투자자 짐 로저스를 사외 이사로 영입하고 대북 경협에 대한 기대감으로 단기에 저점에서 네 배 급등하였는데 그 후 남북 정상회담이 아무 성과를 못 올리면서 급락하였다가 최근 또 반등하고 있다. (여기서는 상승하는 부분만 관찰한다.)

아난티 일봉 차트 및 거래량 차트

연결 포괄손익계산서
제 19 기 3분기 2018.01.01 부터 2018.09.30 까지
제 18 기 3분기 2017.01.01 부터 2017.09.30 까지

	제 19 기 3분기		제 18 기
	3개월	누적	3개월
수익(매출액)	16,419,342,933	47,191,573,463	15,667,447,600
매출원가	9,259,365,351	26,853,813,219	9,381,450,331
매출총이익	7,159,977,582	20,337,760,244	6,285,997,269
판매비와관리비	6,503,908,103	19,585,866,753	5,800,662,052
영업이익(손실)	656,069,479	751,893,491	485,335,217
기타이익	34,585,232	86,661,000	14,190,425
기타손실	16,014,120	25,957,023	3,622,000
관계기업투자이익(손실)	(106,490,190)	(174,620,147)	(92,922,471)
금융수익	55,484,152	327,913,380	46,019,189

아난티 일봉 차트 및 거래량 차트

아래 그림은 남북경협주인 '일신석재'이다. 일신석재의 일봉 차트를 보면 남북 경협에 대한 기대감으로 거래량이 늘면서 주가가 크게 상승했다가 북미 협상이 안 좋은 결과를 가져오면서 급락하고 있는 모습이다.

최고4,190(2019/02/19),57.22%

최저1,310(2018/10/30),-50.04%

일신석재의 일봉 차트 및 거래량 차트

▶ 미세먼지 테마주

미세먼지가 점점 심해지면서 정부가 대책(첨단 측정 감시 장비 도입, 노후 경유차 조기 폐차)을 세우고 추가 경정 예산안을 편성하면서 관련주가 급등하였다. 미세먼지 테마주로는 공기청정기, 마스크, 필터 업체들이 해당된다. 특히 봄에 황사나 미세먼지가 심하므로 봄에 이슈화될 가능성이 큰 테마이다.

첫 번째로 아래에 '하츠'라는 종목을 보자. 동사는 공기청정기를 만드는 회사로 미세먼지 테마주에 편입되면서 저점 대비 4배 이상 크게 상승하고 있다.

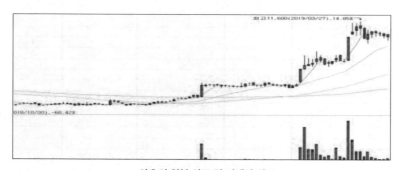

하츠의 일봉 차트 및 거래량 차트

다음은 미세먼지 관련주 '크린앤사이언스'이다. 동 종목도 미세먼지 테마로 인해 주가가 저점 대비 3배 정도 급등하였다. 아래 그림에서 크린앤사이언스의 일봉 차트와 거래량 차트를 자세히 관찰해 보고 공략 방법을 생각해 보자.

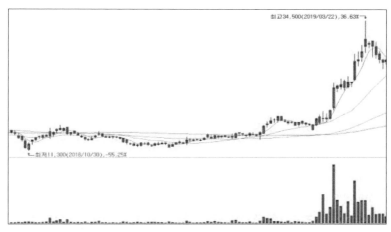

크린앤 사이언스의 일봉 차트 및 거래량 차트

▶ 로봇 관련주

이번에는 '로봇 관련주'이다. 필자는 늘 머릿속에 로봇 관련주를 생각하고 있었다. 미래에는 보나 마나 사람이 하던 대부분의 일을 로봇이 대신할 것이기 때문이다. 대개 테마주의 상승은 단기에 고수익을 노리는 투기 세력들의 매수세가 몰리면서 급등하게 된다.

주가를 상승시키려면 그럴싸한 핑계가 있어야 하는데 로봇 관련주는 대통령이 '로봇산업 육성전략 보고회'에 참석해 "로봇은 4차 산업혁명의 핵심 기술이자 미래에 고부가가치를 창출할 것으로 기대되는 대표적인 신사업"이라고 말했으며, 정부는 2023년까지 스타 로봇 기업을 20개 육성하고 지난해 약 5조 7000억 원인 로봇 산업 규모를 15조원으로 육성한다는 계획을 밝힘으로 인해 관련 주들이 급등하였다. 로봇 업종은 앞으로도 지속적으로 관심을 가져야 할 업종이므로 계속 관련주들을 관찰하고 있어야 할 것이다.

　처음으로 살펴볼 종목은 '로보로보'라는 종목이다. 로봇 테마주로 매수세가 몰리면서 저점 대비 3배 급등하고 있는 모습을 아래 그림에서 확인할 수 있다.

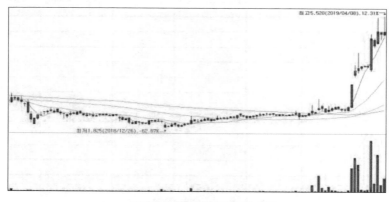

로보로보 일봉 차트 및 거래량 차트

　다음은 '로보스타'라는 종목이다. 동 종목 역시 로보로보만큼의 상승은 아니지만, 로봇 테마주로 엮이면서 단기에 주가가 급등하고 있는 모습을 아래 그림에서 확인할 수 있다.

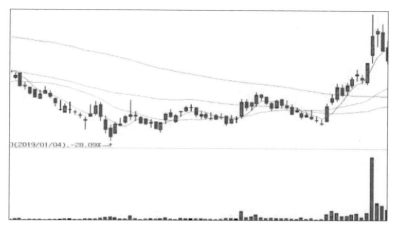

로보스타 일봉 차트 및 거래량 차트

▶ 방탄 소년단 관련주

K-pop 그룹의 선두 주자이면서 한국 가수 최초로 빌보트 차트 1위를 기록했던 빅히트 엔터테인먼트 소속의 'BTS 방탄 소년단'은 한국 연예계의 희망이다. 최근 방탄 소년단의 컴백과 더불어 관련 회사들의 주가도 급등하고 있다. 시장에서 관련주로 여기는 회사는 넷마블, 디피씨, 키이스트, 드림어스컴퍼니, 엘비세미콘 등인데 주가 상승률은 종목마다 천차만별이다. 첫 번째 관찰할 종목은 '엘비세미콘'이라는 종목이다.

아래 그림을 보면 방탄 소년단의 컴백을 재료로 '엘비세미콘'은 지속적으로 상승하고 있다.

최고9,610(2019/04/08),2.56%↑

엘비세미콘 일봉 차트 및 거래량 차트

 다음은 역시 방탄 소년단 관련주인 '키이스트'라는 종목이다. 키이스트는 지분 51%를 보유한 자회사 '스트림미디어코퍼레이션(SMC)'이 BTS의 일본 활동을 지원하고 있지만 SMC의 BTS 일본 매니지먼트 계약은 2017년 말 종료되었는데도 불구하고 매수세가 몰려 급등하고 있다.

최고 4,425(2019/04/15) ,0.00%

키이스트 일봉 차트 및 거래량 차트

지금까지 여러 테마주 중 대장주들의 움직임을 통하여 테마주 주가가 어떻게 움직이는지 살펴보았다. 주식 시장에는 수도 없이 많은 테마주가 존재했고 앞으로도 존재할 것이다. 특히 정부 정책의 혜택을 받는 경우 관련주 주가가 즉각 들썩이므로 항상 주식 시장에 영향을 끼칠 만한 뉴스에 주의를 기울여야 한다.

테마주들이 급등하고 나면 대선주와 (대선주는 선거가 시작되기 6개월 이상 전부터 급락한다) 지속해서 성장이 예상되는 업종의 테마주를 제외하고는 주가가 다시 급락하는 경우가 비일비재하다. 더구나 테마주의 재료는 지속되는 기간이 길지 않기 때문에 매수 시기가 잘못되면 피해를 보기 쉽다. 테마주에 투자하려면 선취매하거나 급등 초기에 따라붙어야 한다. 이미 급등하여 주가가 높게 형성된 것을 따라 들어가면 리스크가 크므로 조심해야 한다. 테마주로 엮여 거래량이 과거 대비 크게 늘어나면 주가가 더 상승할 가능성이 아주 크다. 물론 지속되는 테마나 계절의 영향을 받는 테마는 인기가 시들해져 주가가 크게 하락하면 좋은 진입기회가 될 것이다. 크게 하락할 때 분할 매수하여 다시 이슈화 될 때 까지 들고 있어야 한다.

[테마주 공략법 정리]

지금까지 차트를 통해 확인했던 테마주들은 나름의 공통점을 가지고 있다. 그런 공통점들을 생각하면서 '테마주 공략법'을 정리하고자 한다. 아래 내용을 잘 숙지하고 앞으로 탄생할 테마를 예상하여 선점하거나 급등 초기에 따라붙을 수 있다면 테마주 투자로 큰 이익을 낼 수 있을 것이다.

1) 정부가 특정 산업을 육성하겠다고 발표하는 뉴스에 귀를 기울인다.

2) 미세 먼지, 황사, 로봇 관련, 수소차, 5G, 헬스앤 바이오 테마는 장기적으로 보고 지속적으로 관심을 기울여야 한다. 위와 관련한 종목들의 주가가 적정 가치보다 급락할 경우 매수하여 장기 보유한다. 미세 먼지나 황사 관련 주는 급등 후 크게 조정을 받다가 다시 봄이

되어 미세먼지와 황사 이슈가 주목받으면 크게 상승할 가망성이 높다.

3) 대선 테마주의 경우 대선 2~3년 전부터 상승하여 대선 시작 전에 급락하므로 초기에 대선 주자 관련주로 엮인 대장주를 잡아 거래량이 크게 터지면서 급등할 때 매수하거나 조정을 받을 때 매수하여 본인이 정한 적절한 목표 가격에 매도해야 한다.

대선 테마주의 대장주는 크게 상승하는 경우가 많다. 주가의 변동성이 커서 적절한 대응 능력이 있어야 하므로 경력이 많지 않은 투자자들은 조심해야 한다. 하지만 필자는 급등 초기에 투자한다면 크게 이익을 낼 수 있다고 판단하고 있다.

4) 거래량이 크게 터지면서 급등 초기에 따라 들어가거나 초기 급등 후 조정을 받을 때 매수한다. 이미 급등한 후에는 지속적인 정책 이슈나 재료가 아닌 이상 구경만 해야 한다.

5) 테마주라고 해당 기업의 기본적 분석을 등한시하고 탐욕에 이끌려 매수하면 절대 안 된다. 그럴 바에는 아예 매수하지 마라. 테마주도 반드시 해당 기업의 내재가치를 확인해야 한다. 갑자기 유상 증자 혹은 감자를 하거나 생각하지 못한 악재가 발생하면 큰 손실을 입을 수 있다. 필자는 모든 종목에 투자할 때 특히 테마주에도 기본적 분석을 철저히 하고 있다.

6. 영업 비밀(필자의 2019년 이익금 공개)

아무리 필자가 이 책에 만 21년간의 매매 경험과 철학을 담는다고 하지만 아마 이 책에 담지 못하는 부분이 있을 것이다. 직설적으로 말해 필자의 '영업 비밀' 같은 것 말이다. 주식투자로 이익을 내는 사람들은 자기만의 특별한 매매 기법과 원칙이 정해져 있는 사람들인데 그것을 쉽게 공개하려고 하지 않는다. 필자는 이 책에 21년간 매매 경험의 대부분을 이야기하고 있지만, 책으로 설명하기에는 모호하고 어려운 부분도 분명히 있다. 필자는 모 주식 카페에 가입하여 가끔 글을 쓰고 있는데 필자가 제일 많이 받는 질문이 '어떤 종목을 사느냐?'는 것이다. 사실 필자가 어떤 종목을 사는지는 별로 밝히고 싶지 않다. 그 이유는 불과 몇 년 전 필자의 지인이 필자가 매수한 종목을 스탁론을 써서 매수했다가 깡통 계좌가 되어 큰 피해를 보았기 때문이다. 물론 지인이 매수한 종목은 불과 3개월 후에 주가가 몇 배 올라 필자는 큰 이익을 보고 매도했었다. 이러한 이유로 필자는 평범한 투자자인 나의 매수 종목을 공개하는 것에 대해 상당한 두려움을 가지고 있다. 혹시 내가 이익을 내고 판 종목을 다른 개미들이 매수해서 피해를 볼 까봐 걱정하는 두려움 말이다. 그런데도 필자에게 줄기차게 어떤 종목을 샀는지 물어보는 사람들이 있다. 필자는 위대한 투자자가 아니다. 평범한 개인 투자자로서 여러분들과 똑같은 개미일 뿐이다. 하지만 이 섹션이 영업 비밀이라는 파트이므로 약간의 영업 비밀을 이야기해 보면 필자가 만 2년 6개월 이상 전부터 가치 투자에 기반을 둔 단기 투자를 실험하고 있는데 주로 다음과 같은 종목을 사야 단기에 주가 상승률이 크다는 것을 깨닫고 있다. 필자의 종목 선정 요령을 조금만 소개하면

1) 코스닥 중소형 주, 특히 시가 총액 600억 이하에서 우량한 종목을 고른다.

2) 작전세력들이 이미 여러 번 드나들었던 종목에만 관심을 갖는다.

3) 작전세력들이 주가를 들어 올렸다가 외국인이나 기관의 매도에 되밀린 종목에 관심을 갖는다.

4) 분산 투자는 절대 하지 않고 '몰빵 투자' 혹은 '집중 투자'로 대응력을 높인다.

여러 종목을 매수하면 확실히 대응이 어렵고 주가 관리하기가 힘들다.

(초보자들은 여러 종목에 분산투자해야 한다.)

5) 확실한 저점에 있는 코스피 대형주에 가끔 '몰빵 투자' 한다.

6) 외인이나 기관의 지분율이 높은 종목은 사지 않는다.

(외인 지분율 5% 이하만 매수)

7) 투자 기간이 길어질 경우를 대비하여 배당을 2% 이상 주는 종목만 매수한다.

8) 내가 잘 아는 종목과 거래했던 종목만 주로 매수한다. 많은 종목을 알 필요가 없다. 단기투자로 2조원을 번 제럴드 로브도 평생 수십 개의 종목만 거래했다.

9) 바닥에서 첫 장대 양봉을 나타낸 종목이 절반 조정 받을 때 들어가 짧게 2% 이익을 노리거나 중기(6개월이내)로 홀딩하여 크게 상승하면 매도한다.

10) 성급하게 매도하지 않고 끈질기게 목표 이익이 날 때까지 기다린다.

11) 되도록 최대주주 지분율이 40% 이상인 종목에 투자한다.

　

이런 영업 비밀을 가지고 투자한 결과 최악의 폭락장이었는데도 불구하고 필자는 다음과 같은 결과를 얻었다.

　

이 글을 쓰고 있는 시점은 2019년 9월 30일이다. 2019년 1월 1일부터 9월 30일까지는 위에서 언급한 종목 선정 요령 및 투자 전략에 따라 매매하였는데 2019년 초부터 현재까지의 이익금은 아래와 같다. (거래 증권사를 중간에 옮겼었고 빈번한 입출금과 여러 번 샀다가 팔 경우 수익률이 정확하지 않은 이유와 필자가 매수했던 종목은 피해자가 생길 것을 우려해 2019년 총 이익금만 공개해 본다.)

2019년 1월부터 9월 30일 종가까지 필자가 실현한 이익금

필자는 2019년 1월 1일부터 2월 25일까지는 A증권사를 이용했다가 2019년 2월 25일부터 오늘 9월 30일 종가까지는 B증권사의 계좌를 사용하고 있다. 총 이익금은 위에서 두 증권사를 통해 실현한 이익금을 더해 보면 될 것이다.

2019년 1월 초부터 9월 30일까지의 이익금은 위의 그림 41,438,419원에다 아래 그림의 199,193,741원을 더한 금액이므로 9월 30일까지 총 이익금은 [2억 4천 6십 3만 2천 1백 6십 원]이다.

필자의 올 해 이익 목표는 3억 원이다. 폭락장임에도 아주 양호한 이익을 거두어 감사하고 있다 이 책을 보고 있는 여러 일반 투자자들도 투자원칙을 지키고 부단히 연구한다면 충분히 달성할 수 있는 이익금이다.

누구나 주식 시장에서 자기만의 생존하는 방식인 '영업 비밀'이 있다. 그 영업 비밀은 공개하지 않는 것이 주식 시장에서 오랫동안 생존하는 길일 것이다. 필자도 이 책에 다 적을 수 없거나 글로 적기에는 너무도 복잡한 영업 비밀이 분명히 있다. 필자의 영업 비밀 중 일부만 공개해 보았는데 필자의 영업 비밀이 반드시 이익을 내는 비책은 아니며 그저 평범한 개인 투자자의 매매 경험과 철학 및 기법일 뿐이다. 독자 여러분들이 필자보다 훨씬 이익이 큰 영업 비밀을 만들 수 있다고 생각한다. 주식 시장에서 얻는 이익은 절대 불로 소득이 아님을 명심하고 큰 이익을 내기 위해서는 남들보다 더 열심히 연구해야 한다.

CHAPTER 3

지혜로운 주식투자를
위한 Mindset

1. 돈과 행복 이야기

행복의 정의는 사람마다 다르다. 하지만 '궁극적으로 내가 기쁘고 즐거운 것이 행복이다'라는 것에는 이견이 없을 것이다. 이 책은 주식투자에 관련된 책이므로 돈과 행복의 상관관계에 대해 논하는 것이 이 책을 쓴 목적에 부합할 것이라 본다.

누구나 행복에 더 가까이 가기 위해 돈을 벌려고 한다. 돈이 많으면 반드시 행복한 것은 아니지만 행복할 가능성이 아주 큰 것은 누구도 부인하지 못할 것이다. 돈이 적어도 행복할 수 있지만 내가 하고 싶은 일을 할 수 없고 내가 도와주고 싶은 사람을 도와주지 못하며 일하느라 여행 갈 여유도 없고 시간적 여유가 있어도 돈이 없으면 여행은 꿈도 꾸지 못하게 된다. 아울러, 돈이 없어서 여러 용도에 돈을 사용하지 못하고 심적 압박을 받으며 사는 것은 불행한 일이다.

필자도 가정의 여러 가지 문제로 인해 원하는 일과 공부를 제대로 하지 못했다. 경제적 어려움은 어깨를 움츠리게 만들고 나의 꿈을 펼치기 힘들게 만들었다. 그래서 직접 돈을 벌어 공부하느라 힘든 인생을 살아왔다. 하지만 죽으라는 법은 없는가 보다. 필자가 맡은 일은 어떤 일이든 성실히 해왔다. 간절히 원하면 이루어진다

더니 필자는 결국 혼자 번 돈으로 미국에 유학해서 그 비싼 미국 학비를 해결하고 코피 흘리면서 공부했더니 미국 학생들과 경쟁하여 최우등의 성적으로 졸업하고 지금까지 경제적으로도 어려움 없이 잘 살고 있으니 참으로 감사한 일이다. 필자가 말하고 싶은 것은 좌절하지 말라는 것이다. 꿈을 포기하지 말라는 것이다. 열심히 살면 기회는 반드시 온다.

돈이 있어야 내가 하고 싶은 일을 할 수 있다. 즉 우리의 꿈을 이루고 행복한 삶을 살기 위해서는 '경제적 자유'가 필요하다는 것이다. 그렇다면 어떻게 하면 돈을 벌 수 있을까?

돈을 버는 방법은 세 가지가 있다. 하나는 남의 사업체에서 일을 해 주고 돈을 받는 근로소득, 그리고 내가 사업체를 만들어 남을 고용해서 돈을 버는 사업소득, 마지막 하나는 돈이 돈을 버는 자본소득이다.

근로소득으로는 수억씩 받지 않은 이상 경제적 자유를 누리기에는 어림도 없다. 일은 많고 피곤하며 심적으로 부담되고 받는 돈은 많지 않다. 아무리 열심히 일해도 겨우 생활할 수 있을 뿐 경제적 자유를 누리기에는 턱없이 부족하다.

한편 사업소득은 극명하게 나뉜다. 영세 사업자와 규모가 큰 사업자이다. 규모가 큰 사업자는 많은 이익을 창출하기도 하지만 영세 사업자의 사업소득은 오히려 근로소득보다 못할 수도 있다.

마지막으로 자본소득은 돈이 돈을 벌어다 주는 소득인데 어느 정도의 종자돈이 있고 그것을 잘 활용한다면 많은 이익을 가져다 줄 수도 있고 그냥 은행에 놔두면 이자가 워낙 낮아져 단순 보관 기능만 한다. 부동산이나 주식 혹은 다른 투자처를 찾아 비교적 싸게 사서 더 비싸게 팔면 투자 금액 대비 큰 이익을 낼 수 있는 것이 자본소득이다.

이 세 가지 소득 중 종자돈이 있고 투자 전략을 잘 세운다면 단연 자본소득이 가장 큰 이익을 낼 수 있을 것이다. 그중에서도 주식은 경제 인생의 역전을 가능하게 할 수 있는 가장 큰 매력을 지닌 투자처이다.

자본소득이 커지려면 당연히 종자돈을 모아야 하고 종자돈의 크기가 커야 이익도 크다. 결국, 하고 싶은 일을 하려면 돈이 있어야 하고 경제적 여유, 시간적 여유, 마음의 여유가 있으려면 종자돈을 마련하여 돈이 돈을 벌도록 만들어야 한다.

유럽의 주식투자 거장 '앙드레 코스톨라니'는 부자가 되는 세 가지 방법에 관해 이야기했다. 첫째는 돈 많은 배우자를 만나는 것, 둘째는 남들보다 뛰어난 사업 아이템을 가지고 사업으로 돈을 버는 것, 그리고 세 번째는 주식에 투자하는 것이라고 그는 말한다.

많은 투자처가 있지만 종자돈이 생기면 주식에 투자하는 것이 자본소득을 가장 극대화하는 방법이다. 물론 종자돈이 있다고 해서 아무나 자본소득이 극대화되는 것은 아니다. 극대화하려면 주식투자를 제대로 배워야 하고 남들보다 철저한 연구가 뒷받침되어야 한다. 공짜 소득은 없기 때문이다.

이 책을 통해 투자의 기본을 배우고 많은 노력을 통해 지혜롭게 투자하는 방법을 끊임없이 연구한다면 엄청난 이익을 얻는 결과가 일어날 수도 있다. 늘 긍정적으로 사고해야 한다. 반드시 주식투자로 성공할 수 있다는 긍정적인 신념이 필요하다. 그런 사고를 하고 있어야 예상치 않은 행운을 불러올 수 있는 것이다. 필자는 자녀가 없지만, 자녀가 있는 분들이라면 비싼 과외비 학원비 들여가면서 들어가기도 어려운 좋은 대학 보내려고 애쓰는 것보다 건강하게 살 수 있도록 자녀가 좋아하는 운동을 시키고 경제적 자유를 누리게 하기 위해 금융교육 특히 주식을 가르쳐줘야 하는데 어떤 가정에서도 자녀들에게 경제 교육 특히 주식 교육은 아예 하지 않고 있음은 참으로 안타까운 일이다. 워런버핏은 11세 때 주식에 투자하였다. 그렇게 어린 나이에 워런 버핏은 주식에 입문하였고 지금은 세계적인 부호가 되었다.

어제와 똑같이 살면서 다른 미래를 기대하는 것은 정신병 초기 증세이다.

_ 아인슈타인

2. 단기투자와 장기투자의 효율

　주식투자를 하다보면 단기투자가 나을까? 아니면 장기투자가 나을까? 늘 고민하게 된다. 정답은 없다. 단기투자로 큰 이익을 낼 수 있다면 그 방법으로 하면 될 것이고 장기투자로 큰돈을 벌 수 있다면 장기투자를 하면 될 것이다. 정답은 없지만, 주식투자로 크게 성공한 사람들을 보면 어느 정도 주식투자 효율에 대한 아이디어를 얻을 수 있다.

　뒤에 등장할 글로벌 투자 거장 10명 중에서 9명이 가치투자자 그리고 딱 한 사람이 단기투자로 성공한 사람이다. 한국 주식 시장에서 큰돈을 번 고수들에 관한 책을 읽어봐도 거의 싼 가격에 매수해서 적정 가격이 올 때까지 기다린 가치투자자들이 대부분이다.

　만 21년 간 주식을 매매해 본 필자의 경험으로는 단기투자로 큰돈을 벌 수 있으면 좋겠지만 그만큼 리스크가 크고 어려웠다. 짧은 시간에 돈을 잘 운용하여 이익을 낼 수 있다면 자본의 회전성 측면에서 가장 효율적인 투자 방식이 되겠지만 단기투자는 그만큼 큰 위험이 도사리고 있다.

　단기투자를 잘하려면 단기에 상승모멘텀을 가진 종목을 거의 매일 골라야 하고 혹시 회사에 단기 악재가 있거나 망할 염려는 없는지 기본적 분석을 철저히 해봐야 하고 수급은 양호한지, 현재 주가는 어떤 위치에 있는지, 거래량은 얼마나 되는지 기술적 분석도 해봐야 한다. 예기치 않게 급락할 경우 늘 손절을 고민해야 한다. 아울러 안전하면서도 단기에 이익을 낼 수 있는 투자 기법도 상당히 연구해야 할 것이다.

장기투자는 어떠한가? 장기투자도 반드시 이익을 낸다고 보장할 수 있는 것은 아니다. 장기투자가 유효한 경우는 충분한 시장 지배력을 가진 기업이 기업 가치와는 무관하게 저평가되어 있을 때 싸게 매수하여 어느 정도 기업 가치가 반영될 때까지 장기간 기다리는 것이다. 단기투자보다는 충분한 시간적 여유를 가지고 장기간 기다릴 수 있어야 하는 인내심이 필요한 투자이다.

단기투자와 장기투자 둘 다 큰 수익을 노리는 것이지만 두 방법 모두 크게 수익을 내기가 쉽지 않다. 그래도 매매하기가 어려운 것은 단연 단기 매매이다. 리스크가 크고 워낙 변동성이 크기 때문에 잘 대처하지 못하면 순식간에 손실을 볼 가능성이 크다.

그래서 필자는 이렇게 한다. 글로벌 투자 거장들 중 대다수가 가치투자자이면서 장기 투자자들이었다. 소수이긴 하지만 '제럴드 로브'처럼 단기투자로 큰돈을 번 사람도 있었다. 그래서 필자는 만 2년 6개월 이상 단기투자로 비교적 안전하게 이익을 낼 수는 없을까 고민하다가 실전 매매를 통해 나의 단기투자 능력을 실험해 보기로 하였다. 그 결과 폭락장에서도 상당히 좋은 결과를 냈고 올해가 지나면 투자 금액을 크게 늘릴 생각을 가지고 있다.

필자의 경우 가치투자만 할 때는 혹시 수익률이 마이너스 나더라도 그저 기다리기만 하면 결과는 항상 나쁘지 않았다. 심지어 수익률이 마이너스 70%가 났어도 결국은 은행 이자보다 훨씬 큰 수익을 내고 팔았다. 하지만 가치 투자를 하고 있자니 폭락장이나 박스권 장세에 돈이 묶여 자본 회전율이 거의 제로에 가까운 상태에서 오랜 기간 아무 대응도 못하고 그냥 있어야 했다.

오랜 장기투자와 만 2년 6개월 정도 되는 단기투자 실험을 다 경험한 끝에 필자가 내린 결론은 단기투자와 장기투자를 적절히 혼합하여 투자하는 것이었다. 즉 두 가지를 다 잘하는 전천후 투자자가 되어야 시장에서 살아남을 수 있다는 것이다. 단기투자는 단기 이득으로 자본 회전율이 높아지고 복리의 효과를 크게 누릴 수 있지만 위험한 것이 큰 단점이고, 장기투자는 허울만 좋지 매수하고 마냥 기다리고만 있어야 한다. 그리고 내가 산 종목이 크게 오를 것이라는 보장이 없다. 따라서 시장 상황에 따라 그리고 개별 종목의 상황에 따라 장기투자와 단기투자를 적절히 혼합하여 투자해야 가장 투자 효율이 높아진다.

이 책을 읽는 독자분들의 경우 각자 스타일에 맞게 투자하면 되겠지만 자신이 없다면 되도록 장기투자에 많은 금액을 투자하고 단기투자는 하지 않는 것이 좋다. 단기투자를 하고 싶다면 투자 금액 중 일부를 투자하고 자기 나름대로 단기 수익을 내는 비법이 있어야 할 것이다. 비중은 알아서 조절해야 하지만 너무 큰 비중을 단기에 투자하면 분명히 어려움을 당하게 될 것이다. 그러나 단기투자에도 이익을 낼 확신을 갖는다면 굳이 단기투자를 망설일 필요가 없다.

초보자들이나 손해를 크게 본 투자자라면 단기투자로 큰돈을 버는 것이 어려우므로 총투자금액의 10% 이하 정도만 가지고 단기투자에 도전해 보라고 권하고 싶다. 그 후에 자신이 있다면 단기투자의 비중을 늘리면 된다. 물론 100% 장기투자만 하는 것도 좋다. 필자는 투자 인생의 대부분을 100% 장기투자만 했었지만 2년 6개월 이상 전부터 단기투자에 도전하고 있다. 현재까지 결과는 상당히 좋았고 이제는 이익을 낼 확신이 있다.

단기투자는 아무래도 리스크 관리가 우선이기 때문에 일봉, 주봉, 월봉상 바닥권에서 첫 장대 양봉(첫 25% 이상 상승한 종목 중에서 절반 정도 조정받은 것을 매수하여 수일 혹은 수개월 이내에 매도한다)을 나타낸 종목 중에서 기본적 분석을 꼼꼼히 하여 재무 위험이 없고 악재가 없는 종목에만 투자하고 있다.

단기간에 돈을 벌려는 욕심은 오랜 기간 기다리지 못하는 인간의 본성 때문이다. 주식투자는 자기 자신을 잘 다스리는 사람이 승리하게 되어 있다. 그런 욕심을 아예 죽이라는 말은 아니다. 아주 위험하니까 투자 금액의 100%를 중장기로 투자하든지 자기만의 노하우가 있을 때만 단기투자에 비중을 늘려 이익을 얻어야 한다는 것이다.

필자가 말하려고 하는 것은 단기투자를 하지 말라는 것이 아니라 이익을 내기가 쉽지 않으며 심리적으로 쫓길 가망성이 크고 빠른 대응이 필요하다는 것을 강조하는 것이다. 단기투자, 장기투자 그 어느 것도 "내가 너보다 올바른 투자법이다"라고 주장할 수는 없다.

3. 주식투자는 성질 급한 놈 골라내기, 겁쟁이 골라내기

만 21년간 투자해온 필자에게 주식투자를 무엇이라 생각하는지 묻는다면 간단히 말해 주식투자는 '기업 가치 알아보기', '성질 급한 놈 골라내기', '겁쟁이 골라내기'라고 정의하고 싶다.

기업 가치를 알아본다는 것은 내가 매수하는 종목의 가치를 알아야 현재 주가가 싼지 비싼지 판단할 것이기 때문이라는 것은 이미 눈치 챘을 것이다. 그런데 성질 급한 놈 골라내기? 영어 속담에 Slow and steady wins the race(천천히 하는 자 그리고 꾸준히 하는 자가 경기에서 이긴다)라는 표현이 주식 시장에 그대로 적용된다.

주가가 어떻게 형성될지는 아무도 모르지만 대개 큰 이익이 발생하는 경우는 해당 종목을 장기 보유한 경우이다. 그렇다고 무작정 장기 보유하라고 말하는 것은 아니다. 오히려 장기 보유 때 주가가 매수가보다 더 하락을 가져오는 경우도 있다. 어느 정도 적정가치에 도달하면 기간과 관계없이 매도하면 된다.

상장된 종목의 모든 차트를 돌려보면 실적이 안 좋았던 회사도 큰 폭의 주가 상승을 기록했던 적이 반드시 있을 것이다. 물론 주가가 큰 폭으로 상승하려면 모멘텀이 있어야 한다. 실적 개선이라든지 아니면 테마주로 엮였다든지 혹은 다른 호재가 있어야 주가가 상승 동력을 가지고 위로 갈 수 있다.

누구나 주식투자를 하면서 인내하지 못하고 너무 빨리 팔아버려서 큰 이익을 놓친 경험이 있을 것이다. 큰 이익을 얻기 위해서는 주식을 장기 보유해야 한다. 단기에 팔아 버린다면 장기적으로 주가가 오르는 큰 이득을 결코 누릴 수 없을 것이다. 물론, 한국 주식 시장에서 장기간 보유하여 추세적으로 큰 이득이 날 만한 종목이 삼성전자와 같은 초우량주를 빼면 그리 많지 않은 것이 사실이다. 하지만 장기적으로 상승하는 종목은 반드시 있다. 몇 년 만에 수십 배 오른 종목도 있다. 저평가 우량주가 바닥을 기고 있다면 매수하여 적정가치가 반영될 때까지 장기간 보유하여야 한다.

주식투자는 '성질 급한 놈 골라내기'라는 말이 공감이 가지 않는가? "나는 조금만 오르면 팔고 조금만 내리면 손절한다"라는 사람이 있다면 한마디로 지혜롭지 못한 투자 습관이다. 징그러울 정도로 인내하라. 처절할 정도로 인내해야 한다. 한 걸음 더 뒤로 물러서서 한 tempo 느린 매매를 진행해봐라. 그리고 겁먹지 마라. 너무 빨리 팔아 버리면 큰 이익을 누릴 수 없다.

주식투자는 심리 게임인데 겁을 먹는 순간 스트레스를 받게 되고 "더 떨어지면 어쩌지?" 걱정하면서 스트레스를 이기지 못하고 분명히 더 높은 금액에 팔 수 있는 주식을 싼값에 처분하게 된다.

해당 종목 '주식 토론방'에 들어가면 여러 개인투자자가 올린 글을 볼 수 있다. 소위 안티 하는 글도 많고 찬티?(이게 도대체 어느 나라 말인지 모르겠다. 언어학 전공자로서 이런 국적 불명의 말은 정말 쓰지 말아야 한다.) 하는 글도 많은데, 이 사람들이 왜? 이런 글들을 올릴까 생각해보면 안티 하는 사람들은 한 푼이라도 더 싸게 사려고 그 글을 보는 순진하고 경험 없는 개미들을 겁주기 위해서이거나 공매도를 한 경우 주가 상승을 방해해야 하기 때문이다. 그런 글을 읽으면 경험이 많지 않은 개미들은 심리적으로 흔들려서 싼값에 주식을 내다 팔게 된다.

반대로 주가가 오를 것이라고 찬성하는 글들은 전부 '매도 대기자'라고 생각하면 된다. 막연히 '회사가 좋다'라고 찬양하거나 뉴스에 등장하는 호재거리를 퍼다 나르면 매도 대기자이다. 그 어느 쪽 글도 신뢰하지 말고 투자자 자신이 투자한 종목에 대해 전문적인 분석 능력을 갖추고 있어야 한다. 그런 분석 능력을 갖추려면 당연히 깊이 있는 공부를 해야 한다. 그리고 매도의 기준을 기업 가치에 두면 된다. 기업 가치가 훨씬 높은데 일찍 싸게 팔아버리면 안 된다.

결론적으로 주식투자는 회사의 가치를 파악할 수 있어야 하고 느긋해야 하며 가지고 있는 주식이 하락했다고 공포에 떨지 말고 대단히 냉철해야 하며 끈질기게 인내심을 가지고 기다려야 한다.

주식투자로 큰돈을 벌고 싶다면 이와 같은 '멘탈 관리'가 필수적인 것이다. 주식 투자를 하려거든 성질을 죽이고 겁먹지 마라!

4. 주식투자와 부동산 투자

한국에서 주식에 투자한다는 것은 곧 도박을 하는 길이며 안정성이라고는 1도 없는 너무 위험한 투자이고 패가망신하는 지름길로 여겨진다. 반면에 부동산 투자는 지금껏 불패 신화였으며 한국에서 여윳돈으로 투자할 수 있는 최고의 투자처였다. 부동산은 안정적이며 꾸준한 가치 상승으로 그동안 부동산 투자자들에게 적지 않은 이익을 가져다주었다.

반면에 주식은 투자하면 손해 보거나 큰돈을 날렸다는 소리를 주변에서 워낙 많이 들었을 것이다. 과연 주식투자가 그렇게 위험한 것일까? 결론부터 말하면 주식투자는 위험하지 않다. 왜 주식투자로 돈을 잃을까? 돈을 잃는 이유는 아무 생각 없이 투자하기 때문이다. 공짜는 없는데 왜 공부도 하지 않고 주식에 투자하는 것일까? 그냥 남의 말 듣고 주식을 사면 오를까? 남이 좋다고 하면 '묻지 마 매수' 하고 단기 급등주에 따라붙다가 물리고 빚을 내서 투자하다가 깡통 계좌 되고 이런 식으로 투자하기 때문에 주식투자가 위험한 것이다.

압구정동 현대 아파트가 엄청나게 올랐지만, 삼성전자를 사서 동일한 기간 보유하고 있었다면 압구정 현대 아파트의 가치보다 훨씬 크게 올랐다는 검증된 수치가 있다. 부동산은 무조건 가지고 있어야 오른다. 부동산이 단기 투자로 시세 차익이 크게 발생하리라 기대하는 사람은 없을 것이다. 즉 대부분의 부동산 투자는 장기 투자이다.

주식은 단기에 오를 것이라 기대한다. 한마디로 욕심이다. 공짜 이익은 절대 없다.

남들보다 엄청나게 노력해야 이익을 얻을 수 있다. 부동산은 가지고 있으면 안정적으로 이익을 주지만 당장 팔아서 현금으로 만들려고 해도 환금성이 떨어지고 내 재산이 다 노출되는 것은 상당한 약점이다. 게다가 부동산은 적은 돈으로는 투자할 수가 없다. 주식은 위험하지만, 환금성이 아주 양호하고 재산이 완전히 노출되지 않아 세금에서도 유리하며 상당히 큰 이득을 한 번에 줄 수 있다는 매력이 있다. 그러나 위험하다는 가장 큰 단점을 가지고 있기도 하다.

그렇다면 그 위험을 어떻게 줄일 수 있을까? 일단 이익이 나는 원리를 '겸손하게'(?) 알고 있어야 한다('겸손하게'라고 표현한 것은 여러 실패 끝에 주식투자의 본질을 겸허하게 깨닫는다는 의미이다). 초보자라 할지라도 아무 종목이나 사서 이득을 낼 수도 있다. 하지만 그 이득은 오래 가지 않을 것이고 머지않아 큰 손실이 기다리고 있을 것이다.

주식을 도박처럼 하지 마라. 다시 말해서 단기 급등하는 주식에 달라붙지 말라는 것이다. 그리고 단기간에 큰 수익을 노리지 마라. 천천히 나는 이득을 즐겨라. 거북이처럼 천천히 인내심 있게 투자해서 얻는 이익을 바라야 한다. 그러다 보면 자연스레 리스크가 큰 종목은 아예 투자하지 않게 된다.

그리고 '비체계적인 위험(경기 상황과는 관계없이 개별 기업이 가지고 있는 위험으로 투자자가 줄일 수 있는 위험을 말한다. 반면 '체계적 위험'은 경기 변동 및 인플레, 사회 정치적 요인으로 인한 위험으로 분산 투자에 의해 제거될 수 없는 위험을 말한다)'을 줄이기 위해서 초보자들은 섹터가 다른 종목에 분산 투자하고 기업 가치 분석하는 방법을 제대로 배워서 투자해야 한다. 우량주가 바닥 근처에서 기고 있을 때, 때를 달리하는 시점 분산 투자를 실천해야 한다.

부동산 보다 주식이 훨씬 위험하다는 것은 투자자 성향의 차이이다. 성질이 급하고 빨리 이득을 내야겠다는 조바심을 가지고 투자한다면 그 조급한 성질이 주식투자를 더욱 위험하게 만들 것이다. 비교적 저점에서 기고 있는 우량주를 사라. 배당을 주는 종목을 사라 그리고 '존버'하라. 인내하고 또 기다릴 수 있는 인내심이 있다면 주식투자는 생각보다 위험하지 않다. 그리고 부동산 투자보다 훨씬 이익도 크고 적은 돈으로도 투자할 수 있는 매력이 있다.

5. 전업투자에 관한 생각

  주식에 관해 공부하고 실전 매매를 통해 이득을 내 본 사람은 누구나 전업투자에 대한 생각을 해 본 적이 있을 것이다. 필자는 전업투자를 해 본 적이 없지만 전업투자를 해보고 싶다는 생각은 여러 번 한 적이 있다. 전업투자를 한다면 그만큼 주식 공부할 시간이 많아질 것이고 관심 종목에 대해 많은 시간 연구할 상황이 주어질 것이기 때문이다. 물론, 단점도 많다. 가장 큰 단점은 전업으로 생계를 이어 나가야 할 경우 아무래도 심리적으로 쫓기기 쉽다.

  주식투자는 심리 게임이라는데 생활비를 벌어야 한다는 조급한 마음으로 투자했다가는 실패할 확률이 상당히 높아진다. 초조함, 조급함, 단기투자, 시간이 없다는 것 등은 주식투자 실패에 가장 큰 역할을 하는 부정적인 요인들이다. 대개의 경우 전업투자를 한다면 단기투자를 생각하지 않을 수 없는데, 앞에서도 여러 번 언급한 것처럼 단기투자는 장기투자보다 훨씬 투자 이익을 내기가 어렵다.

  일반적으로 전업투자를 한다면 주변에서 다 말리는 편인데, 필자는 중립적인 생각을 하고 있다. 전업을 해야 할 것이냐 말아야 할 것이냐의 결정은 첫째, 주식에 대한 공부와 매매 경험이 충분한가?

둘째, 반드시 전업투자를 해야 할 상황인가?

셋째, 단기투자에 대한 확실한 이익 창출 노하우가 있는가?

넷째, 답답하고 외로운 싸움을 잘 견뎌 낼 수 있는가?

다섯째, 전업투자로 돈을 잃어도 행복할 자신이 있는가?

등에 대한 대답이 확실해야 결정할 수 있을 것이다.

만일 위의 다섯 가지 조건에 확실히 'YES'라고 대답할 수 있다면 전업을 해도 나쁘지 않다. 전업을 통해 또 주식투자에 대해 깨우치고 배우는 것이 많을 것이기 때문이다. 한편 일을 하면서도 얼마든지 전업에 준하는 투자를 할 수도 있다.

초단기 투자는 대응이 어렵겠지만 데이트레이딩이나 스윙 투자는 충분히 가능하다.

최근에 필자는 안정적으로 스윙 투자에 성공하는 매매법을 깨달았고 상당히 성공률이 높은 투자를 하고 있다. 일부 지인들에게 이 방법을 알려 줬더니 그들 역시 상당히 높은 성공률을 거뒀다고 한다.

꼭 전업해야 큰돈을 버는 것은 아니다. 전업하다가 오히려 크게 낭패를 보는 사람도 있다. 전업하느냐 마느냐가 중요한 것이 아니고 투자에 성공할 수 있는 준비가 되어 있는지가 중요한 것이다.

준비가 충분하고 이익을 낼 자신이 있다면 겸업이든 전업이든 말리지 않는다. 아래 나오는 내용은 전업투자를 아주 안 좋게 보는 투자자들의 댓글을 읽고 모 이코노미스트가 '머니투데이'에 쓴 글이다. 아래에 기사의 전문을 옮겨 놓았다. 필자는 아랫글에 동의하지는 않지만 참고할 만한 것은 참고해 보면 좋겠다.

_ 출처: 머니투데이 김재현 이코노미스트

전업투자는 성공확률 1%

댓글 중에는 전업투자에 대해서 반대하는 의견이 대부분이었다. 한 네티즌은 전업투자의 성공 확률을 "개인 전업투자자 중 90%는 망하고 9%는 약간 수익을 올리거나 잃을 것이며 1%만이 크게 성공할 것"이라고 제시했다. 나아가 누구나 자신이 1%에 속할 것이란 희망을 가지고 출발하지만, 대다수 투자자는 90%에 속한다는 뼈아픈 지적도 빼놓지 않았다.

전업투자는 거의 98%는 돈 잃고 폐인 된다는 댓글도 있었고 100명 중 1명만 돈을 번다는 댓글도 있었다. 경험 법칙(Rule of Thumb)을 이용해 네티즌들은 전업투자 성공확률을 약 1% 정도로 극히 낮게 보는 듯했다. 아무 진입장벽도 없는 투자의 길에 전 국민이 몰두하지 않는 이유를 생각해보라는 댓글도 같은 논리였다.

어떤 네티즌은 전업투자에 뛰어드는 개인투자자를 '자본시장의 연료'라고 냉정하게 평가하기도 했다. 남 좋은 일만 시켜주는 '주식 시장의 호구'라는 의미다. 주식투자는 파생시장과 같은 완전한 제로섬(zero-sum) 게임은 아니지만, 상당 부분 제로섬 게임과 흡사한 면도 있다.

즉 대선 테마주, 우선주 열풍 등 단기간 내 몇 배 오른 급등주는 고가에 받아줄 매수자가 있어야만 이익을 실현할 수 있다. 이 경우 새로운 부(富)가 창출되는 게 아니라 한 사람의 부(富)가 다른 사람에게 전이되는 데 그친다.

전업(專業)투자보다는 겸업(兼業)투자 권유

대다수 사람들이 전업투자보다는 직장생활과 병행할 것을 추천했다. 코스피 시가총액 100위 안에 드는 종목을 사놓고 장기투자하면 적금 금리보다 두 배 높은 수익률을 올릴 수 있다는 댓글도 눈에 띄었다.

실제로 20년 넘게 주식투자를 한다는 한 네티즌은 과거 전업을 했을 때 깡통을 2번 차고 지금은 직장에 다니면서 투자하는데 매년 10% 이상의 수익을 낸다고 소개하기도 했다. 물론 일 때문에 단타매매는 못하고 중장기 투자를 하는데, 전업하면서 잃은 투자금을 모두 회복했다는 얘기였다.

이렇게 직장에 다니면서 부업 삼아 하는 주식투자는 괜찮지만,

고정수입 없이 주식투자를 전업으로 하는 건 위험하다는 의견이 대부분이었다. 반드시 수익을 올려야 한다는 부담감 때문에 전업투자를 하는 건 매우 위험하다는 데 공통적으로 동의했다.

대다수 사람들은 전업(專業)투자 대신 겸업(兼業)투자를 더 바람직하다고 여겼다. 시간에 쫓기는 대신, 시간을 내 편으로 만들어놓고 투자할 수 있는 장점이 있기 때문이다.

그래도 전업투자를 하려 한다면

만약 그래도 전업투자를 한다면, 어떻게 해야 할까. 전업투자 3개월째라는 한 투자자는 꼭 하고자 하는 의지가 있다면 말리지는 않겠으나 준비를 단단히 해야 한다고 조언했다. 주식투자는 돈을 버는 곳이 아니라 원금을 지키는 곳이라며, 철저한 준비가 돼 있지 않다면 차라리 가까운 MG 새마을금고에 저축하는 게 낫다고 말하기도 했다.

구체적으로는 전업투자는 하루 10시간 이상의 공부, 주식 담당자와 통화 및 기업 탐방을 할 수 있는 능력이 없다면 하지 말라는 조언도 있었다.

또한 전업투자 공부 시간에 대해서는 최소 하루 7~8시간에서 최대 15시간 이상 공부해야 한다는 기준이 있었는데, 평균적으로 10시간은 주식공부에 할애해야 한다는 게 일반적인 의견이었다. 제대로 된 전업투자자가 되기 위해서는 직장에 다니는 것보다 더 많은 시간을 주식공부에 쏟아야 한다는 얘기다.

그리고 다수의 사람들이 주식 공부 못지않게 심리 공부, 즉 마인드 컨트롤이 중요하다고 강조했다. '오마하의 현인' 워런 버핏도 자주 기질(temperament)이 주식투자에서 중요하다고 강조한다.

위 글에서 살펴 본 바와 같이 누군가 전업투자를 하겠다고 선언하면 주변에서는 말리는 분위기가 팽배해 있다. 필자가 생각하기에는 전업투자를 말려야 하는 것이 아니고 제대로 준비하지 않은 채 전업투자 하려는 사람을 말려야 하는 것이 맞다. 전업투자는 해도 되고 안 해도 된다. 만일 전업투자로 더 큰 돈을 벌 수 있다면 당연히 하는 게 좋은 것이 아닌가? 섣불리 실력도 안 되는데 전업투자 했다가 돈을 날리는 사람들이 워낙 많으니 부정적인 생각이 훨씬 많은 것이 아닌가 생각한다.

6. 직업과 돈 그리고 여유 있는 삶

한국처럼 직업의 귀천을 따지는 곳이 있을까 싶다. 직업에는 귀천이 없다면서 우리는 어려서부터 돈 많이 버는 직업을 갖기 위해 엄청난 시간과 비용을 들여 학교 교육뿐 아니라 사교육까지 받는다. 학교에서는 대충 공부하고 학원에 가서는 더욱 열심히 공부하는 학생들도 많다. 학교 선생님의 말씀은 귓등으로 듣고 학교에서 내주는 숙제는 대충하거나 아예 안하고 학원에서 내주는 숙제에 성의를 보이는 학생도 많다.

우리가 비싼 사교육까지 받아가면서 그렇게 공부하는 현실적인 이유는 좋은 직업을 갖기 위해서이다. 좋은 직업이란 무엇인가? 우선 경제적인 자유를 가져다 줄 수 있는 직업이 좋은 직업이다. 내가 먹고 사는 데 지장이 없어야 하고 원하는 교육을 받는데 지장이 없어야 하며 내가 여행을 가고 싶을 때 여행비용을 내는 데 문제가 없어야 한다. 아울러 시간적 여유도 있어야 한다. 늘 틀에 박힌 삶에서 벗어나 내가 원할 때 쉴 수 있어야 하고 내가 지인을 만나고 싶을 때 큰 어려움 없이 만날 수 있어야 한다.

아마 이 글을 읽고 있는 독자들께서는 "그런 직업이 어디 있어?" "그렇게 편한 직업이 있나?" 하고 생각할 것이다. 그런 꿈같은 직업이 가능할까? 그런 직업을 가지려면 경제적인 자유가 있어야만 가능하다.

우리의 직장생활은 어떠한가? 요즘에는 그나마 주 5일제에 과도한 근로시간을 규제하고 있어서 다행이지만 그 전에는 주 6일 동안 꼼짝 못하고 일을 해야만 했다. pay를 많이 주는 것도 아닌데 경제적 여유도, 시간적 여유도, 여행갈 여유도 없었고 자기계발 할 시간도 없이 오로지 일만 하고 살았던 사람들이 대부분이다.

희한하게도 한국에서는 똑똑한 젊은이들이 공무원을 꿈꾼다. 요즘은 공무원 시험 준비하는 젊은이가 많아도 너무 많다. 최근 통계에 의하면 젊은 연령의 취업 준비자 중 약 30%가 공무원 준비를 하고 있다고 한다. 세계적인 투자자 '짐 로저스'도 매년 수십만 명의 한국 젊은이들이 안정을 바라고 공무원 시험 준비하는 것을 보고 의아해하면서 한국 젊은이들에게 경제적인 부에 대한 도전 정신을 일깨워 주고 있다.

pay를 많이 줘서 공무원을 하려는 것인가? 아니면 스트레스 받는 일이 적어서 공무원을 하고 싶은 것인가? 아니면 요즘처럼 취업 안 되고 먹고 살기 힘들어서 많이 주는 것도 아니고 먹고 살 정도만 주는 철밥통을 부러워하는 것인가? 아마 대개는 마지막에 말한 이유로 공무원을 준비하는 사람이 많은 것 같다. 잘릴 일이 없고 매달 월급 밀릴 일이 없으니 말이다.

오해 없이 읽어 주기 바란다. 직업에는 귀천이 없다. 공무원이라는 직업이 나쁘다는 이야기를 하는 것은 더더욱 아니다. 공무원 중에는 엘리트들이 많고 국가를 위해 봉사하고 헌신하는 훌륭한 분들도 많이 있다. 필자가 말하고자 하는 것은 너무 많은 젊은 이들이 경제적인 부에 대한 도전을 멀리하고 안정성에만 매달리는 것이 아닌지 의문을 갖는 것이고, 현재 한국 취업 시장의 사정이 그만큼 어렵기 때문일 것이라는 생각을 하면서도 경제적으로 큰 돈을 벌어 국가 경제 발전에 공헌할 도전을 하지 않는 것이 참으로 안타깝다.

도전하라! 돈을 벌어야 내가 원하는 삶을 살 수 있고 남을 도와 좋은 일도 할 수 있는 것이다. 제프 베조스, 빌게이츠, 워런 버핏 같이 크게 성공한 사업가가 한 명만 있으면 아프리카 대륙을 먹여 살릴 수 있다. 영리한 젊은이들이 전부 공무원 시험에만 매달린다면 돈은 누가 벌겠는가?

그렇게 꿈꾸던 공무원이 되어도 틀에 박힌 삶은 피할 수가 없다. 경제적으로나 시간적으로나 여유가 없기는 마찬가지이다. YOLO족들의 말처럼 한 번뿐인 인생 평생 고생만 하고 틀에 박힌 삶에서 벗어나지 못하고 이렇게 여유 없이 살아야 하겠는가?

"어제와 같은 방법으로 살면서 다른 내일을 기대하는 것은 정신병 초기 증세"라고 아인슈타인은 말한다. 남들은 한 가지 직업만

은퇴할 때까지 갖는다지만 필자는 한 가지 직업 말고 여러 직업을 가지면서 나름대로 다양한 인생의 맛을 느껴보고 여러 경험을 해보는 것도 나쁘지 않다고 생각한다. 다른 내일을 꿈꾼다면 뭔가 다른 일을 해봐야 하고 다른 내일을 준비해야 꿈꾸는 내일이 실현되지 않겠는가?

결국 이런 틀에 박힌 직장 생활에서 벗어나려면 돈이 있어야 한다. 돈을 가장 효율적으로 버는 방법은 앞에서 이야기한 바 있지만 자본으로 하여금 돈을 벌게 하는 것이다. 그러기 위해서 가장 효율적이고 필수적인 것은 주식투자이다.

주식투자로 돈을 벌려면 두 가지가 필요한데 첫째는 종자돈이고, 둘째는 주식투자로 이득을 내는 방법을 터득하는 것이다. 결국 주식투자로 큰돈을 벌어야 여유를 가질 수 있고 그러기 위해서는 주식투자에 대해 남보다 더 열심히 공부해야 한다.

여유 있는 삶을 꿈꾸는가? '앙드레 코스톨라니'의 말처럼 경제적으로 여유가 있으려면 돈 많은 배우자를 만나든지, 아니면 남보다 뛰어난 사업 아이템을 가지고 사업에 성공하든지, 이것도 저것도 아니면 주식투자로 돈을 버는 수밖에 없다. 필자는 앙드레 코스톨라니의 의견에 강력 동의하면서 지금부터라도 주식 공부를 열심히 하기를 권해 드린다. 탐욕과 공포를 잘 이기고 이득 내는 방법을 잘 익힌다면 생각보다 두렵지 않고 위험하지도 않다. 종자돈 1억을 만들고 주식에 투자하여 여러 배 혹은 수십, 수백 배로 늘려 자본가가 되는 길만이 내 자신을 틀에 박힌 삶에서 구해 낼 수 있다. 결국 좋은 직업이란 나에게 경제적인 풍요로움과 삶의 여유를 가져다 줄 수 있는 직업이라는 것이다. 그런 직업을 갖기 위해 독자 여러분들께서는 이 책을 보고 계실 것이라 믿는다.

7. 매수한 금액 아래로 주가가 내려갔을 때 손절 VS 존버

필자가 주식에 대해 처음 공부할 때도 손절(loss cut)에 대해 귀가 따갑도록 들었다. 아마 지금도 주식을 가르치는 대부분의 사람들 혹은 주식에 관련된 서적 거의 전부가 투자한 금액에 손실이 생겼을 때 손절에 대해 강조하고 있을 것이다.

손절은 상당히 합리적이고 이성적인 행위이다. 내가 투자한 종목에서 더 크게 손실 나는 것을 방지하고 일정 부분 손해를 보고 다른 곳에 투자하여 손실을 만회할 수 있는 기회를 가질 수 있는 대단히 현명한 행위이다. 아이러니하게도 필자는 여태껏 손절을 해 본 경험이 없다. 처음부터 가치 투자를 배워서인지 급등하는 종목은 쳐다보지도 않았고 탐욕을 절제한 덕분이기도 하다.

필자도 급등하는 종목에 탐욕이 발동하여 따라 들어갔다가 고점에 물린 상황이라면 반드시 손절을 했을 것이다. 이런 경우 손절은 대단히 현명한 행위이기는 하지만 손실이 확정되어 내 돈이 확실히 날아가 버리게 된다. 그래서 필자는 다음과 같은 생각을 규칙으로 삼게 되었다. 내가 확실히 분석하고 저평가된 우량주를 바닥이라 생각하고 매수했는데 그 밑에 지하가 다시 등장할 경우 필자는 절대로 손절하지 않는다. 바닥이 아니라 지하가 생기면 시점 분할 매수를 통해 지속적으로 단가를 낮춘다.

반면에 필자가 만일 급등하는 종목에 따라 들어간 경우라면 손실이 어느 정도 났을 때 반드시 손절을 실천하여 더 큰 손해를 방지하고 현금을 확보하여 만회할 수 있는 기회를 가지려고 할 것이다. 다행히도 필자는 여태껏 손절하지 않고 '존버' 했을 경우 단 한 번도 매수 단가 위로 해당 종목의 가격이 안 온 경우가 없었다. 즉 내 매수 단가 위에서 이익 실현할 수 있는 기회가 반드시 왔다는 것이다.

결국 빚을 내서 투자하지 않고 기다릴 수 있다면 절대 손해 보지 않는다. 배당주를 사서 기다린다면 더욱 효율적으로 이익을 창출할 수 있을 것이다. 가치주를 샀다면 그것도 상당히 싸게 샀다고 자신한다면 '존버'하라. 하지만 급등주가 또 급등할 줄 알고 따라 들어갔다가 물리면 '손절'을 생각해봐야 한다.

'손절'과 '존버' 그 둘 다 확실한 기준이 있어야 한다. 둘 중 어느 것이 현명한지는 결과를 봐야 알 수 있지만 필자처럼 기준을 확실히 세워 둔다면 더욱 합리적으로 주식투자를 할 수 있을 것이다.

8. 폭락장에 대처하는 우리의 자세

 상승장은 종목을 잘못 사지 않는 한 일반적으로 많은 종목의 주가가 올라가기 때문에 크게 이야기할 것이 없지만 폭락장은 주식투자자에게 그야말로 지옥을 경험하게 하는 고통을 준다. "폭락은 매수 기회다"는 이론을 귀에 따갑게 듣고 또 책에서도 읽었지만 주식투자 초보자들에게 이런 이야기 해봐야 이해를 잘 못한다. 왜냐하면 폭락장을 겪어보지 못한 투자자들에게는 내가 보유한 주식이 폭락할 때마다 엄청난 고통을 받을 것이기 때문이다.

 사실 주식투자로 큰 이익을 내려면 폭락장은 절호의 기회이다. 주식투자의 본질은 주가가 떨어질 때마다 주식을 사모아 나중에 비쌀 때 파는 것인데, 폭락장은 우량주들이 아주 헐값에 거래되기 때문에 그것을 사모아 나중에 판다면 결국 큰 이익을 가져다 줄 것이다. 특히 월급을 받는 사람이 유리한 것은 철저히 **시점 분할 매수**가 가능하기 때문이다.

 종합주가지수의 역사를 보면 1980년 1월 3일 이후로 39년이 흐르는 동안 현 주가는 2000포인트가 넘었으니 약 20배가 넘게 올랐다. 만일 종합주가지수에 연동된 ETF를 사놓고 39년 간 그냥 놔뒀다면 IMF, 9·11테러, 금융위기 그리고 미중 무역전쟁으로 인한 글로벌 경기 침체가 밀려오고 있는 지금과 같은 엄청난 악재 속에서도 1년에 거의 50% 정도의 수익을 올렸다는 계산이 나온다. 물론 상장폐지된 회사들은 지수에 포함된 것이 아니다.

초보자들에게는 아무리 말해도 위에 필자가 언급한 말은 그저 과거의 수치일 뿐일 것이다. 하지만 궁극적으로 주가는 오른다. 아니 오를 수밖에 없다, 주가는 경제 상황을 반영하는 것이 아닌가? 우리는 6·25 이후 전쟁의 폐허 그리고 엄청난 위기 속에서도 지금과 같은 경제 발전을 이루었고, 앞으로도 그러한 역사는 계속될 것이며 세계 경제 또한 침체를 딛고 앞으로 눈부신 성장을 계속할 것이다.

대개 주가가 폭락하면 주식투자 경험이 많지 않은 사람들은 당황하게 되고 내 돈이 날아가는 것이 아닌지 큰 불안감 때문에 잠을 못 이루게 된다. 필자의 경험으로는 우량주를 비교적 낮은 단가에 샀는데 주가가 더 하락했다면 별 걱정할 것이 없다. 우량주를 사지 않고 단기 급등주를 추격 매수하다가 고점에서 물렸다면 이는 대책이 없다. 어쩌면 손절매하는 것이 더 나을지도 모른다.

폭락장은 오히려 큰 기회이다. 주식 시장에서 우량한 기업을 싸게 살 수 있는 대 바겐세일 기간이기 때문에 살 만한 좋은 종목이 널려 있다. 위에서도 언급했지만 내가 바르게 분석한 우량주가 바닥에서 산 것 같은데 지하로 더 내려간다면 굳이 팔 이유가 없다. 아니 오히려 주가가 하락한다면 적립식 투자처럼 지속적으로 매입하여 평균 단가를 낮춰야 한다. 바닥을 치고 반드시 매수한 단가를 회복할 것이기 때문이다. 더 살 돈이 없다면 시장이 회복 될 때까지 기다려야 한다. 결국 시간이 걸리는 문제일 뿐이다. 지속적으로 평균 단가를 낮춰봐야 반등 시에 빨리 빠져 나올 수 있고 그만큼 이득 금액은 커진다.

왜 주식투자를 심리게임이라 하는가? 심리 게임에 패배한 자들이 분명히 맞게 투자한 주식을 바로 폭락장에 대한 공포감 때문에 투매해서 손실을 확정해 버리기 때문이다. 가치 투자에 대한 믿음은 사라지고 "괜히 투자했다" 싶고, "역시 주식은 위험한 것"이고, "주식투자 하면 패가망신한다는 사람들 말이 다 틀린 것이 아니다"라며 주식투자한 것을 원망스러워 한다.

주식투자는 긍정적인 믿음이 있어야만 투자 성공률이 높아진다. 그래서 나는 주식에 대해 부정적인 마음을 갖거나 선입견을 갖는 사람들에게는 "절대 주식투자 하지 말라" 한다.

분명히 입으로는 "가치투자 한다." 하는 대부분의 투자자들이 폭락장을 접하고 자기 계좌의 수익률이 수십 % 마이너스가 되면 주식투자에 대한 긍정적인 믿음은 사라지게 되어 있다. 필자는 만 21년 간 투자하면서 그렇게 굵직한 폭락장(IMF, 9·11테러, 금융위기, 미중 무역전쟁과 한일 무역전쟁, 글로벌 경기침체가 혼재되어 있는 지금) 속에 있었으면서도 단 한 번도 손해를 본 적이 없다. 분명히 손해를 보고 있었지만 주가가 떨어지면 나는 돈을 벌어 열심히 추가로 매수하여 매입단가를 지속적으로 낮췄다. 새벽부터 일어나 강의를 하고 집에 밤늦게 들어오면서까지 죽도록 일하고 돈을 모아 주식에 투자했다. 한번은 바르게 분석했다고 생각한 두 종목이 -75% 그리고 -55%가 되어 투자한 금액의 대부분이 날아갈 정도로 마이너스 수익률을 기록한 적이 있었다. 얼마나 주가가 폭락했으면 분명히 바르게 투자했다고 생각했는데 수익률이 이렇게 심하게 마이너스가 난 것인가?

그 고통의 터널을 빠져 나오는 데 1년 2개월 정도 걸렸다. 궁극적으로 -75%였던 것과 -55%였던 것은 큰 이익을 내고 매도할 수 있었다. 그리고 두 종목 다 배당까지 받았기 때문에 실제 수익률은 더 컸다.

고통스러웠던 인내는 나에게 고통의 대가로 '이익'을 안겨다 주었고 경제적 자유를 누릴 수 있게 해주었다. 누구나 주식투자로 큰 손해를 볼 수도 있고 누구나 큰돈을 벌 수 있다. 주식투자로 큰돈을 버는 것은 전교 1등 하거나 서울대 가는 것보다 훨씬 쉽다. 그렇지만 주식투자로 큰돈을 벌려면 당연히 주식에 관련된 공부를 아주 열심히 해야 한다. 그것도 제대로 그리고 바르게 해야 한다.

시중에는 가짜가 너무 많다. 주식을 도박으로 가르치는 자들이 너무 많다. 필자는 주식투자 관련 서적을 수도 없이 읽었고 지금도 읽고 있는데 거의 절반 이상이 휴지통으로 들어가야 할 책들이다. 남들은 주식투자로 돈을 벌면 운이 좋다고 생각하는데 주식투자 소득은 절대로 불로소득이 아니다. 그들이 돈을 번 것은 엄청난 노력과 고통의 결과라는 사실을 알아야 한다.

부동산이나 채권 혹은 은행 이자보다 나은 이익을 바라고 주식투자를 해야겠다면 주식투자에 대해 많이 공부할 필요가 없다. 배당을 많이 주는 배당주를 사서 배당을 받거나 강세장이면 종합주가지수와 연동된 'ETF' 혹은 'KODEX 레버리지'를 사거나 'KODEX 200'을 사면된다. 반대로 주가가 떨어질 것 같으면 'KODEX 인버스'를 사면 된다.

주식투자로 정말 큰돈을 벌고 싶은가? 큰돈을 벌려면 먼저 주식투자에 대해 긍정적인 마음을 가지고 도전해야 한다. 무한 긍정을 전제로 열심히 그리고 바르게 공부해야 한다. 주식에 대해 제대로 공부했다면 자기의 기업 가치 분석력을 믿어라. 그리고 주가가 오르든 내리든 멘탈 관리를 잘 해야 한다. 심리를 잘 다스리는 것이야 말로 주식 시장에서 절대 돈을 잃지 않는 가장 중요한 요인이기 때문이다. 기본적 분석을 통해 회사의 가치를 똑바로 파악하라. 그리고 차트를 보고 매수할 기업의 주가가 역사상 비교적 쌀 때 사라.

기다려라. 기다리고 또 기다리고 또 기다려라. 폭락장이라 주가가 떨어지면 호흡을 길게 하고 사고 또 사라. 그리고 바닥을 치면 한숨을 가다듬고 기다리면 된다. 다시 말하지만 폭락장은 오히려 큰 기회이다. 내가 산 종목이 폭락하면 나도 같이 매수하면서 평균 단가를 낮춰야 한다. 기업 가치가 좋지 않은 종목을 높은 가격에 사지 않는 한 반드시 주가는 회복된다. 만일 주가 회복에 대한 믿음이 없다면 주식투자를 하면 안 된다. 안타까운 것은 초보자들이나 경력은 되었지만 주식투자로 피해 본 개인 투자자들에게 백 날 이런 이야기를 해봐야 믿지 않는다는 것이다.

월요일 지수또 하락할까요. [16] Ⓝ

쉽게읽는주식_하락 장세에 대응하는 주식투자 일기 [21] Ⓝ

증권사 직원도 한국주식은,, [9] Ⓝ

돈사화재가 작년 말부터 유난히 많이 발생한 이유는 뭘까요? [3] Ⓝ

[공유] 국민청원 (한시적 공매도 금지) [6] Ⓝ

다들 멘탈 어케잡고 계시나요?ㅠ [8] Ⓝ

더 열받는 건 [4] Ⓝ

와 ~ ~ 완전 시장이 완전 패닉 상태네요 ~ ~ Ⓝ

외인따라 개인도 빼기 시작..? 😢 [3] Ⓝ

오늘 -3%는 기본이고 -9%도 몇 개 있네요 [3] Ⓝ

지수 박살나는 와중에 비트코인은 상승중이네요. [1] Ⓝ

지금할수있는게 단타밖에없네요. [1] Ⓝ

다들 멘탈 어케잡고 계시나요?ㅠ [8] Ⓝ

더 열받는 건 [4] Ⓝ

와 ~ ~ 완전 시장이 완전 패닉 상태네요 ~ ~ Ⓝ

외인따라 개인도 빼기 시작..? 😢 [3] Ⓝ

오늘 -3%는 기본이고 -9%도 몇 개 있네요 [3] Ⓝ

지수 박살나는 와중에 비트코인은 상승중이네요. [1] Ⓝ

Q&A(공부...   오늘처럼 급작스러운 폭락은 어떻게 대처하나요? [29]

자유게시판(...   미국떡락중..트럼프 트위터 내용이 기관이네요 [34]

자유게시판(...   금리인하는 쉽지않은듯 [4]

Q&A(공부...   미국장 하락하는데, 우리증시 영향어떻게 보시나요? [17]

Q&A(공부...   미국장 폭락중인데 무슨일 있나요? [44]

코스피 종합주가지수 1900이 무너지고 코스닥은 550까지 떨어진 후 모 주식 카페에 올라온 글들

9. 주식투자로 큰돈을 벌 수 있는 조건들

"주식투자로 큰돈 벌 수 있을까?" "주변에 보면 거의 다 주식투자로 깡통 찼다는데?" 이런 생각을 하는 사람은 주식투자로 큰돈을 벌 수 없다. 먼저 주식투자에 대해 긍정적인 마인드를 가져야 한다고 수없이 강조한 바 있다. 주식으로 돈을 잃은 대부분의 사람들은 주식투자가 무엇인지 모르고 준비도 없이 공짜 돈이 생길 것을 기대하면서 뛰어든 사람이 대부분이다. 공부를 했다 하더라도 기술적 분석에 매몰돼서 차트만 연구하고 급등주를 추격 매수하다가 물리거나 회사의 가치와는 별개로 단기 급등하는 종목에 대한 탐욕을 이기지 못하고 도박처럼 투자했다가 손해를 보게 된다.

혹 우량주에 투자했더라도 높은 가격에 매수해서 대응할 대책이 없거나 주가가 하락했다가 본전이 오면 또 주가가 하락할까 봐 겁먹고 손해를 보고 팔거나 본전에 급하게 처분한 경우가 대부분이다.

주식투자로 큰돈을 벌기 위해서는 당연히 남들보다 더 피나는 노력을 해야 한다. 회사의 가치를 판별할 수 있는 주식에 대한 기본적인 공부는 물론이고, 실전 매매를 통해 주가가 왜 상승하며 상승할 때는 어떤 과정을 거치는지 하락할 경우에는 어떤 메커니즘을 가지고 하락하는지 실전 매매를 통해 경험을 쌓아야 한다.

다른 것은 책을 통해 알려줄 수 있고 투자 경험을 이야기해줄 수 있지만 실전 매매는 본인이 하면서 느끼는 수밖에 없다. 모든 종목마다 주가가 움직이는 메커니즘이 약간씩 다르다. 그것을 본인이 파악해야 한다. 주식 공부는 단기간에 할 수 있지만 실전 매매를 통한 주가 형성의 실체에 대한 감각은 그냥 쌓아지는 것이 아니라는 것이다. 사람마다 주식에 관련된 지식을 습득하는 기간이 다르겠지만 단기간에 투자 내공을 쌓기는 쉽지 않다.

마지막으로 심리적인 전쟁에서 승리할 수 있어야 한다. 탐욕을 절제할 수 있는 강한 절제력과 감정을 다스릴 수 있는 냉철함, 남들보다 탁월한 멘탈 관리 능력, 아울러 참고 인내하고 또 참는 인내력이 필요하다. 절대로 급한 성격을 가진 사람은 주식투자에서 큰 이득을 낼 수가 없다. 작전 세력들이 개미 투자자들을 속여 도중에 손절매 하게 하거나 주가가 더 상승하기 전에 가지고 있는 물량을 다 털어내게 할 것이다.

탁월한 멘탈 관리 능력이란 혹시 바닥인 줄 알고 저평가 우량주를 매입했는데 계속 주가가 하락할 때 절대 흔들리지 않는 마음이다. 생각했던 것보다 주가가 더 하락해서 손실이 나게 되면 계좌 수익률이 크게 마이너스 난 것을 보며 마음이 흔들리게 된다. 하지만 지금 당장 팔지 않은 이상 그 손해는 확정된 것이 아니다. 회사의 가치는 별 변동이 없지만 단기 수급에 따라 주가가 널뛰듯 변동성이 큰 것은 크게 걱정할 필요가 없다.

또 다른 면에서 탁월한 멘탈 관리 능력이란 주가가 바닥을 치고 큰 거래량을 동반하면서 첫 장대 양봉을 만들어 주가가 상승하더라도 급하게 팔아치우지 않는 느긋함을 갖는 능력이다. 물론 길게 윗 꼬리가 달리면서 주가가 큰 폭으로 상승했다가 매수 단가 아래로 하락할 수도 있지만 첫 장대 양봉을 낸 종목은 중장기적으로 보면 주가가 추가 상승하는 경우가 대부분이다.

앞에서 언급한 두 가지 상반된 경우에 자신을 잘 컨트롤 할 수 있는 능력이 바로 멘탈 관리 능력이다.

정리해보면 **주식투자로 큰돈을 벌 조건들**은

첫째, 주식투자로 반드시 이익을 내겠다는 긍정적인 마인드
둘째, 기업의 가치를 제대로 판단할 수 있는 주식에 관련된 지식들
셋째, 실전 매매를 통한 주가의 상승과 하락에 대한 메커니즘의 이해
넷째, 주가가 상승하거나 하락할 경우 자신의 감정을 잘 다스려 많은 이득을 이끌어 낼 수 있도록 심리적으로 흔들리지 않는 자세 등이다.

주식투자를 통해 경제적 자유를 누리는 자본가가 되고 싶은가?

반드시 이득을 낼 수 있다는 도전 정신과 긍정적인 마음 자세를 가진다면 당신도 충분히 큰 이득을 낼 수 있다.

10. 인터넷 주식 카페가 오히려 독이 될 수도 있다

주식투자로 큰돈을 벌어 좋은 일도 하고 삶의 여유를 갖기 원하는 YD라는 친구는 서점에 가서 '황용 선생(NYET)의 주식투자로 손해 본 개미 구하기'라는 책도 사고 인터넷 주식 카페에도 가입하였으며 유튜브를 통해 주식 공부를 시작하였다.

이것저것 주식에 관한 공부를 열심히 하다가 매일같이 주식투자 카페에 들어가 얻을 만한 정보가 무엇이 있는지 열심히 훑어보고 있었다. 그러던 중 카페에 올라온 글을 보니 '추천주'라는 제목이 달려 있고 회사 합병을 호재로 폭등할 것이니 매수하라는 추천의 글을 보았다.

'황용 선생(NYET)의 주식투자로 손해 본 개미 구하기'에서 그토록 기업 가치를 계산해보고 심사숙고한 후에 매수하라고 강조했지만 그것은 까마득히 잊어먹고 주식 카페의 추천주에 혹해서 거금 2천만 원을 일시에 투자하였다.

다음 날 주가는 추천대로 폭등을 하고 YD는 투자 금액의 10%인 200만 원의 이익을 얻게 되어 그 기쁨은 이루 말할 수가 없었다. 새로운 '워런버핏'이 한국에 탄생한 것처럼 주식투자에 자신이 생겼으며 공부고 뭐고 카페의 고수들이 추천한 종목을 단기에 투자한다면 큰돈을 벌 수 있을 것 같았다.

누구의 추천과는 관계없이 주가가 올라갈 수도 있지만 그 카페에서 누가 추천한 종목이 오르는 경우는 카페에서 자칭 고수의 추천으로 인해 많은 사람들이 해당 주식을 매수했기 때문에 주가가 상승했을 가능성이 아주 크다. 주가가 오르려면 많은 사람들이 매수해야 하기 때문이다. 대개 카페의 고수라는 자가 추천하는 종목은 코스닥 소형주일 것이다. 대형주를 추천해 봐야 수백 명이 매수하더라도 주가 상승에 큰 영향을 못 미치므로 추천자가 미리 사놓고 코스닥 소형주를 추천한 다음 카페의 초보자들을 세력으로 만들어 주가를 상승하게 했을 개연성이 아주 높다.

만일 카페의 고수가 정말 양심 있는 사람이라면 본인이 추천한 종목을 가지고 있지 않다는 사실을 입증하고 추천해야 한다. 그렇더라도 이해가 안 가는 것이 도대체 뭐 하러 추천을 한단 말인가? 추천하는 자가 불쌍한 개미들을 구해주기 위해 봉사 활동을 하는 것인가? 어차피 주식투자라는 것이 남에게(개인 투자자를 포함하여) 물량을 비싸게 떠넘기는 게임인데 무슨 개미를 위한 봉사 활동인가? 아니라면 추천 종목이 올라갈 것을 미리 알고 있는 신의 영역에 도전하는 사람인가?

어떤 인터넷 주식 카페에 가도 이렇게 고수 행세를 하면서 선량한 초보 투자자들을 이용하는 사람들이 있다. 일종의 시세 조종

행위이며 범죄 행위이다. 추천하는 사람이나 추천을 받아 공짜 이익을 보려고 하는 사람이나 그 태도를 이해할 수가 없다. 추천해서 주가가 올라 이익을 보는 사람도 있겠지만 늦게 매수하거나 제대로 대응을 못해 손해 보는 사람들이 반드시 있을 것이다. 단 한 사람이라도 손해 보는 사람들을 생각한다면 추천해서는 안 된다. 추천 받는 사람은 또 뭔가? 남이 내 돈을 벌어 줄 것 같은가? 전쟁 나간 사람이 알아서 살아남을 생각은 안 하고 남이 내 목숨을 언제까지 구해줄 것 같은가? 주식투자한 사람 중에 남의 추천으로 큰돈 벌었다는 사람 이야기를 들어본 적이 있는지 모르겠다.

YD라는 친구는 그동안 공부했던 기본 원칙들은 까맣게 잊어버리고 탐욕에 물들어 카페에서 추천하는 급등주만 추격 매수하다가 어느 날 매수한 종목이 갑자기 급락하자 당황하여 물 타기를 하게 되었고 결국 물 타기한 금액보다 주가가 더 크게 떨어져 어떻게 대응해야 할지 주식 카페에 문의 글을 올리니 추천한 사람이 "손절하라"는 것이었다. 결국 YD는 눈물을 머금고 큰 손실을 입었다. 그리고 주식에 대해 큰 공포감이 생겼다.

인터넷 주식 카페에는 불특정 다수가 가입해 있다. 위에서 언급했지만 소위 고수 흉내를 내는 사람들이 자기가 미리 사놓고 매수 추천한 후에 이익을 내고 팔고 나가려고 매수를 부추기는 것인지는 알 수가 없다.

필자는 회원 수가 가장 많은 카페에 가입하여 6개월 정도 활동한 적이 있었는데, 이 카페에서는 소위 고수라는 자들이 카페 회원들에게 몇 번 추천하여 이익을 보게 한 후 자기가 미리 사놓은 종목을 추천하고 주가가 오르면 팔고 나가는 파렴치한 행위 때문에 난리가 났었다. 이런 경우 시세 조종에 해당될 수도 있다. 명예훼손이니 모욕이니 서로 고소를 한다고 관련 회원들끼리 난리를 치고 아무튼 카페가 엉망이 된 적이 있었다. 필자는 싸움이 난무하는 그 카페에서 탈퇴하였고 지금은 비교적 조용한 카페에 가입해 있다.

　주식투자에 도움이 되는 사람을 만나는 것이 굉장히 중요한데 진짜와 가짜를 잘 구별해야 한다. 특히 차트만을 강조하는 사람은 조심해야 한다. 앙드레 코스톨라니는 '차트에 집중하면 노름꾼이 된다'는 말을 한 적이 있다. 기술적 분석은 나름대로 반드시 유용한 측면이 있지만 차트는 과거의 기록일 뿐 미래에 주가가 어떻게 될지는 아무도 모른다. 그리고 "가격이 확실히 얼마가 될 것이다"라고 예측하는 사람도 조심해야 한다.

　필자의 경험으로는 종목 토론방이나 카페에서 "주가가 얼마까지 갈 것이다"라고 말하는 사람 중에 그 예언대로 된 적은 단 한 번도 없었다. 경제 방송 TV에서 종목 상담을 하는데 상담하는 사람이 "언제 제가 이득을 보고 팔고 나갈 수 있을 것 같습니까?"라고 질문하는 사람이나 "몇 개월 기다리시면 가격이 얼마 갈 것이니 이때

팔고 나오시면 됩니다"라고 대답하는 사람이나 똑같은 사람들이
다. 귀신도 모른다는 주가를 어떻게 알고 그런 말을 하는 것일까?

그 대답을 알면 주식 시장에 있는 돈을 다 긁어갈 것인데 질문
하는 사람이나 대답하는 사람이나 필자가 보기에는 한 사람은 무
지한 사람이고 다른 한 사람은 신의 영역에 도전하는 사람이라고
생각한다. 그렇게 미래의 주가가 어떻게 될지 안다면 선물에 투자
하면 큰돈을 벌 텐데 전문가라는 사람은 정말 큰돈을 벌었을까?
주가가 어떻게 될지는 아무도 모른다.

필자가 말하고자 하는 바를 정리하면 인터넷 주식 카페에 가입
하는 것은 좋지만 그 카페에서 피해를 입은 사람이 한두 명이 아
니기 때문에 아주 조심해야 한다. 특히 자칭 고수라 하면서 특정
종목을 추천하거나 돈을 받고 리딩해 준다고 현혹하는 것은 절대
조심해야 한다. 그리고 그럴싸하게 개인 투자자들을 유혹하는 글
에 넘어가면 안 된다. 필자가 한마디로 잔소리를 한다면 주식 카페
에 가입을 한다고 해도 객관적인 정보나 다양한 의견을 수렴하고
투자 판단을 해 보는 것은 도움이 될 수도 있다. 아니면 차라리 카
페에 가입하지 말고 객관적인 정보만 취합하여 투자 판단에 도움
을 받고 직접 매매하면서 실전 경험을 쌓아 이익이 나는 원리를 스
스로 터득하는 것이 더 도움이 될 수도 있다. 필자는 카페에 가입
했지만 도움을 받은 것이 하나도 없다.

11. 실적과 주가와의 관계

주가는 해당 기업의 본질 가치를 직접적으로 반영하고 있어야 한다. 즉 실적이 좋으면 당연히 주가도 좋아야 한다. 효율적 시장 가설을 주장하는 자들은 현재의 주가가 그 회사의 가치를 직접적으로 반영하고 있다고 주장한다. 그런데 정말 그럴까? 그렇다면 주가는 왜 변동하는 것인가?

코스닥 기업을 보면 기업 가치는 큰 변동이 없는데 52주 동안 움직이는 주가의 범위가 무려 몇 배에 달하는 이유는 무엇일까? 가격과 가치는 다른 것이다. 가격은 현재에 거래되고 있는 것이지만 기업의 가치는 반영되지 않을 수도 있기 때문에 저평가된 주식들이 나오는 것이다. 즉 주식투자의 원리는 가격과 가치의 괴리를 이용하여 주가가 저평가되었을 때 매수해서 주가가 기업 가치를 어느 정도 반영하면 팔아 이익을 추구하는 행위이다.

'주가는 실적의 그림자'라는 말이 있다. 실적과 주가의 연관 관계는 정말 100%일까? 실적이 좋으면 당연히 주가가 좋아야 한다. 그런데 실적이 좋아도 주가가 오르지 않고 실적이 나빠도 주가가 폭등하는 경우도 있다. 물론 일반적으로 실적이 좋으면 당연히 주가가 이를 반영한다.

필자가 만 21년 간 주식 시장에 존재하면서 목격한 바로는 실적이 좋아도 주가가 안 올라가는 경우가 상당히 많았다. 실적이 나빠도 주가가 폭등하는 경우도 상당히 있었다. 수요와 공급이 주가를 결정하다 보니 기업 가치 대비 주가의 왜곡 현상이 종종 일어난다.

코스피 대형주의 경우는 외국인과 기관이 가격 결정력을 가진 주포 역할을 하고, 코스닥은 개인들이 주로 거래하기 때문에 기관이나 외국인보다는 슈퍼 개미나 작전 세력들이 영향력을 발휘하는 주포 역할을 한다. 물론 코스닥도 시가 총액이 큰 것은 당연히 외국인이나 기관의 영향력이 절대적이다. 외국인과 기관이 포진해 있지 않은 코스닥 소형주의 경우 대개 작전 세력들이 포진해 있다. 이들은 막강한 자금력을 이용해 시세를 조종하는 경우가 대부분이다.

금감원에서 시세 조종은 범죄 행위라고 하지만 실제 코스닥 소형주를 거래해보면 작전 세력들이 작전을 들키지 않기 위해 차명 계좌를 동원하고 치밀하게 시장 감시 본부를 따돌린다. 감시 기능이 발전했지만 작전 세력들이 감시 본부를 따돌리는 기능은 더욱 진화하고 있다. 간단히 말해 작전은 들키지 않는다는 것이다. 코스닥은 주가가 형성되는 모종의 흐름이 있다. 작전 세력이 대개는 크게 이득을 보고 물량을 떠넘기지만 작전 세력들이 물려 있는 경우도 있고 기대감만으로 분위기를 띄우고 주가를 급등시키기도 하며 겁을 주어 개미들을 털어내고 그 물량을 싸게 받아서 다시 주가를 띄우는 경우도 있다.

이처럼 실제 기업의 가치가 왜곡되어 주가가 형성되는 경우가 비일비재하다. 따라서 순진하게 기업의 실적이 좋아지면 바로 주가에 반영될 것이라고 생각하면 안 된다. 언젠가는 실적이 주가에 반영되겠지만 그렇지 않고 다분히 수요 공급에 의해 아무 이유 없이 주가가 형성되는 경우도 있고, 작전 세력이 개입된 경우 그들이 주가를 좌지우지하므로 주가가 반드시 실적을 반영하여 형성되지 않는 경우도 많다.

그렇다면 어떻게 하는 것이 가장 현명하게 매매하는 것일까? 작전 세력이 입성하기 전에 조용하게 거래되고 있는, 그러니까 현재는 시장이 별 관심을 안 갖는 종목을 사야 한다. 당연히 저평가되어 있고 우량한 종목이어야 한다. 아울러 작전 세력이 작전을 벌였다가 외국인이나 기관의 매도로 되밀린 경우도 따라 들어갈 수 있다. 며칠 후에 작전 세력들이 주가를 다시 띄울 수 있기 때문이다.

필자의 경우는 작전 세력들이 잔치를 벌일 때는 절대 따라 들어가지 않는다. 위에서 언급한 것처럼 주가를 올리다가 되밀린 경우 따라 들어가 이득을 내는 경우도 있지만 저평가 우량주이면서 은행이자 이상 배당을 주고 철저히 소외되어 있는 종목을 매수하고 인내하면서 기다리면 작전 세력들이 잔치를 하러 들어온다. 잔치를 하기 위해 거래량이 크게 터질 때 처분하든지 거래량이나 재료로 보아 더 보유하여 나중에 처분하든지 상황을 보면서 대응하고 있다.

특히 기업 가치와는 아무 관계없이 매크로 환경의 영향을 받아 거의 모든 회사의 주가가 하락하는 경우가 상당히 많다. 폭락장에는 기업 가치가 아무리 좋아도 시장의 영향을 받아 그냥 주가가 하락하게 된다. 그런 경우에 필자가 위에서 언급한 내용들을 미리 알고 있어야 주가가 하락할 때 효율적으로 대응할 수 있고 예상치 못하게 상승할 때도 잘 대응할 수 있다. 결론은 주가는 실적의 영향 이전에 수급이 결정하고 시장의 상황이 결정한다. 따라서 거래량이 중요하며 시장에 영향을 미치는 매크로 상황들이 상당히 중요하다.

12. 종목 토론방은 당신에게 허황됨과
공포심을 심어주는 심리 전쟁터

　요즘은 포털 사이트 네이버에 종목별 토론방이 있어서 해당 종목에 대해 관심이 있거나 해당 종목을 매수한 주주들이 해당 기업에 대한 의견을 글로 올리고 있다.

　그 전에는 팍스넷이 유일한 소통의 통로였는데 요즘은 네이버가 대세다.

　토론방 글을 읽어보면 황당한 이야기가 주를 이룬다. 특히 시세를 조종하려는 불순한 의도를 가지고 개미들에게 근거 없는 소문을 흘려 겁을 주고 물량을 싼 가격에 팔게 하거나 한 없이 긍정적인 말로 개미들에게 매수를 부추겨 자기는 팔고 나가려는 글들이 대부분이다. 이런 글들은 그저 읽고 그냥 넘겨야 할 글들이므로 어떤 심리적인 동요도 있어서는 안 된다.

　종목 토론방은 한마디로 심리전을 펼치는 곳이다. 해당 기업에 대한 비방과 게시판 토론자들끼리 모욕 그리고 전혀 근거 없는 글이 난무하는 곳이다. 토론 방의 글을 읽으면 주식투자 경력이 짧은 사람들은 그 글을 그대로 믿고 심리적으로 흔들리거나 아니면 한 없이 그 기업에 대해 긍정적인 생각을 가질 수 있다.

주식투자는 심리 게임이라는 말을 들어 보았는가? 왜 주식투자가 심리 게임일까? 기업 가치는 단기간에 큰 변동이 없지만 주가는 순간마다 변한다. 어떤 이유로든 그 기업에 대한 부정적인 생각 때문에 마음이 흔들려 주식을 매도하는 물량이 많아지면 주가는 하락한다. 반대로 긍정적인 생각으로 매수하는 물량이 많아지면 주가는 올라가게 되어 있다. 불과 하루 만에 주가 30%가 왔다 갔다한다.

심리적으로 패배하게 되면 주식투자로 큰 손해를 볼 가능성이 크다. 따라서 기업 가치를 잘 분석해야 한다. 그리고 저점인 줄 알고 매입했는데 자꾸 지하를 파고 더 내려가면 심리적으로 흔들리면 안 된다. 이때 토론 게시판 글을 보면 한없이 부정적인 글들만 올라온다. "더 손해 보기 전에 어서 팔아라"는 글이 당신을 힘들게 할지도 모른다. 부정적인 글을 보면 지금 마이너스 20% 이상 손해가 났는데 더 손해 볼까 봐 걱정이 된다. 분명히 저평가 우량주인데도 더 손해 볼까봐 HTS 혹은 MTS의 매도 버튼을 눌러 그동안 열심히 사 모은 주식을 헐값에 정리해 버리게 된다.

이상하게도 그 종목의 주가는 내가 팔아치운 후에 상승한다. 어느 순간 그 종목에 대한 손절의 고통을 잊어버리고 우연히 그 종목의 시세를 보니 내가 팔아치운 금액보다 훨씬 높은 가격에 거래되고 있다. "가만히 가지고 있었으면 될 텐데" 하는 후회가 밀려온다. 하지만 이미 게임은 끝난 후이다. 평정심을 잘 지켰으면 되는

데 게시판 글을 보고 공포감에 다 정리해 버린 것이다.

　게시판에 올라온 글은 다분히 불량한 의도를 가지고 글을 쓰는 사람이 대부분이다. 물론 게시판 글 중에는 정말 좋은 글, 회사를 바로 분석한 글도 가끔 찾아볼 수 있다. 그런 글은 참고하면 도움이 되지만 성의 없이 찍찍 갈겨 놓은 글, 어떤 근거도 없는 글, 특히 심리적으로 공포나 막연한 희망을 심어주는 글을 잘 구별할 수 있어야 한다.

　심리전에서 절대 패배하면 안 된다. 기업 분석을 바탕으로 사실에 근거한 정보만 믿고 이성적으로 대처해야 한다. 남이 겁을 준다고 팔아치우고 남이 좋다고 해서 아무 생각 없이 주식을 사다보면 결국 남는 것은 손해뿐이다.

　게시판은 매매 당사자들의 심리를 파악할 수 있는 공간이다. 게시판의 글을 통해 투자자들의 심리를 읽을 수가 있다. 투자자들의 심리를 파악하여 매수, 매도 결정에 참고하고 게시판 글이 당신에게 심리적으로 제공하는 공포와 탐욕에 절대 넘어가서는 안 된다.

13. 주식 시장은 도박판

주식투자를 하다 보면 현재 내가 투자하는 방식이 맞는지 무척 고민될 때가 많다. 처음에 주식투자를 배운 대로 기업 가치를 분석하고 저평가 우량주를 골라 분할 매수했는데 수익률은 마이너스이고 다른 사람은 "단타로 20%를 먹었다"는 등 주변에서는 큰돈을 벌었다고 하는 것 같은데, 나는 초라하게 수익률이 마이너스라서 내 투자 방식이 맞는지 혼란스러워 했던 경험이 있을 것이다.

앞에서도 언급한 적이 있지만 위 질문에 대한 답을 한다면 어차피 경제적 이득을 취하기 위해 투자를 하는 것이기 때문에 단기투자든 장기투자든 이익을 낼 수 있다면 어떤 투자 방식이든 상관이 없을 것이다. 우선 본인의 투자 스타일이나 여건이 장기투자에 맞는지 단기투자에 맞는지 생각해 봐야 한다. 아무래도 직장 생활을 하는 사람은 빠르게 대처해야 하는 단기투자가 어려울 수 있을 것이다.

장기투자 방식은 주가가 쌀 때 사서 비쌀 때 팔면 되는 것이지만, 단기투자를 하려면 단기에 이익을 낼 수 있는 나만의 특별한 투자 방식이 있어야 한다. 이 책에서 여러 번 이야기하고 있지만 단기투자로 이익 내기가 장기투자로 이익 내기보다 어렵다. 하지만 실제 주식시장 참여자들을 보면 장기 투자자보다 단기 투자자가 훨씬 많을 것으로 생각한다. 아니 물려서 강제로 장기 투자하는 사람이 아니라면 거의 단기 투자자가 대부분일 것이다.

가치 투자를 한다는 것이 꼭 장기로 주식을 들고 있어야 한다는 것은 아니다. 적정 가치에 도달했다면 단기에 매도해도 된다. 초단기 투자는 도박에 가깝다. 아니 '투기'라 보면 될 것이다. 따라서 권하고 싶지 않다. 투기라서 권하고 싶지 않다기보다 손해 볼 가능성이 아주 커서 권하고 싶지 않다는 말이 맞을 것이다.

장기투자는 기다리지 못하는 인간의 본성에 반하는 투자이다. 그리고 위험을 회피하고자 하는 인간의 기본적인 심리에 역행하는 투자이다. 장기투자는 재미가 없다. 그저 사서 모으고 마냥 기다려야 하니 투자 자체가 지루하다. 게다가 돈이 단기간에 늘어나는 재미도 없다. 자본 회전율이 아주 낮다는 것이다.

그러나 단기투자는 급등주를 쫓아다니면서 짧은 시간에 큰 이익을 챙길 수 있다. 그런 맛에 한국 주식시장에는 단기 투자자들이 훨씬 많은 것 같다.

기업 가치를 분석해 가격이 낮을 때 투자하고 목표하는 주가가 오면 매도하는 가치 투자자들도 있겠지만 주변에 투자하는 사람들을 보면 단기 투자자가 월등히 많다.

그러다 보니 해당 기업의 가치와는 무관하게 매수세가 몰리는 종목은 주가의 변동성이 굉장히 크다.

　상승하는 종목들의 차트를 보면 개미 투자자들이 먹을 것이 있나 우르르 몰려왔다가 주포 세력이 고점에서 털고 나가면서 주가를 아래로 쭉 빼면 놀라서 손절하고 그대로 손실을 입는다. 결국은 차트 모양에 위 꼬리가 길게 달리는 것을 어렵지 않게 볼 수 있다. 주가가 상승하면 더 들고 갈 생각 없이 무조건 매도하고 빠져나갈 궁리를 하는 것이다. 코스닥 중소형주의 경우 아무 이유도 없이 주가가 크게 올랐다가 그날 원위치로 돌아오는 경우가 허다하다. 이런 경우를 보면서 용어는 '단기투자'라고 말하고 있지만 "정말 주식 시장은 도박판이구나!"라는 생각을 하게 된다.

　주식투자를 바르게 배우고 '가치 투자'라는 것을 해보려 노력하지만 내 주변 모두가 급등하는 종목에 편승하여 '투기'를 하고 있는 모습을 보니 나도 투자 방식을 바꿔야 하나? 하며 가치 투자에 회의(懷疑)를 느끼게 된다.

　사실 한국 주식 시장은 '건전한 투자의 장'이라기보다는 '투기'가 판치는 도박장에 가깝다고 볼 수 있다. 게임의 룰도 공정하지 않다. 기관과 외국인의 공매도로 인해 힘없는 개미 투자자는 큰 피해를 입고 주식 시장을 떠나는 경우가 다반사이다.

　얼마 전에는 미국의 '시타델 증권'이 메릴린치 증권 계좌를 통해 미리 정해진 컴퓨터 알고리즘에 따라 단기간에 주문을 내놓는 방식으로 대규모 허수성 주문을 쏟아내고 개인 투자자들을 유인하여 단기에 큰 수익을 낸 것으로 조사됐다. 서울신문에 따르면 "메릴린치는 2017년 10월부터 지난해 5월까지 '시타델 증권'으로부터 430개 종목에 대해 6220회(900만주, 847억 원)의 허수성 주문을 수탁했고, 이를 통해 시타델 증권은 2200억 원대의 매매차익을 본 것으로 추정된다"라고 했다.

이처럼 개인 투자자들이 거대한 자본들이 행하는 투기 도박에서 어떻게 살아남을 수 있겠는가? '시타델 증권'의 이러한 행위는 한국 주식 시장이 초단기 도박장이라 것을 알려주는 방증이기도 하다.

앞에서도 언급한 바 있지만 단기투자는 리스크가 크다는 사실을 명심해야 한다. 필자는 기업 가치에 근거한 투자를 하다가 2년 6개월 이상 전부터 단기 장기 가리지 않는 스윙에서 중기 투자 기법을 개발해 가치 투자와 장기 투자를 혼합한 투자 방식으로 매매하고 있다.

쉬운 것은 없지만 가치 투자는 기업의 본질 가치에 근거하여 현재 낮은 가격에 거래되는 회사를 매수하고 가치가 적정하게 반영될 때까지 기다려야 하고 단기투자는 단기에 매수세가 몰리는 곳을 선정하여 급등하는 것을 추격 매수하면 안 되고 처음으로 거래량이 크게 터지면서 단기에 큰 상승을 보이던 주가가 적절하게 조정 받을 때 들어가야 그나마 리스크를 줄일 수 있다.

　필자는 스윙 투자한 종목도 기본적 분석을 꼼꼼하게 하고 있다. 아무리 단기에 상승할 가망성이 높다 하더라도 만일의 경우를 대비하여 재무구조가 안 좋은 회사는 절대로 투자하지 않는다. 쉽게 말해 가치 있는 기업을 매수해서 단기든 장기든 가리지 않고 투자하고 있다. 필자가 정한 목표 수익에 도달하면 언제든 매도한다. 어쨌든 한국 주식 시장은 거의 도박판이라고 보는 것이 현실적으로 맞는 평가이다.

14. 작전! 알아야 당하지 않는다

　주식 시장에서 '작전'이란 드러나지 않게 시세를 조종하여 주가를 인위적으로 조작하는 행위를 말한다. 작전은 개인 투자자들을 현혹하여 많은 피해를 주기 때문에 초보 투자자들이나 경력은 되었더라도 돈을 많이 잃은 투자자들은 작전 내용에 대해 충분히 알고 있어야 피해를 줄일 수 있다.

　과거의 작전은 시장 감시 당국의 소홀한 감시와 제도적인 허점의 영향으로 대단히 크게 시세를 조종할 수 있었다면 요즘은 시장 감시 기능의 강화로 인해 비교적 과거보다는 작게 영향을 미치지만 여전히 우리가 모르는 작전 세력들이 활개를 치고 있다. 작전 세력들로 인해 개인 투자자들이 크게 피해를 보고 사회적으로 문제가 되자 시장 감시 기능이 강화되기는 했지만 작전이 발각되는 것을 피하기 위해 작전 수법도 고도로 진화되어 왔다. 이들은 여러 차명계좌를 통해 같은 세력들끼리 물량을 주고받으면서 시세를 조종하므로 시장 감시 본부에 의해 걸릴 가망성은 거의 없다고 보면 된다.

　대개 작전의 과정은 종목 선정, 물량 매집, 작전으로 인한 주가 슈팅, 개인 투자자들 현혹, 고점에서 매집 물량을 개미 투자자들에게 떠넘기는 매도의 과정으로 이루어진다. 작전을 일으키는 주체는 사설 투자 세력, 개인 재력가, 사채업자, 조직 폭력배 자금 혹은 펀드를 통해 돈을 모아 투자하는 세력, 동호회나 카페 세력 등등 다양하다. 그들이 선정하는 종목은 다음과 같은 특징을 가진다.

1) 호재가 있는 종목(부실한 회사도 많이 포함됨)
2) 최대주주의 지분율이 높은 종목(유통물량이 적은 종목)
3) 시가 총액이 크지 않아 엄청난 금액을 쓰지 않아도 쉽게 올릴 수 있는 종목

등이다.

그러려면 당연히 코스닥 중소형주가 작전 대상이 될 것이다. 작전은 인위적으로 시세를 조종하여 개인 투자자들을 유인하고 고점에서 가진 물량을 털어 개미들에게 물량을 떠넘기는 것을 목표로 하기 때문에 생각보다 장기간 펼쳐지기도 한다. 수개월에서 수년에 걸쳐 작전을 펼치는 경우도 있고 작전이 실패하여 작전 세력이 물려 있는 경우도 있다.

알려진 바에 의하면 작전 세력은 설계자(전 증권사 직원이나 주식과 밀접한 관련이 있는 직업을 가진 사람이 맡으며 작전을 총괄한다), 쩐주(작전에 필요한 돈을 대는 주체), 기술자(실제로 주식을 사고팔면서 시세를 인위적으로 조종하는 사람), 심지어는 변호사, 회계사 등이 있는 세력으로도 이루어진다. 작전 세력들은 시장에 이슈화시킬 수 있는 호

재를 가진 종목을 박스권에 가둬 놓고 답답할 정도로 장기간 해당 주식을 매입한다. 개인들이 좋아하는 차트를 만들기 위해 수급을 조절하며 그 과정에서 많은 물량을 매집하는 다른 세력이 있을 경우 일부러 주가를 폭락시켜서 상대방의 손절을 유도하기도 한다.

작전이 성공하는 경우도 있겠지만 100% 성공하지는 않을 것이며 작전이 실패로 끝나 작전 세력이 크게 손해 보기도 할 것이다. 대개 작전이 성공하는 경우에는 최대주주나 대표이사의 묵인 하에 이루어지는 경우가 많다고 한다. 작전이 어디 있어? 주가는 정상적으로 형성되는 것 같고 겉으로는 드러나 보이지 않지만 작전은 지금 이 순간에도 작전이 이루어지고 있고 앞으로도 계속 될 것이다.

코스닥 소형주에는 거의 작전 세력들이 존재한다고 보면 된다. 작전을 눈치 챌 수 있는 방법들은 제한되어 있지만 대개 작전 주의 경우 위에서 언급한 특징들을 가지고 있고 종목 게시판에 작전 세력들 알바가 뜬금없이 해당 종목과 관련된 재료를 흘리면서 실적과 관계없이 급등한다면 작전주로 생각할 수 있다. 초보자들은 이런 종목들에 아예 접근하지 않는다면 피해를 줄일 수 있을 것이다.

CHAPTER 4.

위대한 투자자들의
투자 철학

2001   2002   2003

10

80

6000

4000

2000

0

4장에서는 주식투자 역사상 가장 훌륭한 투자
자들의 삶과 투자 철학을 통해 과연 그들이 어떻게 엄청난 이익을
얻을 수 있었는지 공부해 보는 시간을 갖고자 한다.

　필자가 위대한 투자자들의 삶과 투자 철학을 다루는 이유는 어
려운 환경 속에서도 굴하지 않고 상상할 수 없는 노력과 자기만의
주식투자 철학을 지킨 결과 엄청난 이익을 얻은 위대한 투자자들
의 투자 철학을 벤치마킹하기 위함이고, 비록 위대한 투자자들이
성공한 시대의 상황과 똑같은 시장 상황은 아니지만 그들의 투자
철학을 통해 그들보다 더 위대한 투자자가 되기 위함이기도 하다.
아울러 하찮은 수익을 위해 아무 분석과 연구도 없이 주가가 오르
기만을 바라는 무지한 개인 투자자들에 비해 위대한 투자자들이
얼마나 많은 노력을 기울였는지 알아보고 초보자 및 손해만 보고
있는 투자 하수들과 필자에게 가하는 일종의 충격 요법이기도 하
다. 주식투자의 성패는 매매 기술이 아니라 투자 철학에 달려 있기
때문이다.

경제학 지식, 회계학 지식 그리고 매매 기법만 잘 개발하면 주식 투자로 큰 이익을 낼 수 있을 것이라고 생각할지 모르겠지만 주식 투자의 이익은 단순한 지식과 매매 기법뿐만 아니라 인간 삶의 모든 것과 관련이 있다. 필자는 여러 학문을 전공했지만 모든 전공이 주식투자를 하는 데 큰 도움이 된다. 다만 '앙드레 코스톨라니'의 말처럼 투자해서 생긴 이익은 두뇌가 명석한 결과가 아니라 '고통과 인내심의 결과'라는 말에 전적으로 동의한다.

필자는 이번 Chapter를 통해 우리도 위대한 투자자가 되기 위해 글로벌 시장에서 크게 성공했던 투자자들의 투자 방법과 투자 철학, 그리고 그들의 삶에 대해 성찰해 보고자 한다. 위대한 투자자가 되기 위해서는 무엇보다 투자 철학과 투자 심리가 가장 중요하다고 생각하고 있다. 주식투자를 왜 심리 게임이라고 정의하는가? 앞으로 오랜 기간 주식에 투자해 보시면 심리가 얼마나 큰 영향을 미치는지 뼈저리게 깨닫게 될 것이다.

아래에 나오는 내용은 네이버 인물 정보와 위키 백과, 나무 위키, '세계의 주식고수들, 2007, 맛있는책, 전영수 지음'과 '존 템플턴의 가치투자 전략, 로렌 템플턴, 스콧 필립스 지음, 김기준 옮김', 그리고 이투데이 기사 '세계의 주식 고수'편 등을 참고하였다.

1. Warren Buffett(워런 버핏)의 삶과 투자 철학

'워런 버핏'(1930~)은 주식투자를 통해 세계적인 거부가 된 인물로 모든 투자자들이 닮고 싶어 하는 전설적인 투자자이다. 부자들에 대한 일반인들의 존경심 부족에도 주식 시장을 정확히 꿰뚫는 눈을 가지고 오마하의 현인(賢人)이라 불리는 '워런버핏'은 우리 책 앞부분에 소개한 것처럼 주식투자 역사상 가장 뛰어난 투자자로 초기 투자자금 10만 5천달러를 825억달러(93조 8566억)로 키운 살아 있는 투자의 전설이자 대가이다. 2008년도에는 미국 경제 전문잡지 포브스가 선정한 세계 1위 부호에 오르기도 했다.

'워런버핏'은 어떻게 이렇게 엄청난 투자 수익을 올릴 수 있었을까? 그것은 철저한 그만의 투자 원칙 때문이다. 기업 분석을 통해 미래의 기업을 바라보는 눈, 탐욕을 절제하는 평정심, 그리고 단기적인 주가의 흐름에 일희일비하지 않는 장기적인 투자 안목이 오늘날 그에게 엄청난 이익을 안겨 준 것이다. 최근 보도에 의하면 그의 성공 요인 중 가장 주목할 만한 부분은 '엄청난 독서량'이라고 한다. 지금도 그는 오마하에서 사업보고서를 읽거나 하루 6시간 정도의 독서량을 유지한다고 한다.

주식 중개인이면서 투자회사를 운영하였고 네브라스카주 하원의원을 지낸 '하워드 호맨 버핏'의 둘째 아들로 태어난 '워런 에드워드 버핏'은 어릴 때부터 경제관념이 뛰어났다. 할아버지의 채소 가게에서도 일했고 코카콜라 네 개 들이를 사서 낱개로 팔기도 했으며 껌을 팔고 신문배달을 하기도 했다. 또한 핀볼 기계를 이발소에 설치하여 이익을 내기도 했다.

아홉 살 때 주식을 공부하고 열 한 살 때 누나 도리스와 100달러를 가지고 '시티즈 서비스'라는 회사에 처음으로 투자하지만 매수 금액보다 주가가 내려가 마음을 졸이다가 주가가 다시 올라오자 본전보다 약간 높은 금액에 팔아버린다. 주식을 팔아 버린 후에 버핏과 누나가 투자한 '시티즈 서비스'는 매수 금액 대비 5배 이상인 202 달러까지 오른다. 추측건대 여기서부터 워런은 장기 투자의 중요성을 깨닫지 않았을까 생각한다. 사실 그냥 가지고 있었으면 큰 이익이 나는 것인데 우리는 주가가 조금만 오르면 너무 빨리 팔아버린다.

펜실베이니아 와튼 스쿨에 합격했지만 아버지가 하원의원 임기를 마치고 고향으로 돌아가자 버핏은 다시 네브래스카 대학 경영학과에 편입하여 3년 만에 졸업하고 하버드 경영대학원과 컬럼비아 대학원 경영학과 두 곳에 원서를 내지만 하버드 경영대학원은 떨어지고 컬럼비아 대학원 경영학과에 입학하여 가치 투자의 창시자인 '벤저민 그레이엄'을 만나게 된다.

MBA졸업 후에 그레이엄이 운영하던 투자회사에 근무하기를 간청했던 버핏은 그레이엄이 운영하던 '그레이엄 뉴먼'이라는 투자회사에서 일을 하게 되었고, 1956년 고향 오마하로 돌아와서 지인들의 돈(친척, 장인, 지인 등 8인의 돈)을 모아 '버핏 파트너 쉽'을 운영하면서 13년 간 무려 연평균 약 30%의 수익률을 올려 훌륭한 투자자로서 이름을 알린다. 1969년 강세장이 들어서자 버핏은 주식 가치가 과대평가되어 있다고 판단하고 주식을 팔아치우며 투자를 중단한다.

'버핏 파트너쉽'은 1967년에 '버크셔 해서웨이'라는 섬유(방직) 회사의 지분을 대거 사들여 경영권을 확보하고 이 회사의 자금으로 조그마한 보험회사를 매입하여 보험사 고객들로부터 들어오는 보험료를 이용해 투자에 활용하였고, 보험사에 면제하는 유보 이익세(개인 소득세를 회피하려고 회사를 투자의 도구로 삼는 사람들에게 부과하는 세금)를 피하는 혜택을 보게 된다.

지금의 '버크셔 해서웨이'는 섬유업을 정리하고 보험업을 주로 하면서 가구업체, 보석, 식품, 제조업체 등을 소유하고 있고 버핏의 지주회사 역할을 하고 있다. 워런 버핏의 천재적인 투자 전략과 해박한 경영 전략으로 '버크셔 해서웨이'는 엄청나게 성장하였다. 그의 투자 전략은 알려진 바와 같이 가치 투자(value investing)전략으로 기업의 내재가치와 성장성에 기반을 두어 투자할 회사를 선정하고 저평가되었을 때 매수하여 단기 주가 변동은 무시하고 아주 장기간 보유하는 전략을 사용한다.

필자가 워런 버핏을 존경하는 진짜 이유는 천재적인 투자 능력도 있지만 그의 검소한 삶과 끊임없는 연구, 독서 습관, 그리고 수백억 달러를 기부하는 기부 정신 때문이다. 워런 버핏 투자 전략의 핵심을 간단히 정리하면 잘 알고 있는 기업을 싸게 매수하여 적정 가치가 반영될 때까지 장기 보유하는 것이다. 경제적 해자(economic moat, 해자-적군의 침입을 막으려고 성 밖에 파놓은 연못)를 가지고 있으며 현금 흐름이 좋고 높은 ROE를 가진 기업에 투자한다.

다음은 워런 버핏의 투자 철학을 간단하게 정리한 것이다.

[워런 버핏의 투자 철학]

1) 독점적 사업자(경쟁력 있는 제품이나 서비스)의 지위에 있는 회사에 투자한다. 즉 지속적 경쟁 우위에 있는 기업에 투자한다.
지속적 경쟁 우위를 갖는다는 말은 꾸준히 시장 점유율을 최상위(1~2위)로 유지할 수 있는 기업을 말한다. 그리고 시장 점유율의 우위를 가지려면 기업이 전문화되어 있어야 한다.

2) ROE(자기자본이익률)가 높은 혹은 ROA(총자산이익률=ROTC)가 높은 기업에 투자한다. (버핏의 기준은 ROA가 지속적으로 12% 이상인 기업이다).
ROE(자기자본이익률)는 자기자본을 가지고 얼마나 이익을 내는지를 나타내는 비율로 EPS(주당순이익)와 더불어 회사의 성장성을 나타내는 지표이다. 알려진 바에 의하면 버핏은 ROE나 ROA가 최소한 12% 이상인 기업에 투자한다고 한다.

3) 주주가치 제고를 위해 노력하는 기업(배당, 자사주 매입 및 소각)에 투자한다.

삼성전자가 세계 일류 기업답게 주주가치 제고를 위해 노력하는 기사를 종종 볼 수 있다. 배당은 기업이 장사를 하고 이익을 냈을 때 투자자인 주주들과 당연히 나누어야 할 이익이며 자사주 매입은 소액주주들의 주주가치 제고를 위해 필요할 뿐 아니라 대주주의 지분율이 높아지기 때문에 지배구조를 더욱 강화해준다. 한국 주식 시장을 보면 장사를 하고 많은 이익을 얻은 기업도 배당에 인색하고 주가가 기업 가치보다 지나치게 하락했을 때조차도 자사주 매입과 소각에 부정적인 기업들도 많이 있다.

4) 현금흐름이 좋은 기업에 투자한다.

물건을 팔면 돈을 받아야 하는데 외상 매출이 생기는 경우가 있다. 즉 매출 채권이 많고 실제 현금이 부족한 회사가 있다. 이런 회사들 중에는 현금 흐름이 안 좋아 흑자 부도를 내는 회사들도 있다. 따라서 '워런버핏'은 현금 흐름을 가장 중요하게 여긴다.

5) 제품이나 서비스의 가격을 물가 인상에 비례하여 올릴 수 있는 기업에 투자한다.

예를 들어 '한국전력'의 경우 어떠한가? 이 글을 쓰는 현재 한국전력은 엄청난 적자로 인해 소액주주들이 이사진과 정부 인사들을 고발하는 초유의 사태를 겪고 있다. 한국전력은 공기업이기도 하지만 다른 주주들이 주식을 보유한 주식회사이기도 하다. 주식회사는 주주의 이익과 기업의 가치 제고를 위해 존재하는데 정책 리스크로 인해 전기 요금을 인상하지 못하고 있다. '워런버핏'이라면 정책 리스크로 인해 엄청난 적자를 보고 있는 회사에는 투자하지 않는다.

6) 노조에 의해 좌지우지되지 않은 기업에 투자한다.

한국에는 건전한 노조들도 많지만 자기들의 요구가 관철되지 않으면 파업을 자주 하는 강성 노조도 있다. 파업을 하게 되면 기업은 막대한 피해를 입게 되고 결국은 주주들에게 피해가 돌아가게 된다. '워런버핏'은 노조에 의해 좌지우지되는 그런 기업에는 투자하지 않는다.

7) 기업이 유보한 이익을 잘 활용하여 기업 가치의 상승을 가져오는 기업에 투자한다.

보통 유보율이 1000%가 넘어가면 아주 안정적인 기업이라 할 수 있는데, 지나치게 기업 내부에 돈을 쌓아놓기만 하면 기업가치 상승이나 주주가치를 제고하는 데 문제가 있다. 유보한 돈을 잘 활용하고 사업 다각화를 통해 매출을 늘리는 것이 결국에는 기업가치의 상승을 가져온다.

8) 돈에 집착하기보다는 투자 자체를 즐겨라.

어떤 일이든 긍정적인 생각을 가지고 즐겁게 투자한다면 항상 좋은 결과가 있을 것이다. 도박처럼 투자하지 않고 저평가된 우량기업에 투자한다면 당장 손해가 나더라도 결국에는 이익을 가져다 줄 것이다. 손해가 났을 때 심리적으로 위축되지 않고 끝까지 멘탈 관리를 잘 한다면 좋은 결과가 있을 것이다. 투자를 잘 하다 보면 계좌 이익도 불어나고 투자 자체가 재미있어진다.

9) 첫 번째 투자 원칙은 돈을 잃지 않는 것이다. 두 번째 원칙은 첫 번째 원칙을 잊지 않는 것이다.

주식투자는 다른 투자처보다 리스크가 큰 투자라 할 수 있다. 원금 보존을 위해 투자할 때는 안전을 항상 염두에 두어야 한다. 버핏은 주식투자로 이익을 얻는 것보다 투자로 돈을 잃지 않은 것을 첫 번째 목표로 삼았다. 따라서 돈을 잃지 않을 기업에 투자한다. 기업의 내재 가치에 기반을 두어 상당히 저평가되어 있는 회사, 매년 배당을 꼬박꼬박 주는 회사, 재무구조가 탄탄한 회사에 투자한다면 결과적으로 돈을 잃지 않을 것이다.

10) 단기적인 시세 차익을 바라고 매수하지 않는다.

한국에는 단기 투자자가 상당히 많지만 '워런버핏'은 단기투자로 돈을 번 사람이 아니다. 버핏은 기업가치가 근본적으로 훼손되지 않는 한 단기 주가에는 신경 쓰지 않으며 저평가된 주식을 장기 보유하여 기업가치가 반영될 때 매도한다.

11) 투자를 결정할 때는 결혼을 하는 것처럼 신중하게 저평가 기업을 선정하여 장기간 보유해야 한다.

저평가 기업을 선정하려면 기본적 분석을 통해 그 기업의 본질 가치를 대략적으로 산출해야 한다. 10번에서 이야기한 것처럼 저평가 기업을 선정하여 매수하면 단기에 주가가 상승하거나 하락하더라도 一喜一悲하지 않고 버핏이 생각하는 적정가치가 어느 정도 반영될 때까지 장기간 보유한다. 그가 매입한 종목의 평균 보유기간은 거의 8년이라고 하며 어떤 종목은 수십 년 보유하기도 한다. 그는 10년 이상 보유하지 않을 것이라면 10분도 들고 있지 말라고 말한다.

12) 최소 1~2년 간 투자하면서 자신의 투자 전략을 판단해 보라 (우왕좌왕, 자신의 매매 원칙을 어기면 훨씬 큰 손실을 보게 된다).

누구나 주식투자 초보 때에는 여러 가지 실수를 하게 된다. 투자 전략도 실수, 기업을 잘 못 봐서 실수, 매매도 잘 못해서 실수할 수 있다. 실수를 줄이려면 다양한 책을 읽으면서 주식투자에 대해 철저히 공부해야 한다. 아울러 자기의 실패를 일지로 기록하면서 실수한 부분에 대한 반성과 매매 원칙을 세워 철저히 지켜야 한다. 예를 들어 어떻게 분할 매수 매도를 할 것인지, 얼마나 손실이 났을 때 손절매를 할 것인지, 이득이 났을 때는 어떻게 분할 매도할 것인지 등등 자기만의 원칙을 만들어야 한다.

13) 자주 매매하지 마라. 야구에서 타자는 좋은 공이 올 때만 배

트를 휘두르면 된다.

시장이 안 좋을 때 더 싸게 살 수 있는데도 주식투자에 중독된 사람들은 주식을 사지 않으면 좀이 쑤신다. 그래서 급하게 비싼 가격으로 매수하는 경우가 있다. 좀 더 마음의 여유를 가지고 약세장이 오거나 폭락장이 올 때까지 기다려서 매매하면 보다 효율적인 매매를 할 수 있다.

14) 시장이 폭락하는 기회야말로 매수기회이다.

이 글을 쓰고 있는 지금은 2008년 금융위기 이후로 최악의 상태를 겪고 있는 폭락장이다. 코스피 1900, 코스닥이 550을 깨고 내려가 투자자들은 패닉 상태에 있다. 글로벌 주식투자 거장들은 이럴 경우가 매수 기회라는 조언을 경험적으로 하고 있지만 개인 투자자들은 공포에 주식을 사지 못하는 경우가 훨씬 많은 것 같다. 아울러 내가 공포에 산 주식이 이득을 낼 수 있을까? 내가 손해보고 있는 금액이 다시 회복될 수 있을까 의심만 가득하다. 초보자들에게 백날 말해봐야 무슨 의미가 있겠는가? 종합주가지수 39년 동안의 차트를 보면 위기는 항상 극복되어 왔다.

손절 했어야 하나요 ㅠㅠ [2] 🔘

(생초보 주식 투자일기) 😊 🔘

주기설 무섭네요. [6] 🔘

힘든 계좌, 어려운 에프앤~ 😊 [7] 🔘

파란부울 😊 [1] 🔘

정말존버하면 될까요? 😊 [4] 🔘

주식 시장이 폭락한 후 모 주식 카페에 올라온 글들

15) 남들이 환호하는 기업은 비싼 대가를 치러야 할 경우도 있다.

남들이 환호한다는 것은 이미 다 알려졌다는 말이고 그런 인기가 주가의 버블을 가져온다. "이 회사 주가 앞으로 크게 간다", "이미 주가가 급등한 후에도 주가가 더 오를 테니 어서 매수하라"고 부추긴다. 하지만 이미 환호할 때 그 기업의 적정 가치는 주가에 반영된 상태이고 주가에 버블이 생겨 주가가 급락한다면 큰 손해를 보게 된다. 따라서 기업가치는 좋지만 현재는 아무도 관심을 갖지 않는 소외주를 사야 한다.

16) 주식이 아니라 기업을 사라.

우리가 사야 할 것은 변덕스러운 시장의 여파로 하루가 다르게 오르내리는 '주식'이 아니라 지속적으로 수익을 낼 수 있는 알짜 '기업'이다. '트레이더'는 많지만 '진짜 주주'는 거의 없다. 좋은 기업을 산다면 나는 그 기업의 주인이고 그 기업과 동업을 하는 것이다.

17) 유행을 쫓는 투자는 반드시 위기를 맞는다.

테마주처럼 인기 있는 주식은 급등하지만 반드시 급락이 온다. 테마주의 경우 실적과는 무관하게 단순한 기대감으로 오르다가 폭락하는 경우가 많다. 테마주 상승 초기에 진입하면 몰라도 이미 급등한 종목에 유행을 따라 투자하면 위기를 맞을 수 있다. 워런 버핏은 유행을 쫓는 투자가 아니라 오히려 지금은 인기가 없지만 저평가되어 있고 알짜인 기업을 사서 그 기업이 제 평가를 받을 때까지 기다리는 전략을 사용한다.

18) 10년 간 보유할 생각이 없다면, 단 10분도 보유하지 말라.

정말 팔아야 할 이유가 없다면 아주 장기간 주식을 보유할 수도 있다. 10년 보유할 주식을 사라는 말은 앞으로 성장성이 있는 기업을 발굴하여 장기간 투자하라는 말이다.

19) 잘 모르는 회사에는 절대 투자하지 않는다.

내가 잘 아는 회사는 이미 기본적 분석을 통해 기업의 적정 가치를 대략적으로 파악하고 주가의 움직임을 잘 관찰하고 있기 때문에 잘 모르는 회사에 갑자기 투자하는 것보다는 훨씬 안전하고 이익을 낼 확률이 클 것이다. 뒤에 나오는 단기 투자자의 거장 '제럴드 로브'도 자기가 잘 아는 수십 개의 종목만 거래했다고 한다. 필자도 거래하는 종목이 상당히 적다. 내가 잘 아는 종목이 거래하기 편하고 큰 이익을 준다.

20) 한 가지 제품에 회사의 운명이 좌우되는 기업에는 투자하지 않는다.

한 가지 제품을 집중적으로 만드는 회사는 그만큼 그 제품이 전문화되어 큰 신뢰를 얻을 수도 있겠지만 주력 제품의 매출이 떨어질 수 있고 기업이란 알 수 없는 열악한 환경에 언제든지 노출되어 리스크를 갖게 될 수 있으므로 되도록 사업 다각화를 통해 포트폴리오를 적절히 분산해야 한다.

21) 부채가 많은 기업은 쳐다보지 않는다.

이 항목은 주식투자에서 가장 기본적인 내용이다. 부채가 많거나(부채 비율이 100% 이하면 양호한 기업으로 본다) 당좌비율이 부족한 회사 유보율이 낮은 회사는 유동성 위기에 처해 갑자기 부도가 날 수 있고 상장 폐지로 인해 주식이 휴지 조각이 될 수도 있다. 따라서 재무 구조가 탄탄한 기업에 투자한다.

22) 매출이 많아도 영업이익이 나쁜 기업은 투자하지 않는다.

매출은 많아도 영업이익이 나쁘다는 말은 장사해서 남는 돈이 없는 회사라는 뜻이다. 이런 회사는 성장성이 없기 때문에 기업 가치가 상승할 수 없다.

23) 가진 돈의 25% 이상은 빌리지 마라.

남의 돈을 빌려 투자하는 '레버리지 투자'가 아예 무용한 것은 아니지만 남의 돈을 빌려 투자하면 심리가 불안하고 조급함에 쫓기게 된다. 주식투자는 결국은 시간이 많은 자, 그리고 심리적으로 지지 않는 자가 이기게 되어 있다. 빚을 내 투자했다가 증권사가 정한 기준보다 더 마이너스가 나면 증권사의 반대매매로 인해 깡통을 차게 된다.

24) 기업의 분석을 위해 반드시 깊게 파고들 필요는 없다.

어느 기업의 주식을 매수할 때 지나치게 철저히 분석하는 것은 시간 낭비다. 당신을 만나러 온 사람이 150kg에서 180kg의 체중이라면 외모만 봐도 비만하다는 것을 알 수 있듯이, 이 회사가 좋은 회사인지 아닌지 분석해 보면 금방 알 수가 있다. 투자도 마찬가지다. 기업 분석에 너무 많은 시간을 할애해 투자 기회를 놓치지 말고, 신속하게 판단하고 실행하는 것이 가장 중요하다.

25) 주식 시장은 돈이 자주 움직이는 사람에게서 인내하는 사람으로 옮겨지도록 만들어져 있다.

돈이 자주 움직인다는 말은 샀다 팔았다를 반복하는 사람이며, 인내하는 사람은 좋은 기업을 싸게 사놓고 기다리는 사람을 말한다. 워런 버핏은 대표적인 가치 투자자이므로 매매를 자주하지 않는다.

위에서 언급한 주옥같은 워런버핏의 매매 철학은 같은 시대에 살고 있는 하수 투자자들에게 깊은 울림으로 다가오고 있다.

2. Benjamin Graham(벤저민 그레이엄)의 삶과 투자 철학

벤저민 그레이엄은 1894년 영국에서 태어난 미국의 경제학자이다. 가치 투자의 창시자로 뉴욕의 컬럼비아 대학원과 UCLA의 경영대학원에서 강의한 교수이다. 영국에서 아주 어렸을 때 미국으로 건너와 뉴욕의 컬럼비아 대학교를 졸업하였다. 데이비드 도드와 함께 쓴 '증권 분석'이라는 책을 통해 내재 가치가 뛰어난 기업을 발굴하여 적정 가치를 받고 파는 가치 투자의 아버지이며, 가치 투자를 위해 기본적 분석의 중요성을 강조했고 과학적 주식투자의 창시자라고 이야기할 수 있다.

다른 저서 '현명한 투자자'의 핵심을 정리하면 안전 마진(margin of safety, 기업의 이자비용을 뺀 뒤 남은 영업이익이 소진될 때까지의 비율로 기업의 본질 가치와 할인된 거래 가격의 차이)을 확보하고 가치 평가를 통해 저평가된 주식에 투자하라는 내용인데 '워런버핏'이 학생 시절에 이 책을 읽고 깊은 감명을 받았다고 한다. 결국 컬럼비아 경영대학원에서 두 사람은 스승과 제자의 관계로 만나게 되는데, 구체적인 투자 전략은 조금 다르지만 '워런버핏'은 가치 투자를 그에게서 배워 세계적인 거부가 되는 데 큰 도움을 받았다.

워런 버핏은 그의 투자 전략 중 85%를 그레이엄에게서, 15%를

필립 피셔에게서 영향을 받았다고 밝히고 있다. 워런 버핏은 그레이엄의 투자원칙을

1) 사업하듯 투자하라
2) 시장의 변덕스러운 등락에 속지 말아라
3) 충분하게 낮은 가격에 사라

세 가지로 요약할 수 있다고 말한다.

벤저민 그레이엄은 1925년 그레이엄 뉴먼 펀드를 만들어 56년까지 연평균 17%의 수익을 올렸다. 그레이엄은 투자와 투기를 구별하였는데, 그가 말하는 투자란 "원금의 안정성과 수익을 철저한 분석에 의해 추구하는 행위"이다. "이와 같은 안정성과 수익성을 충족시키지 못하는 행위는 투기라고 말할 수 있다"고 주장했다. 따라서 개인 투자자들이 공부하지 않고 철저히 분석하지 않고 막연히 오를 것이라 생각하고 매수하는 행위는 그의 주장에 따르면 투기가 된다.

벤저민 그레이엄은 가치 투자의 창시자, 과학적 주식투자의 아버지로서 많은 투자자들에게 거울과 같은 존재, 교과서와 같은 존재로 지금까지 남아 있다. 그리고 벤저민 그레이엄의 투자에 대한 정의와 투기론은 현대 경제학에서도 교과서 같은 정의로 인용되고 있다.

다음은 벤저민 그레이엄의 투자 철학을 요약한 것이다.

[벤저민 그레이임의 투자 철학]

1) 주식투자는 사업하듯이 해야 한다. 주주인 나는 회사와 동업을 하는 것이다.

2) 10~30개 정도의 종목에 분산투자 한다.

3) 현금 흐름이 우수하고 전망이 밝은 대형주로 투자 대상 종목을 한정해야 한다.

4) 적어도 20년 정도의 오랜 기간 동안 계속해서 배당금을 지급한 기업에 투자한다.

5) 주가는 최근 1년간 EPS(주당 순이익)의 20배, 7년간 평균 EPS(주당 순이익)의 25배를 넘지 않아야 한다.

6) 현명한 투자자는 미래가 적절히 예측된 종목군이나 과거 실적에 바탕을 둔 예상치가 틀릴 것을 감안하고도 믿을 만할 때만 투자한다.

7) PER의 역수가 AAA등급 회사채 수익률 역수보다 작은 종목에 투자하라.

8) 과거 10년 동안 8번 이상 흑자인 종목에 투자하라.

9) PBR이 0.35 이하인 종목에 투자하라.

10) 현재 PER이 과거 5년 간의 평균 40%에 못 미치는 종목에 투자하라.

11) 주가가 순유동자산의 2배 이하인 종목에 투자하라.

12) 부채비율이 150% 이하인 종목에 투자하라.

13) 유동비율이 200% 이상인 종목에 투자하라.

14) 과거 10년 간 EPS(주당 순이익) 증가율이 4% 이상인 종목에 투자하라.

15) 기업에 대한 철저한 분석(재무제표와 사업내용에 대한 확실한 이해)과 투자 원금의 안정성(안전마진 확보)을 통해 적절한 수익을 얻는다.

3. Philip Arthur Fisher(필립 피셔)의 삶과 투자 철학

필립 피셔(1907~2004)는 처음으로 성장주 개념을 제시한 투자자이다. '성장주 투자'로 유명한 필립 피셔는 스탠포드 경영대학원을 자퇴하고 대공황 이전인 1928년 월가의 증권분석가로 투자 세계에 등장했다. 대공황이 한창이던 1931년 투자 자문회사 '피셔 앤드 컴퍼니'를 설립했고 1999년까지 운영하였다. 그는 경영진과 임직원, 회사 조직문화 등 수치화하기 어려운 요소를 투자 판단기준으로 삼았다. 그는 다른 투자자들과는 다르게 훌륭한 경영진이 이끄는 소수의 기업에 투자하라고 조언한다.

그가 쓴 '위대한 기업에 투자하라'는 저서에서 성장 기업에 투자하기 위한 15가지 체크 포인트를 제시하는데, 이 책을 읽고 '워런버핏'이 샌프란시스코까지 조언을 구하러 갔다는 일화가 있다. '워런버핏'은 자기의 주식 인생이 '벤저민 그레이엄'과 '필립 피셔'에게 영향을 받았다고 회고한다. 필립 피셔는 기업의 질적인 가치를 중요하게 생각했고 성장성, 잠재력, 비교우위를 보고 지속적으로 성장하는 회사에 투자했다.

그는 여러 투자 요소 중에서 성장에 대한 의지가 강하고 실행력이 강한 경영진을 가장 중요하게 보았는데, 실제로 모토롤라 주식을 44년 보유해 240배의 수익을 올렸다. 당시 월가에서는 경영권을 세습시킨 모토롤라에 대해 부정적인 의견이 많았지만 필립 피셔는 반대로 주식을 매입하기 시작했다. 모토롤라에 투자한 것은 최고 경영자인 밥 갤빈을 비롯해 회사 임직원들을 지속적으로 관찰하고 조사했기 때문이다.

그는 투자할 기업의 정보를 얻기 위해 회사를 자주 방문했고 직원들과 자주 대화를 나누었다고 한다. 하지만 그의 투자 원칙을 실행하기 어려워 그를 추종하는 사람은 많지 않았다. 1956년 주당 42달러에 모토롤라 주식을 매입하여 44년 후 2000년에 주식을 팔았다. 매도 당시 모토롤라의 주가는 1만 달러로 위에서 언급한 것처럼 240배 차익을 거두었다.

그가 생전에 집필한 저서들은 미국의 유수 MBA과정에 교과서로 사용되고 있으며, 아직도 그의 투자 철학은 미국 주식 시장에 큰 영향을 끼치고 있다. 그의 투자 철학의 핵심은 ROE와 매출 총이익률, 매출 영업이익률이 높아지는 성장성 있고 경영진의 능력이 뒷받침되는 기업 주식을 매수하여 오랜 기간 보유하고 이득을 내는 것이다. 슈퍼 스탁을 저술한 그의 아들 켄 피셔도 큰돈을 굴리는 투자자로 유명하다.

다음은 필립 피셔의 투자 철학을 요약한 것이다. 특별한 해설 없이도 읽어보면 그의 투자 철학을 쉽게 짐작할 수 있을 것이다. 하나의 격언처럼 기억하기 바란다.

[필립 피셔의 투자 철학]

1) 당신 회사에서 경쟁 업체와 비교하여 특별히 하고 있는 것은 무엇인가?

2) 계란을 여러 바구니에 담지 말고 튼튼한 한 바구니에 담아라.

3) 뛰어난 성장 잠재력과 우수한 경영진을 가진 기업을 찾았다면 그 경영진이 근본적으로 교체되거나 경제 성장에 비해 기업의 성장률이 낮아지지 않는 한 지속 보유한다.

4) CEO의 탁월한 능력과 미래계획, 연구개발 역량 등이 뛰어난 위대한 기업을 찾아라.

5) 올바른 주식투자를 위해서는 항상 공부해야 한다.

6) 장기투자하고 집중 투자하라.
"주식투자에서 볼 수 있는 가장 큰 손해는 훌륭한 회사를 너무 일찍 파는 것이다."
위대한 기업은 일시 조정이 오더라도 다시 크게 상승할 것이다.

7) 원하는 것이 배당 수익인지 차익인지, 투자성향, 자금의 성격, 투자 기간 등을 고민해야 한다.

8) 순이익에 비해 주가가 높아 보여도 꼭 미래의 순이익 성장까지 주가에 반영되어 있다고 생각하지 마라.

9) 관련 없는 통계 수치들은 무시하라.

10) 너무 적은 호가 차이에 연연해하지 마라.

다음은 필립 피셔가 어떤 종목을 매수할 것인가에 대한 고민 끝에 제시한 15가지 위대한 기업을 찾는 원칙들이다.

[필립 피셔의 위대한 기업을 찾는 15가지 원칙]

1) 향후 매출액이 상당히 늘어날 만한 충분한 시장잠재력 갖춘 제품이나 서비스가 있는지 알아본다.

2) 최고경영진은 시장이 어려울 때 매출액을 더 늘릴 만한 신제품과 기술 개발 의지가 있는지 알아본다.

3) 기업의 연구개발 노력은 회사규모를 감안할 때 얼마나 생산적인지 알아본다.

4) 평균 수준 이상의 영업 조직을 가지고 있는지 알아본다.

5) 영업 이익률은 충분히 달성하고 있는지 알아본다.

6) 노사 관계에는 문제가 없는지 확인한다.

7) 임원들 간의 관계는 잘 유지되는지 알아본다.

8) 훌륭한 기업 경영진을 가지고 있는지 알아본다.

9) 원가 분석과 회계 관리능력은 얼마나 우수한지 알아본다.

10) 경쟁업체에 비해 뛰어난 사업 부분을 가지고 있는지 알아본다.

11) 이익을 바라보는 시각이 단기적인지 장기적인지 알아본다.

12) 자금 조달을 위해 증자할 계획이 있으며 그것이 주주들이 누릴 가치를 희석시킬 수 있는지 알아본다.

13) 경영진이 모든 것이 잘될 때는 투자자와 자유롭게 대화하지만 실망스러운 일이 벌어졌을 때는 입을 꾹 다물지 않는가 알아본다.

14) 의문의 여지가 없을 정도로 최고의 경영진을 가지고 있는가 알아본다.

15) 미래의 영업 이익률 개선을 위해 무엇을 하고 있는지 알아본다.

4. Andre Kostolany(앙드레 코스톨라니)의 삶과 투자 철학

앙드레 코스톨라니(1906~1999)는 헝가리에서 태어나 철학과 미술사를 전공하였고 피아니스트가 되고 싶었지만 아버지의 권유로 18세에 주식에 입문하여 주식 중개인으로 일했다. 이른 나이에 주식투자에 성공하여 80여 년간 투자자로 살아온 영어권이 아닌 유럽계 주식 투자의 거장이다. 35세에 은퇴해 우울증을 겪기도 했지만 작가와 저널리스트로서 두 번째 인생을 시작한다.

낙관론을 가진 주식투자자인 앙드레 코스톨라니는 하락 추세일 때는 자기 최면을 걸어 잊어버리고 확신을 가지고 기다렸다고 한다. 군중심리에 감염되어 부화뇌동하는 것을 경계했고 역발상 전략을 가지고 투자했다. 저서로는 '돈, 뜨겁게 사랑하고 차갑게 다루어라'가 있는데 이 책에는 투자 시 10가지 권고 사항과 금기 사항이 정리되어 있다. 이 책은 출간 즉시 베스트셀러 1위를 차지했다.

2차 대전 후 독일의 재건 사업에 뛰어들어 큰 이익을 얻었고 이태리의 자동차 회사 '이소타 프라치니'를 150리라에 매수 후에 1500리라에 매도하였으며, 독일과 러시아의 국채를 매입하여 140배와 60배의 차익을 얻었다. 1999년 프랑스 파리에서 생을 마감하였다.

다음은 앙드레 코스톨라니의 투자 철학을 요약한 것이다. 그가 살아생전에 남긴 말 하나 하나는 후배 투자자들에게 깊은 감명을 주고 있다. 필자가 연구한 많은 주식 투자 거장들 중에서 앙드레 코스톨라니가 가장 상식에 기반을 둔 주식투자를 한 사람이 아닌가 생각한다.

[앙드레 코스톨라니의 투자 철학]

1) 장기투자는 모든 거래 방법 중에서 최고의 결과를 낳는다.

2) 단위 면적당 바보가 가장 많은 곳이 증권사의 객장이다.

3) 폭락은 갑작스럽고 격렬하게 오지만 상승은 티가 안 나고 부드럽게 온다.

4) 주식 매매는 언제 사느냐가 가장 중요하다.

5) 투자자들은 깊이 생각하지 않고 행동을 취하는 것보다 아무 행동도 취하지 않고 깊이 생각하는 것이 더 낫다.

6) 주식시장에서 바보보다 주식이 많으면 주식을 사야할 때고, 주식보다 바보가 많으면 주식을 팔아야 할 때이다.

7) 우량주 몇 종목을 사고 수면제를 먹고 몇 년 동안 푹 자면 된다. 단기 차익 매매자는 노름꾼이다.

8) 투자에서 얻은 돈은 고통의 대가로 받은 고통 자금이다.

9) 개(주식가격)를 데리고 산책을 나갈 때에 개가 주인(기업가치)보다 앞에 있거나 뒤에 있을 수는 있어도 결국 주인을 떠날 수는 없다.

10) 주식시장의 90%는 심리가 지배한다.
주가에 기업의 재무구조와 차트가 영향을 미치지만 결국은 심리가 그 가격을 지배한다. 예를 들어 어두운 영화관에서 불이 났다고 외치면 실제로 불이 나지 않아도 많은 사람들이 빠져나오려다가 사고가 나기도 한다.

11) 단기간에 부자가 되는 3가지 방법이 있는데 첫째는 부유한 배우자를 만나는 것, 둘째는 유망한 사업 아이템을 갖는 것, 마지막은 주식투자를 하는 것이다.
앞의 두 가지 경우는 쉽지 않지만 주식은 장기적으로 봐서는 항상 오른다. 앞의 두 가지 방법보다는 주식투자로 부자가 되기 쉽기 때문에 부자가 되려면 주식투자를 해야 한다.

12) 주식에 관심이 없을 때 주식을 매수하고 사람들이 주식에

관심을 가질 때 주식을 매도해야 한다.

13) 주식투자는 두뇌로 보상받는 것이 아니라 인내로 보상 받는 것이다.

14) 대박은 성장 기업과 턴어라운드 기업에서 나온다.

15) 기술적 분석에서는 거래량, 고점이 높아지는 것, 저점이 올라가는 이론만 알고 있으면 된다. 차트 분석에 집중하면 노름꾼으로 전락하게 된다.

5. John Templeton(존 템플턴)의 삶과 투자 철학

60년 동안 새벽 4시에 기상했고 일 중독자였으며 1997년 삼성전자 '매수'로 한국과 인연이 깊은 존 템플턴(1912~2008)은 1912년 미국 테네시주의 윈체스터에서 변호사인 하비 템플턴의 아들로 태어났다. 미국 예일대를 졸업하고 로즈 장학금을 받으면서 영국 옥스퍼드 대학교에서 경제학을 전공했다. 근검절약했고 투자를 위한 종자돈을 마련하기 위해 꾸준히 저축을 실천하였다.

월가에 입문하기 직전인 1936년 7개월 동안에 35개국을 여행한 경험은 그가 글로벌 투자자로 성장하는 데 큰 도움이 됐다. 1937년에 월가에 진출하여 저평가된 주식에 투자하여 주목을 받았으며, 1954년 Templeton Growth라는 투자 회사를 설립하여 다른 투자자들의 편견 덕분에 큰 수익을 올렸다. "어떤 종목이 오를까요?"가 아니라 "어느 종목이 전망이 가장 안 좋아요?"를 가장 바람직한 질문으로 여기며 회복할 수 있는 충분한 잠재력을 가졌지만 현재 전망이 안 좋은 종목에 투자하였다.

종교계의 노벨상인 템플턴 상을 제정하였으며 템플턴 재단을 만들어 봉사활동에 헌신하기도 하였다. Templeton Growth Fund는 1969년 가장 높은 수익률을 올려 376개 펀드 중 1위를 차지하였다. 그의 핵심 투자 전략은 주식을 매수하기 전에 그 기업의 수익 창출 능력과 성장가능성을 조사하고 저가일 때 매수하여 참을성 있게 기다리는 것이었다. 비관론이 팽배할 때 오히려 투자하는 역발상 투자의 대가 존 템플턴은 폭락장에서 가장 생각나는 주식 투자의 거장이다. 필자는 존템플턴 경의 '공포에 사라'는 말씀을 실천해서 큰 이익을 거두었다.

다음은 존 템플턴의 투자 철학을 요약한 것이다.

[존 템플턴의 투자 철학]

1) 비관론이 팽배할 때 투자한다. 가장 훌륭한 투자 기회는 비관론이 극에 달할 때 이다. 감정적인 매도자들이 제공하는 기회를 최대한 이용하라.

2) 가장 전망이 좋지 않은 주식이 무엇인가를 물어라.
필자도 2)번 내용을 처음 읽었을 때는 이해가 안 갔지만 망하지 않는 이상 가장 전망이 안 좋았던 기업은 시장 지배력이 있는 기업의 경우 다시 업황이 회복될 가능성이 크다. 가장 전망이 좋지 않을 시점은 주가가 바닥일 것이고 그 때 매수해야 후에 큰 이익을 얻을 수 있다.

3) 이자를 내는 사람이 아니라 받는 사람이 되어라.

4) 해외여행을 통해 안목과 견문을 넓혀라.

여러 곳을 여행하면서 투자 아이디어를 얻는 것은 나중에 여행 비용 이상의 이익을 가져다 줄 것이다. 삶이 힘들고 투자 결과가 안 좋을 때는 여행을 통해 투자 인생을 되돌아봐야 한다.

5) 중요한 결정을 할 때는 자신의 직관에 따라라.

6) 현명한 투자자라면 증시의 역사를 공부하라. 똑같은 것이 반복되는 것은 아니지만 투자자들의 행태는 예측 가능하기 때문이다.

7) 주식을 사기 전에 기업에 대해 충분히 연구해야 한다. 그래야 주식을 매수할 때 감정 개입을 막을 수 있다.

8) 분산 투자를 통해 위험을 회피하라. 분산 투자의 기회를 키우려면 해외 시장을 눈여겨봐라.

9) 주가와 기업의 가치는 다르다. 현재 상황에 개의치 말고 장기적인 안목으로 투자 대상을 결정하라.

10) 주식을 매도할 가장 적절한 시기는 스스로 가장 성공적이라

고 확신할 때이다.

11) 저평가 우량주를 매수한 투자자가 가져야 할 가장 중요한 덕목은 인내심이다.

12) 정보 부족으로 방치된 종목을 찾아라. 최소 비용으로 투자하려면 소외된 주식에 주목하라.

13) 시장의 흐름이나 경제 전망이 아니라 개별 종목이 가진 가치에 주목하라.

14) 저가에 매수하기를 원한다면 비교 매수법을 적극 활용해라.

15) 어떤 종목에 대해 비관적인 기사가 실리면 가장 좋은 매수 시점이다.

16) 주식을 저가에 매수하려면 재무 분석을 잘 할 수 있어야 한다.

17) 주식 시장에 떠도는 예상에 의존하지 마라. 잘못된 예측이거나 잦은 매매를 부추긴다. 여론보다는 정확한 데이터에 관심을 기울여라.

18) 주식투자란 기업의 일부를 사들여 그 기업의 재산을 공유하는 것이다. 사고파는 것을 반복하는 것은 진정한 투자자가 아니다.

19) 위기를 이겨내는 유일한 방법은 스스로의 능력을 믿고 자신의 행동이 옳다는 확신을 갖는 것이다.

20) 증시가 극도로 비정상적일 때 이러한 비정상적인 견해를 이용해 투자하라.

21) 절약하고 저축해서 최고의 수익률로 늘려라.

6. Gerald M. Loeb(제럴드 로브)의 삶과 투자 철학

필자가 연구한 주식 투자의 거장 중 유일하게 단기 투자로 성공한 제럴드 로브는 2년 6개월 이상 전부터 필자가 투자한 방식과 비슷한 투자를 했던 사람이다. 필자가 제럴드 로브의 투자 방식을 따라 한 것은 절대 아니다. 세부적인 단기 투자 방식은 많이 다르지만 전반적으로 제럴드 로브의 투자 철학에 필자는 상당히 공감하고 있다.

제럴드 로브(1899~1974)는 미국 캘리포니아 샌프란시스코의 부유한 집에서 태어났으나 샌프란시스코 대지진으로 부친과 조부가 세상을 떠났으며 집안은 파산했다. 소아마비를 앓아 고등학교만 졸업했으나 독학으로 금융과 주식에 관련된 공부를 했다. 1921년에 증권가 브로커로 월가에 데뷔하였다. 아침 일찍부터 하루 종일 종목에 관한 연구와 좋은 실적으로 고객들의 신뢰를 쌓았다.

대부분의 투자 대가들이 가치 투자로 큰 수익을 거둔 반면, 제럴드 로브는 주식 시장이 장기 투자하기에는 너무 위험하다고 생각하여 한 달 이상 보유하지 않는 단기투자를 했다. 투자금 1만 3천 달러를 가지고 40년 주식투자를 통해 수익률 3만%인 3억 달러(물가를 고려하면 지금 돈 2조 이상)로 불렸다. 그는 주가를 움직이는 요소는 경제학 지식, 회계학 지식이나 재무제표가 아니라 투자자들의 '희망과 공포'라고 생각하였다. 변동성이 큰 대형주를 선호했으며 생각한 대로 주가가 움직이지 않을 때는 매도했다고 한다. 잘 모르는 종목은 매매하지 않았고 평생 잘 알고 있는 수십 개의 종목만 거래했다고 알려져 있다.

그는 '데이트레이딩'과 더불어 '몰빵 투자'로 큰돈을 벌었다. 그는 안전한 투자를 하려는 사람은 큰 수익을 낼 수 없으므로 적어도 1년에 100% 이상의 수익을 원하는 사람은 적극적으로 투자해야 한다고 가르쳤다. 그는 많은 돈을 사회에 기부하였으며 1935년에 The Battle for Investment Survival(목숨을 걸고 투자하라)을 출간했다. 이 책은 여러 번의 개정과 더불어 밀리언셀러가 되었고, 윌리엄 오닐 등 월가의 투자 대가들은 이 책을 투자의 바이블로 삼았다고 한다.

다음은 제럴드 로브의 투자 철학을 요약한 것이다. 특히 단기 투자자들은 그의 경험과 투자 철학을 눈여겨보기 바란다.

[제럴드 로브의 투자 철학]

1) 주가의 결정 요인은 경제학이나 회계학 지식이 아닌 희망과 공포이다.

2) 골든 크로스를 매수 신호로 보고 주가가 생각대로 움직이지 않으면 매도한다.

3) 유동성이 풍부한 대형주 중 주도주만 거래한다.

4) 잘 모르는 종목은 매매하지 않으며 잘 아는 수십 개의 종목만 매매한다.

5) 손절매는 철저히 지킨다. 손절이야말로 주식 시장에서 행할 수 있는 이성적인 행동이며 손절의 한계는 마이너스 10%이다.

6) 위험을 분산하기 위해 일정 비율의 현금을 항상 유지한다.

7) 계속 상승하려고 하는 종목으로 포트폴리오를 교체하라.

8) 원금 대비 100% 수익이 나면 따로 떼어 보관한다.

9) 가진 돈 전부를 투자하는 것은 지는 게임을 시작하는 것과 같다.

10) 유동성이 활발한 대형주에 관심을 가져라. 우량주일지라도 조금씩 움직이는 종목에는 관심을 갖지 않는다.

11) 주식만 고집하지 말고 상황에 따라 유연성 있게 여러 가지 자산에 관심을 가져라.

7. Jesse Livermore(제시 리버모어)의
삶과 투자 철학

주가가 올라갈 것 같으면 매수하고 주가가 내릴 것 같으면 공매도를 하는 추세 매매의 달인이라고 불리는 '제시 리버모어'는 1877년에 미국 매사추세츠 주의 가난한 농부의 아들로 태어나 자기는 농부가 되고 싶지 않다고 단돈 5달러를 들고 보스턴으로 가서 14세에 주식 호가판 담당자로 일했고 15세에 처음 주식에 입문하였다.

회사를 그만 두고 전업 트레이더로 전향한 제시 리버모어는 주식투자의 성공과 실패를 맛보다가 1906년에 공매도로 엄청난 돈을 벌게 되었으나 면화와 밀 상품거래로 다시 큰 손실을 입는다. 하지만 1924~1925년에 다시 밀 상품 거래로 천만 달러의 수익을 올린다.

단기간의 성공과 큰 실패 그리고 재기, 결혼과 이혼을 반복한 그는 주식 시장에서 롤러코스터와 같은 인생을 살았다. 1929년 대폭락 장에는 무려 1억 달러(현 시세로 1조 6천억)의 수익을 올렸다고 한다.

주식투자와는 다르게 그는 낙담과 우울증에 시달렸다. 공매도로 엄청난 돈을 벌었지만 다시 공매도로 많은 돈을 잃고 파산과 우울증에 시달린 그는 1940년 아내에게 유서를 남기고 뉴욕의 한 호텔에서 권총으로 자살하여 생을 마감한다. 20세기 초까지 월가를 지배한 가장 위대한 개인투자자로 손꼽힌다.

다음은 제시 리버모어의 투자 철학을 요약한 것이다.

[제시 리버모어의 투자 철학]

1) 시장이 상승일 때만 매수하고 시장이 하락할 때는 공매도를 하라. 시장이 박스권에서 움직이면 기다려야 한다.

2) 분할 매수로 위험을 회피하고 이익을 극대화하라. 매수 단가는 높아져도 손실을 회피할 수 있다.

3) 증시는 항상 다음 단계로 넘어갈 때 단서를 제공해 준다. 그 단서를 잘 찾아 퍼즐을 맞추듯 투자하면 된다.

4) 시장 주변에 대한 끊임없는 연구와 탐색 끝에 영감은 번쩍인다.

5) 돈을 버는 방향으로 피라미드를 쌓듯이 매수 규모를 증대하여 이익을 극대화한다(일명 피라미드 전략). 위험하지만 꾸준한 시장

관찰을 통해 안정성을 높여야 한다.

6) 수익을 더욱 높이기 위해서는 대표 선도주를 파악하여 매매한다. 관심 종목의 수는 줄여야 한다.

7) 매매 타이밍에는 정확한 근거에 기초한 자신만의 생각이 필요하며 시장에 관련한 평가와 의견은 무시해야 한다.

8) 매수 후 주가가 상승세를 타면 인내를 가지고 기다린다. 생각과 다르게 움직이면 가차 없이 손절매한다.

9) 수익이 발생하면 차익을 인출해서 따로 관리해라. 주식 시장은 무슨 일이 일어날지 모른다.

10) 공포는 급락을 낳고 희망은 상승을 낳는다. 심리적 약점을 극복하는 것이 가장 중요하다.

11) 화를 내지 마라. 투자자에게 분노는 죽음이다. 원망해봐야 소용없다. 틀렸을 때는 자신의 잘못을 인정해야 한다.

12) 손절매하지 않으면 기회비용을 날리게 된다. 적절한 현금 비중을 유지해야 기회를 살릴 수 있다.

13) 투자자가 저지르는 가장 흔한 실수는 너무 단기에 큰돈을 벌려고 하는 것이다.

14) 시장이 방향을 바꾸면 새로운 추세를 계속 유지하려고 한다. 추세를 거스르지 마라.

8. Peter Lynch(피터 린치)의 삶과 투자 철학

부동산에서는 돈을 벌었지만 주식에서 돈을 잃는 이유는 종목 선정을 불과 몇 분 만에 해버리기 때문이라고 말한 피터린치는 가족과의 삶을 중시해 박수칠 때 떠날 줄 아는 멋진 펀드매니저로 필자의 뇌리에 남아있다. 끊임없이 도전하는 자 만이 결국 게임의 승자가 될 수 있다고 말한 그는 주식 시장에 제대로 준비하지도 않은 채 일확천금을 노리고 도박을 하다가 돈을 잃으면 금방 포기해 버리는 많은 투자자들의 잘못된 도전 방식에 경종을 울려주고 있다.

1944년 미국 매사추세츠 주 뉴턴에서 태어난 피터 린치는 11세 때 학비를 벌기 위해 골프장에서 캐디로 일하면서 주식 이야기를 들은 것이 주식 입문의 계기가 되었다고 한다. 보스턴 칼리지 졸업 후 펜실베이니아대학 와튼 스쿨 MBA과정을 졸업했고 1969년 피델리티 입사 후 리서치 애널리스트로 활동 후 펀드 매니저로 활동하면서 1977년 2,200만 달러에 불과했던 마젤란 펀드(Magellan Fund)를 13년 간 연평균 투자수익률 29.2%를 기록해 누적 수익률 2700%로 성장 시켰다. 은퇴할 무렵인 1990년에는 140억 달러 규모의 세계 최대 뮤추얼펀드로 성장시킨 월가의 전설적인 펀드매니저이다. 기업 방문을 통해 기업의 정보를 얻고 시간과 노력을 투자하지 않고는 절대 주식투자로 성공할 수 없다는 신념을 가지고 있었다. 가족과의 시간을 위해 46세의 이른 나이에 은퇴하였다. 그는 주식 투자에서 성공할 수 있는 투자자의 자질로 공포에 떨지 않는 능력과 인내심, 상식, 자신감, 고집, 겸손함, 실수를 인정하는 태도와 유연성 등을 들고 있다. 독자 여러분들은 펀드매니저로 가장 잘 나갈 때 46세의 젊은 나이에 은퇴할 수 있겠는가? 참 어려운 결정일 것이다. 필자는 그의 명언 중 펀드라면 분산투자가 불가피하지만 개인 투자자라면 집중 투자가 나을 수 있다는 말에 적극 공감하고 있다.

월가를 떠나는 이 One Up on Wall Street(1989, 개정판 2000), 월 스트리트 이기기 Beating the Street, 1993, 돈 버는 법 배우기 Learn to Earn, 1996 등의 저서가 있다.

다음은 피터 린치의 투자 철학을 요약한 것이다.

[피터 린치의 투자 철학]

1) 일상생활에서 투자 종목을 골라라. 투자할 때 최소한 냉장고를 고를 때만큼의 시간과 노력을 기울여라.

2) 일반 투자자들이 펀드 매니저보다 수익을 낼 가망성이 높다.

3) 많은 자금을 운용해야 하는 펀드라면 분산투자를 해야 하지만, 개인이라면 집중투자가 훨씬 효과적이다.

4) 단기적으로는 주가와 기업의 가치가 일치하지 않지만 장기적으로는 100% 일치한다.

5) 주식 시장의 약세는 흔히 있는 일이다. 겁쟁이들이 싸게 매도하는 주식을 싸게 살 수 있는 기회이다.

6) 주식투자로 돈을 벌려면 주가하락에 대한 두려움 때문에 주식을 빨리 매도해서는 안 된다.

7) 기업의 펀더멘털 문제가 아니라 시장의 안 좋은 전망에는 신경 쓰지 마라.

8) 종목에 대해 연구하지 않고 주식투자를 하는 것은 도박을 하는 것과 같다.

9) 칵테일파티에서 펀드매니저인 자신의 인기가 높을 때는 매도를 고려할 시점이고 자신의 인기가 없을 때는 매수를 고려할 시점이다. 칵테일파티 때 주식이 메인 이슈면 매도해야 한다.

10) 다이어트와 주식투자자의 운명을 결정하는 것은 머리가 아

니라 끈기이다.

11) 많은 지식은 오히려 투자의 방해물이다. 주식투자에 쓰이는 수학은 이미 초등학교 4학년쯤에 이미 배운 것이다.

12) 회사 이름을 바꾸는 기업에 투자하지 마라. 브랜드 가치를 무시하고 있는 기업이기 때문이다.

9. John Neff(존 네프)의 삶과 투자 철학

1931년 미국 오하이 주에서 태어난 '존 네프'는 미국 월가 최고의 펀드 매니저이면서 워런버핏과 더불어 가치투자의 귀재로 불린다. 어렸을 때부터 논리적으로 따지기를 좋아했던 존 네프는 어려운 가정환경으로 인해 고등학교 졸업 후 여러 직장을 전전하였다. 해군에 2년 복무한 후 톨레도 대학에서 산업 마케팅을 전공하고 수석으로 졸업하면서 야간에는 재무를 공부한 존 네프는 1954년 내셔널 시티뱅크 오브 클리블랜드에서 증권 분석가(에널리스트)로 첫발을 내디딘 후 펀드매니저로서 1964년부터 95년까지 32년 간 뱅가드 윈저펀드를 운용해 5550% 수익률을 거두었다.

PER(주가수익비율) 개념을 처음으로 소개했고, "PER은 주식시장 최고의 심판관"이라고 말했다. 그는 절대적 가치 투자자(기업의 재무제표 등 기본적 분석을 통해 주가가 싼지 비싼지를 판단)로서 PER이 낮은 종목을 주로 거래했다. 다만 그는 저 PER 종목이라도 성장성이 결여된 종목은 투자하지 않았다.

다음은 존 네프의 투자 철학을 요약한 것이다.

[존 네프의 투자 철학]

1) 복잡하게 고민하지 말고 PER이 업종 평균 이하인 종목에 투자하라. 저 PER 종목은 더 오르고 덜 떨어진다. 신저가를 기록하거나 안 좋은 뉴스가 나오는 종목을 눈여겨봐라.

저 PER 주식에 투자할 경우 두 가지의 추가소득을 거둘 수 있다. 첫째는 기업의 이익이 늘어나 내재가치가 커지고, 두 번째는 다른 투자자들이 해당 주식을 주목하게 됨에 따라 얻는 소득이다.

PER이 낮은 주에 투자하면 덤을 얻을 기회를 자주 준다. 악재에 시달리던 기업에 갑자기 호재 뉴스가 나오면 투자자들은 기대 이상의 성과를 얻을 수 있다.

2) 순이익 증가율이 7% 초과한 기업에 투자한다. 상한선은 20%이다. 20% 넘는 기업은 지속되기 어려우므로 투자하지 않는다.

3) 매년 배당이 늘어나는 기업에 투자한다.

4) 성장하는 업종에 속해 있어야 한다.

5) 다수를 따라가는 투자로는 성공할 수 없다.

6) GYP 비율이 높은 종목에 투자하라.

GYP 비율은 당기순이익 증가율에 배당수익률을 합한 값을 주가수익비율(PER)로 나눈 것을 말한다. 여기서 GYP 비율이 높은 종목이란 순이익이 많이 늘고 배당을 많이 하며 저평가된 주식을 말한다. 구체적으로 알아보면 해당기업의 배당수익률과 이익성장률을 더한 후 현재의 PER로 나눈다. (총회수율=Total Return Ratio) 총회수율이 2를 넘는 종목에만 투자한다. 예를 들어 이익성장률이 20%인 A기업은 성장주로 주가가 4만 원 가고 있다. PER은 15배, 배당수익률은 5%(1년 배당금 2000원)이다. A기업의 총회수율은 이익성장률과 배당수익률을 합친 20(15+5)을 PER 20으로 나누면 1이다. 한편 이익성장률이 10%에 불과한 B기업은 시장에서 소외되고 저평가돼 주가가 만 원 가고 있다. B기업의 PER은 5배, 배당수익률은 5%(한 해 배당금이 500원)이다. B기업의 총회수율은 15(10+5)를 5로 나누면 3이 된다.

7) 기업의 펀더멘털이 심각하게 훼손됐거나 목표 주가에 근접하면 매도한다.

8) 배당이 많은 기업에 투자하라. 다만 높은 성장성이 예상된다면 저배당 주에도 투자할 수 있다. 약세장일 때 배당금은 특히 중요하다. 최소한의 수익을 거둘 수 있고 그 돈으로 새로운 투자를 할 수 있기 때문이다.

9) 20% 이상 성장하는 기업의 주식은 투자하지 않는다. 과대평가되어 있을 확률도 높고 그렇게 높은 성장률이 지속되기 어렵기 때문이다.

10) 목표 수익률의 70%에 근접했을 때 매도한다. 그 뒤는 나에게 매입한 투자자를 위해 남겨둔다.

11) 아무도 거들떠보지 않는 비인기 종목에 투자하려면 고집쟁이가 되어야 한다.

12) 투자한 종목을 이해하는 데 도움 되는 모든 것에 관심을 가져라 그리고 꾸준히 투자 소신을 지켜야 한다.

13) 집단 의견에서 벗어나 자신만의 의견을 내세워라.

14) 분석과 확률로 무장하고 인내심을 발휘하라.

10. 고레카와 긴조의 삶과 투자 철학

　많은 주식 투자 거장들이 경제학을 전공했고 주식 중개인이나 펀드매니저로 일하면서 큰돈을 벌었다면 초등학교 학력밖에 되지 않지만 그리고 60대 중반이 넘어 주식 투자를 본격적으로 시작했지만 20여 년간 지금 돈의 가치로 수조 원을 벌어들인 놀라운 투자자로 필자의 뇌에 각인되어 있는 고레카와 긴조는 1897년 일본 효고현 아코시에서 가난한 어부의 아들로 태어났다. 땅 투기로 큰돈을 벌었지만 국제 경제를 혼자 연구하고 주식에 투자하여 큰 수익을 얻었으며 투자의 신으로 불렸다. 그는 34세 되던 1930년에 주식에 처음 투자하였지만 약간 손해를 보고 주로 부동산에 투자하여 큰 수익을 올렸다. 1960년 60이 넘은 나이에 그는 다시 주식 투자를 본격적으로 시작 하였는데 주식에 관련한 그의 투자 전략은 대세를 읽는 탁월한 눈이었다. 특히 스미모토 광산 관련 주식에 투자하여 6개월 만에 매매 차익으로 200억엔(2000억 원, 현재 가치로 6600억 이상)을 벌어 들였다. 또한 일본 경제가 70년대 불황의 상태에서 경기를 활성화 시킬 것을 미리 예상하고 콘크리트 관련 주에 6억엔을 투자해 우리 돈 300억의 시세 차익을 거두었다. 존템플턴처럼 아주 헐 값에 거래되는 주식을 매집하여 수년간 보유하는 전략을 사용하는 '넝마주비법' '거북3원칙'은 그의 투자 철학으로 잘 알려져 있다. 자기 목표의 80% 정도가 오면 매도하는 '복팔

분 정신'도 개인 투자자들이 새겨들을 만 하다. 그는 '워런 버핏'보다 앞서 가치투자를 실천한 인물로 저평가 우량주를 발굴하여 가치가 반영될 때까지 장기 보유하는 투자 전략을 사용하였다.

'거북3원칙'은 다음과 같다. 그는 주식투자 할 때 아래 세 가지 원칙을 철저히 지켰다.

첫째, 오를 만한 주식을 매수하여 시세가 날 때까지 지긋이 기다리는 것

둘째, 경제와 시세동향으로부터 눈을 떼지 말고 늘 공부하는 것

셋째, 욕심 부리지 말고 자기가 가지고 있는 자금 안에서 투자하는 것

고레카와 긴조는 1992년 자서전을 세상에 내놓고 몇 개월 후에 사망하였다.

다음은 고레카와 긴조의 투자 철학을 요약한 것이다.

[고레카와 긴조의 투자 원칙]

1) 소외되어 있는 우량한 종목을 골라 지긋하게 기다려라.

2) 경제 동향에 귀 기울이고 스스로 공부하라.

3) 투자할 때 개인적인 감정을 배제하라.

4) 남이 추천하는 종목 뉴스나 신문에 나오는 종목 고르지 말고 자신이 공부하고 판단해서 결정하라.

5) 탐욕을 부리지 마라.

6) 주가는 실적으로 결정된다. 인위적으로 만든 시세를 경계하라.

7) 생각하지 못한 리스크에 늘 대비하라.

8) 눈앞의 이익만 생각하지 말고 더 넓게 생각하라.

9) 매수보다 매도가 어려운 것은 남의 이야기를 듣거나 욕심을 부리기 때문이다.

지금까지 주식투자의 대가 10인의 삶과 투자 철학에 대해 살펴보았다. 주식 투자의 거장 10인의 투자방식은 약간씩 다르지만 우리에게 시사해주는 공통점도 많이 있다. 그렇다면 우리는 어떤 투자 원칙과 철학을 가져야 하는가? 필자가 개인 투자자들이 반드시 참고해야 할 투자 원칙과 철학에 대해 정리해 보았다.

[개인 투자자들이 반드시 참고해야 할 투자 원칙과 철학]

1) 주식투자는 투기 혹은 도박이 아니라 나와 매수한 기업이 동업을 하는 것이다. 따라서 신중에 신중을 기해 종목을 선정하고 매매해야 한다.

2) 단기투자는 리스크가 크므로 되도록 자주하지 않는다. 이익을 확신한다면 예외이다.

3) 본인이 정한 손절매 원칙을 지킨다.

4) 저평가 우량주에 장기투자 한다.

5) 급등주에 추격매수 하지 않는다.

6) 관리종목과 동전주에는 투자하지 않는다.

7) 심리적 압박을 견뎌내고 끝까지 인내하며 자신과의 싸움에서 승리해야 한다.

8) 부정적인 생각을 버리고 주식투자 결과에 긍정적인 생각을 가져야 한다.

9) 주식투자 성공을 위해 뛰어난 IQ가 필요한 것이 아니다. 두뇌보다 이성적이고 냉철한 투자 마인드가 중요하다.

10) 실패의 원인은 시장이 아니라 자신에게 있다.

11) 투자의 세계에서는 감정을 철저히 배제해야 한다.

12) 다른 사람들이 두려움에 떨 때 적극 매수한다.

13) 주식 시장은 단기적으로는 수급에 의해 좌우되는 인기투표이지만 장기적으로는 기업의 내재가치를 측정하는 정교한 거울이다.

마지막으로 다음 우리가 평생 주식투자를 하면서 꼭 지켜야 할 원칙들을 정리해 보았다. 위대한 투자자들과 많은 투자 선배들의 깨달음을 담은 이야기이므로 명심하고 평생 잘 새겨야 한다. 마치 성경의 잠언서와 같은 주옥같은 말씀들이다.

11. 주식투자자들이 꼭 기억해야 할 투자 격언

1) 주식은 반품이 안 된다. 기본적 분석을 철저히 하라.

기본적 분석은 기업의 가장 본질적인 측면인 기업 가치를 분석하는 작업이다. 필자가 앞에서 소개했던 3가지 방법을 사용해 대략적인 기업 가치를 분석해야 혹시 매수가 아래로 주가가 빠져도 확신을 가지고 기다릴 수 있다.

2) 차트는 시세의 길잡이이다.

요즘은 과거보다 개인들이 인터넷을 통해 투자 정보를 얻기가 훨씬 용이해졌다. 따라서 차트를 자주 분석하게 되고 차트를 통해 주가의 미래를 예측하고자 하는 활동이 더욱 활발해지고 있다. 차트의 패턴이나 캔들의 모양, 이동평균선의 움직임을 통해 지지와 저항 수급 개선 여부, 작전 세력 개입 여부 등을 어느 정도 확인할 수 있다. 필자는 기본적 분석을 가장 중시하지만 차트를 통해 위에서 말씀드린 여러 정보들을 확인하여 매매에 참고하고 있다. 다만 차트 분석에 매몰되어 차트를 근거로 모든 것을 판단한다면 큰 어려움을 당할 수 있다. 기본적 분석과 기술적 분석, 그리고 무엇보다 중요한 심리적 분석 등을 종합적으로 판단하여 매매하는 것이 가장 현명한 매매가 될 것이다.

3) 숲을 먼저 보고 나무를 보아라.

물론 기업의 가치가 가장 중요하지만 매크로 상황의 영향을 안 받을 수는 없다. 대부분의 투자 거장들은 시장을 이길 수는 없다고 말한다.

4) 사는 것보다 파는 것이 더 중요하다.

주식 매매를 해본 사람들은 사는 것보다 파는 것이 훨씬 어렵다고 말한다. 필자의 생각에 매도는 적정주가의 80% 정도에 도달하면 하는 것이 좋다고 본다.

5) 기회는 소녀처럼 왔다가 토끼처럼 달아난다.

기회가 자주 오는 것이 아니므로 기회가 오면 잡아야 한다. 특히 예수금이 없으면 기회가 와도 절대 잡지 못한다.

6) 대중이 안 가는 뒤안길에 꽃길이 있다.

인기를 쫓지 말고 아무도 관심 없는 저평가 우량주에 먹을 것이 많다.

7) 주식을 사기보다는 때를 사라.

아무리 우량한 회사라도 시기를 잘못 골라서 매수하면 오히려 손해를 본다.

8) 시세는 시세에게 물어라.

이 기업의 주가가 왜 이리 높은지 혹은 낮은지는 수급의 결과이다.

9) 때가 올 때까지 기다리는 사람이 성공한다.

주식투자에서 가장 중요한 것은 '인내심'이다. 아주 처절한 인내만이 큰 이익을 가져다 줄 것이다.

10) 사고 팔고 쉬어라. 쉬는 것도 투자다.

워런 버핏은 야구에서 타자는 공이 좋을 때만 휘둘러야 한다고 말한다. 시장이 안 좋을 때는 쉬어라, 더 좋은 기회가 곧 올 수도 있다.

11) 확신이 있으면 과감하게 투자하라.

주가 상승을 확신한다면 많은 돈을 투자하여 큰 수익을 거둬야 한다. 상승 확신이 생기려면 그만큼 종목에 대한 많은 연구가 필요하다.

12) 충동매매는 후회의 근본이다.

대개 개인 투자자들이 주식 시장에서 큰 손해를 보는 이유가 탐욕을 제어하지 못하기 때문이다.

13) 인기는 순환한다.

인기 있는 종목은 불꽃이 타올랐다가 곧 수그러들고 인기 없던 종목들이 또 인기를 얻기 시작한다.

14) 여유자금으로 투자하라.

빚내서 투자하다가 깡통계좌 될 수 있다. 특히 스탁론이나 증권사 신용은 쓰지 마라.

15) 하루 종일 시세판을 쳐다보고 있어도 돈은 벌 수 없다.

주가가 하락하여 손실이 날 때는 스트레스를 줄이기 위해 주식과 떨어져 있어야 한다. MTS나 HTS를 자주 열어보지 마라.

16) 나누어서 사고 나누어서 팔아라.

분할 매수와 분할 매도는 주식 매매의 기본이다. 가장 밑바닥에서 사고 꼭지에 파는 것은 아예 불가능하다.

17) 소문에 사고 뉴스에 팔아라.

조용할 때 샀다가 해당 종목의 인기가 극에 달하는 뉴스가 나오면 매도해야 한다.

18) 천재지변이나 돌발사태로 인한 폭락은 매수하라.

폭락은 정말 좋은 종목을 싸게 살 수 있는 확실한 매수 기회이다.

19) 천장권의 호재에는 팔고 바닥권의 악재에는 사라.

바닥에는 적극 매수하고 주가가 크게 오르면 욕심 부리지 말고 언제든 매도해야 한다.

20) 모두가 좋다는 종목은 피하는 것이 좋다.

모두가 좋다는 것은 다 알려져 있다는 뜻이고 이미 주가가 올랐다는 뜻이다.

21) 모든 재료가 주가에 반영되지는 않는다.

재료가 반영되지 않을 수도 있다. 주가는 수급에 의해 결정되므로 모든 재료가 다 반영되는 것은 아니다. 심지어 실적이 좋은데 주가가 안 오르는 경우도 많다.

22) 신고가 신저가 종목은 눈여겨봐라.

신고가 종목은 주가가 더 갈 수도 있지만 정점을 찍고 내릴 수도 있고 신저가 종목은 기업의 상태가 상당히 안 좋은 것이지만 바닥을 다지고 다시 상승으로 턴할 수도 있다.

23) 걸레주식을 가지고도 큰돈을 벌 수 있다.

개잡주도 수급이 몰리면 크게 상승한다. 주식 시장에서 가끔은 걸레주식에 투기 자금이 몰려 크게 상승하기도 한다.

24) 밀짚모자는 겨울에 사라.

여름에 밀짚모자를 사면 이미 가격이 제대로 올라 있다. 겨울에 사야 주가가 싸다.

25) 주식과 결혼하지 마라.

주식에 모든 것을 걸지 마라. 주식도 행복해지기 위해 하는 것이다.

26) 시세는 인기 7할 재료 3할.

역시 주가는 사려는 사람이 많아야 오른다.

27) 수급은 모든 것에 우선한다.

기업의 가치가 높고 실적이 아무리 좋아도 시장 참여자가 사지 않으면 안 오른다.

28) 촛불은 꺼지기 직전이 가장 밝다.

인기가 하늘을 찌르면 곧 하락세로 방향을 바꿀 수도 있다.

29) 대량거래가 지속되면 천장의 징조이다.

거래가 많다는 것은 그만큼 인기가 있다는 것이고 인기는 정점을 찍고 곧 수그러들 수 있다.

30) 시대적 요구에 부합하는 미인주를 발굴하라.

4차 혁명 시대, 인공 지능 시대, 5G 시대에 맞는 성장주를 발굴하여 투자해야 한다.

책을 마치며

이 책을 처음 쓰기 시작한 것이 2018년 10월 즈음이다. 거의 1년에 걸쳐 이 책을 마무리하니 한편으로 시원섭섭하다. 작가들이 책을 출판하는 목적은 많이 팔기 위해서 이기도 하지만 필자의 경우에는 많은 시간을 들여 연구한 결과와 증거로 저작물을 출판하고 있다. 이 책이 주식을 처음 접하는 분들. 주식투자가 무엇인지 모르고 투자했던 분들, 주식투자가 위험하다고 생각했던 분들, 주식투자 경력은 좀 되었지만 손해를 보신 분들의 주식 인생에 조금이라도 도움이 되었으면 좋겠다. 부단히 노력하는 자만이 성공에 다가갈 수 있다. 포기하지 말고 끝까지 도전하라!